ROSS KING

Das Wunder von Florenz

ARCHITEKTUR UND INTRIGE:
WIE DIE SCHÖNSTE KUPPEL
DER WELT ENTSTAND

Aus dem Englischen von
Wolfgang Neuhaus

Pantheon

Die Originalausgabe ist unter dem Titel *Brunelleschi's Dome*
bei Chatto & Windus in London erschienen.

MIX
Papier | Fördert gute Waldnutzung
FSC® C083411

Penguin Random House Verlagsgruppe FSC® N001967

4. Auflage

Neumarkter Straße 28, 81673 München
Umschlaggestaltung: Jorge Schmidt, München
Druck und Bindung: CPI books GmbH, Leck
Printed in the EU
ISBN 978-3-570-55249-0

www.pantheon-verlag.de

Für Mark Asquith und
Anne-Marie Rigard

Inhalt

1. KAPITEL

Ein schöneres und ehrwürdigeres Gotteshaus

DIE NEUE KATHEDRALE zu Florenz, die Santa Maria del Fiore, war seit mehr als einem Jahrhundert in Bau, als am neunzehnten August 1418 ein Wettbewerb ausgeschrieben wurde:

Wer ein Modell oder eine Zeichnung für die Errichtung der Hauptkuppel des Domes anzufertigen wünscht, die von der Opera del Duomo erbaut wird – und für Standgerüste, Baugerüste und andere Dinge oder für Hebemaschinen aller Art zum Zwecke der Errichtung und Vollendung besagter Kuppel oder des Gewölbes –, soll seinen Entwurf vor Ende September einreichen. Derjenige, dessen Modell ausgewählt wird, erhält 200 Goldflorinen.

Zweihundert Florinen waren ein kleines Vermögen – mehr als ein tüchtiger Handwerker in zwei Jahren verdienen konnte –, und so erregte dieser Wettbewerb die Aufmerksamkeit von Zimmerleuten, Steinmetzen und Tischlern in der gesamten Toskana. Die Wettbewerbsteilnehmer hatten sechs Wochen Zeit, ihre Modelle zu bauen, ihre Zeichnungen anzufertigen oder lediglich Vorschläge zu machen, wie die Kuppel der Kathedrale gebaut werden könnte. Diese Modelle und Pläne sollten zur Lösung verschiedenster Probleme dienen, zum Beispiel, wie ein hölzernes Stütz- oder Lehrgerüst errichtet werden konnte, um der Kuppel während der Bauphase Stabilität zu verleihen, oder wie Blöcke aus Sandstein und Marmor, jeder ein paar Tonnen schwer, bis zur Spitze gehoben werden konnten. Die Opera del Duomo – der Dombauverein[1] – versicherte allen Wettbewerbsteilnehmern, ihre Bemühungen würden ein «wohlmeinendes und dankbares Publikum» finden.

Scharen von Handwerkern und Helfern waren an der Dombaustelle im Herzen von Florenz bereits an der Arbeit: Fuhrleute und Lastenträger, Maurer und Steinmetzen, Bleigießer und Zimmerleute, sogar Köche und Männer, deren Aufgabe lediglich darin bestand, den Arbeitern in den Mittagspausen Wein zu verkaufen. Auf der Piazza, wo die Kathedrale in den Himmel wuchs, konnte man die Arbeiter dabei beobachten, wie sie Säcke voller Sand und Kalk herankarrten oder auf Holzgerüsten und Arbeitsplattformen umherkletterten, die sich wie riesige, verschachtelte Vogelnester über die Dächer der umliegenden Gebäude erhoben. Auf der Baustelle befand sich eine Schmiedewerkstatt, wo die Werkzeuge der Arbeiter repariert oder geschliffen wurden. Die Esse blies Wolken schwarzen Rauchs in den Himmel, und von Sonnenaufgang bis zum Anbruch der Dunkelheit war die Luft erfüllt von den Hammerschlägen des Schmieds, vom Rumpeln der Ochsengespanne und den Rufen der Arbeiter.

Das Florenz des frühen fünfzehnten Jahrhunderts hatte sich noch immer einen ländlichen Anstrich bewahrt. Innerhalb der Stadtmauern gab es Weizenfelder, Obst- und Weingärten und blökende Schafherden, die durch die Straßen zum Markt in der Nähe des Baptisteriums San Giovanni getrieben wurden. Andererseits hatte die Stadt ungefähr 50 000 Einwohner, etwa so viele wie London zur damaligen Zeit, und die neue Kathedrale sollte unter anderem die Bedeutung der Stadt als machtvolle und wichtige Handelsmetropole widerspiegeln. Florenz war zu einer der reichsten Städte Europas geworden. Einen Großteil ihres Wohlstands hatte sie der Wollindustrie zu verdanken, die von den Bettelorden begründet worden war, kurz nachdem diese 1239 in der Stadt erschienen waren. Ballen englischer Wolle – die beste der Welt – gelangten aus den Klöstern in den Cotswold Hills nach Florenz, um im Arno gewaschen und in den Werkstätten gekrempelt, gesponnen, auf hölzernen Webstühlen gewoben und mit wunderschönen Farben eingefärbt zu werden: Mennige aus Zinnobererz, das von den Küsten des Roten Meeres stammte, oder leuchtendes Gelb, das aus den Krokussen gewonnen wurde, die auf den Wiesen unweit von San Gimignano wuchsen, einer Stadt auf einer Hügelkuppe. Das Endprodukt waren die teuersten und begehrtesten Stoffe Europas.

Dank seines Wohlstands hatte Florenz im vierzehnten Jahrhundert einen «Bauboom» erlebt, wie Italien ihn seit den Zeiten des antiken Roms nicht mehr gesehen hatte. Innerhalb der Stadtmauern wurden Steinbrüche angelegt, in denen goldbrauner Sandstein gewonnen wurde; nach jedem Hochwasser wurde der vom Arno angeschwemmte Sand gesiebt und zur Herstellung von Mörtel benutzt, indem man ihn mit dem Kies vermischte, der aus dem Flussbett gehoben wurde, und mit Kalk und Wasser anrührte. Mit diesem Mörtel erbaute man die Mauern und Wände neuer Gebäude, die überall in der Stadt förmlich aus dem Boden schossen. Zu diesen Gebäuden zählten Kirchen, Klöster und die Paläste der Reichen ebenso wie monumentale Bauwerke, beispielsweise ein neuer Ring Verteidigungsmauern, um die Stadt vor feindlichen Eindringlingen zu schützen. Diese Mauer, gut sechs Meter hoch und acht Kilometer lang, war erst 1340 fertiggestellt worden, nach mehr als fünfzig Jahren Bauzeit. Auch der Palazzo Vecchio, das imposante neue Rathaus mit einem Glockenturm von knapp 100 Metern Höhe, wurde in dieser Zeit errichtet.[2] Ein anderer beeindruckender Turmbau war der ca. 84 Meter hohe Campanile des Domes mit seinen Flachreliefs und den mehrfarbigen Inkrustationen[3]; der Glockenturm war von dem Maler Giotto entworfen und 1359 vollendet worden, nach mehr als zwanzig Jahren Bauzeit.

Doch das bei weitem großartigste und mutigste Bauvorhaben in Florenz wartete 1418 noch immer auf seinen Abschluss. Die neue Kathedrale Santa Maria del Fiore, die an der Stelle der alten und verfallenen Kirche Santa Reparata erbaut worden war, sollte eines der größten Gotteshäuser der Christenheit werden. Ganze Wälder waren gefällt worden, um Bauholz zu beschaffen, und Schiffsflotten hatten gewaltige Marmorblöcke über den Arno transportiert. Bei der Errichtung der Santa Maria del Fiore hatte von Anfang an der Bürgerstolz eine ebenso große Rolle gespielt wie der religiöse Glaube: Die Kathedrale sollte so prächtig und eindrucksvoll wie nur möglich werden; so hatte es die Bevölkerung der Republik beschlossen. Nach seiner Fertigstellung sollte der Dom «ein schöneres und würdevolleres Gotteshaus sein als alle anderen in der Toskana». Doch es war offensichtlich, dass die Architekten mit erheblichen Schwierigkeiten rechnen mussten. Und je näher die Fertigstellung der Kathedrale rückte, umso größer sollten diese baulichen Probleme werden.

Der Weg, den die Baumeister und Handwerker beschreiten sollten, war verbindlich vorgezeichnet: Seit fünfzig Jahren stand im südlichen Seitenschiff des sich im Bau befindlichen Domes ein etwa zehn Meter langes Modell der Kathedrale – die Vision eines Künstlers, wie die Santa Maria del Fiore am Ende aussehen sollte. Die Herausforderung für die Architekten bestand jedoch darin, dass dieses Modell eine gewaltige Kuppel aufwies, wie sie höher und breiter nie zuvor errichtet worden war. Niemand in Florenz oder sonst wo in Italien hatte eine klare Vorstellung davon, wie genau man eine solche Kuppel bauen könnte, so dass die Santa Maria del Fiore zum größten architektonischen Rätsel ihrer Epoche geworden war. Viele Fachleute hielten es sogar für unmöglich, eine solche Kuppel zu errichten. Nicht einmal die ursprünglichen Konstrukteure der *cupola* hatten einen Rat geben können, wie dieses Projekt zu verwirklichen wäre; sie hatten lediglich die rührende Zuversicht geäußert, dass Gott eine Lösung des

Problems aufzeigen und man irgendwann Architekten finden würde, die über das erforderliche Wissen verfügten.

Der Grundstein für die neue Kathedrale war bereits im Jahre 1296 gelegt worden. Der Entwurf stammte von einem Baumeister namens Arnolfo di Cambio, der auch den Palazzo Vecchio und die gewaltige neue Festungsmauer der Stadt entworfen hatte. Wenngleich Arnolfo kurz nach Baubeginn des Domes starb, wurden die Arbeiten weiter vorangetrieben, und im Laufe der nächsten Jahrzehnte riss man ein ganzes Stadtviertel nieder, um Platz für die neue Kathedrale zu schaffen. Die Santa Reparata und eine weitere alte Kirche, die San Michele Visdomini, wurden ebenfalls niedergerissen, und die Bewohner des umliegenden Viertels mussten ihre Häuser räumen. Doch nicht nur die Lebenden wurden vertrieben: Um vor der neuen Kathedrale einen Platz anlegen zu können, wurden die Gebeine längst verstorbener Florentiner aus ihren Gräbern unweit des Baptisteriums San Giovanni gehoben, nur einen Steinwurf westlich der Dombaustelle. Und im Jahre 1339 legte man eine der Straßen im Süden der Kathedrale tiefer, den Corso degli Adamari (heute die Via dei Calzaiuoli), damit die Kirche noch höher und beeindruckender auf jeden wirkte, der sich ihr aus dieser Richtung näherte.

Doch während die Santa Maria del Fiore ständig wuchs, schrumpfte die Einwohnerzahl der Stadt Florenz. Im Herbst 1347 war die genuesische Flotte nach Italien zurückgekehrt; in den Frachträumen der Schiffe befanden sich jedoch nicht nur Gewürze aus Indien, sondern auch die asiatische Hausratte, der Trägerin der Pest. In den nächsten zwölf Monaten starben nicht weniger als vier Fünftel der Einwohner von Florenz; die Stadt wurde dermaßen entvölkert, dass man tatarische und tscherkessische Sklaven herbeischaffte, um den Mangel an Arbeitskräften zumindest teilweise wettzumachen. Aus diesem Grunde gingen die Arbeiten dermaßen schleppend voran, dass noch im Jahre 1355 lediglich die Fassade und die Wände des Langschiffes standen. Das Innere der Kathedrale lag offen wie eine Ruine da, ungeschützt den Elementen ausgesetzt, und eine der Straßen im Osten der Kirche wurde bereits Lungo di Fondamenti genannt («Am Fundament entlang»), so lange führte sie nun schon unmittelbar am Fundament und dem Ostabschluss des Domes vorüber.

Doch im darauf folgenden Jahrzehnt erholte die Stadt sich von dem Rückschlag, und die Arbeiten am Dom wurden beschleunigt. 1366 war das Langhaus überwölbt, und die Planungen für den Ostabschluss der Kathedrale konnten in Angriff genommen werden. Schon Arnolfo di Cambio hatte sich vermutlich eine Kathedrale mit Kuppel vorgestellt; allerdings ist von seinen ursprünglichen Entwürfen keiner erhalten geblieben, der dies beweisen könnte: Irgendwann im späten vierzehnten Jahrhundert war di Cambios Modell der Kathedrale unter seinem eigenen Gewicht eingestürzt – ein düsteres Vorzeichen – und ging in der Folgezeit verloren oder wurde gänzlich zerstört. Doch in den siebziger Jahren des 20. Jahrhunderts wurden bei Ausgrabungen Fundamente für eine Kuppel entdeckt, die auf eine Spanne von 62 *braccia* ausgelegt war, ca. 36 Meter (eine Florentiner *braccia* entspricht etwa 0,58 Metern, einer Elle, der ungefähren Länge eines Männerarmes).[4] Mit diesem Durchmesser hätte die *cupola* der Santa Maria del Fiore die Spanne der Kuppel der gewaltigsten Kirche auf Erden, der Hagia Sophia in Konstantinopel, die 900 Jahre zuvor unter Kaiser Justinian erbaut worden war, um etwa zehn Meter übertroffen.

Seit den dreißiger Jahren des vierzehnten Jahrhunderts lag die Verantwortung für die Errichtung des Domes und die Beschaffung von Geldmitteln in den Händen der größten, wohlhabendsten und einflussreichsten Zunft der Stadt, der Zunft der Wollhändler, die auch die Leitung der Domopera innehatte. Doch keiner der Bauverantwortlichen dieser Zunft, der «Operai», hatte die geringste Ahnung vom Kirchenbau; ihre Profession war die Wolle, nicht die Architektur. Also mussten sie jemanden suchen, der sich auf dieses Handwerk ver-

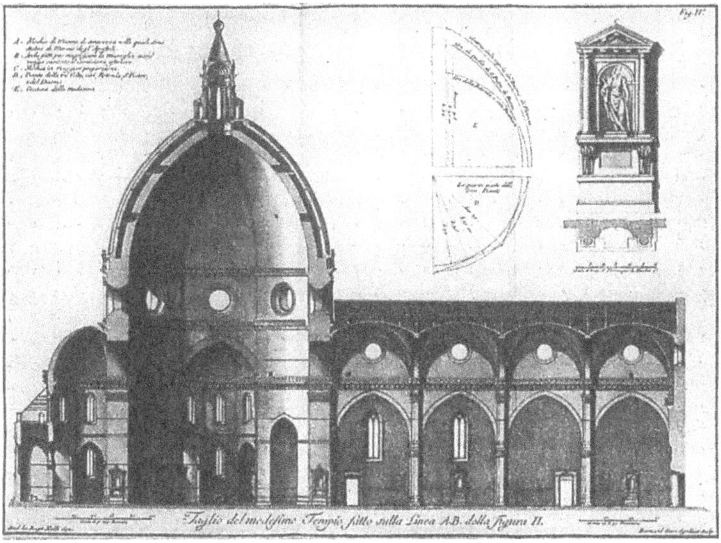

1. Detail einer Zeichnung, die Giovanni Battista Nelli von der Santa Maria del Fiore gemacht hat.

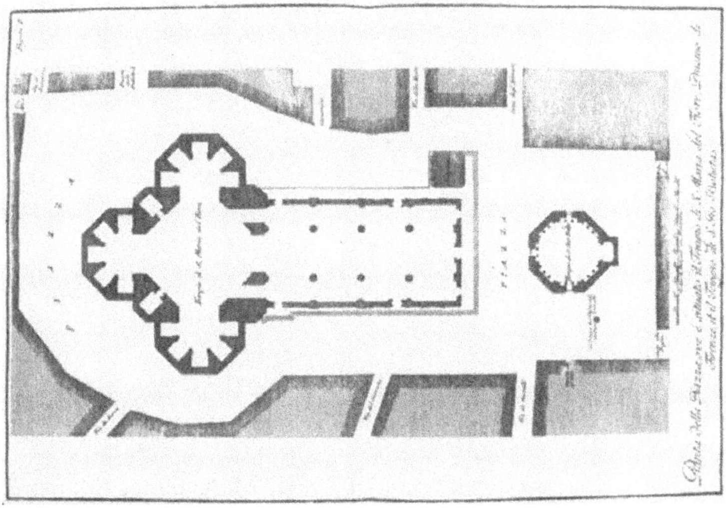

2. Grundriss der Kathedrale mit drei Kapellen um das Oktogon herum. Rechts, auf der *piazza*, das Baptisterium.

stand: ein leitender Baumeister oder *capomaestro*, der die Modelle und Zeichnungen des Domes anfertigen und die Maurer und anderen Handwerker an der Dombaustelle anleiten und beaufsichtigen konnte. 1366, als die Planungen in eine entscheidende Phase traten, war Giovanni di Lapo Ghini der *capomaestro* von Santa Maria del Fiore. Auf Wunsch der Domopera fertigte Giovanni ein Modell der Kuppel an. Die «Operai» gaben jedoch ein zweites Modell bei einer Gruppe von Künstlern und Architekten in Auftrag, der ein anderer bedeutender Baumeister angehörte: Neri di Fioravanti.[5] Damit sollte das Schicksal der Santa Maria del Fiore eine radikale Wende nehmen.

Der Wettstreit zwischen Baumeistern hat eine alte und ehrenvolle Tradition. Bereits 448 v. Chr., als der Rat der Stadt Athen eine öffentliche Ausschreibung für die Errichtung eines Kriegsdenkmals beschloss, das auf der Akropolis aufgestellt werden sollte, hatten die Bauherrn einen Wettbewerb zwischen Architekten veranstaltet. Dabei war es üblich, dass die Konkurrenten Modelle anfertigten, um die Bauherrn oder ein Gutachterkollegium von den Vorzügen ihres Entwurfs zu überzeugen. Aus Holz, Stein oder Ziegeln gefertigt, manchmal sogar aus Wachs oder Lehm, erlaubten solche Modelle dem Bauherrn, sich die Ausmaße und Verzierungen des fertigen Gebäudes viel leichter vorzustellen, als dies anhand einer Zeichnung möglich gewesen wäre. Diese Modelle waren oft äußerst detailgetreu und sehr groß; mitunter besaßen sie solche Ausmaße, dass sie begehbar waren (wie einige Modelle der Santa Maria del Fiore), so dass der Bauherr sich das Modell auch von innen anschauen konnte. Das Modell für San Petronio in Bologna beispielsweise, das 1390 erbaut wurde, war ungefähr achtzehn Meter lang, also viel größer als die meisten Wohnhäuser.

Das Modell, das Giovanni di Lapo Ghini anfertigte, war ganz dem Geschmack seiner Zeit verhaftet. Ihm schwebte ein typisch gotisches Bauwerk vor, mit dünnem Mauerwerk, hohen

Fenstern, Strebepfeilern und -bögen zum Abstützen der Kuppel – gotische Stützpfeiler, wie sie viele französische Kirchen zierten, die im Jahrhundert zuvor erbaut worden waren. Strebepfeiler und -bögen zählen zu den wichtigsten Merkmalen der gotischen Architektur: Indem das Gewicht des Mauerwerks an statisch wichtigen Punkten auf diese stützenden Elemente verlagert wurde, bot sich die Möglichkeit, eine Vielzahl von Fenstern, die mitunter eine spektakuläre Höhe erreichten, in die Mauern einzufügen und das Innere der Kirche auf diese Weise mit einem himmlischen Licht zu erfüllen – das höchste Ziel aller gotischen Baumeister.

Neri di Fioravanti und seine Gruppe jedoch wiesen den Vorschlag Giovanni di Lapo Ghinis zurück, Strebepfeiler zu errichten, und legten stattdessen einen anderen Entwurf für die Konstruktion der Kuppel vor. Strebepfeiler waren ein seltenes bautechnisches Element in Italien, wo die Architekten sie als hässlichen und plumpen Notbehelf betrachteten.[6] Doch Neris Gründe für die Zurückweisung waren vermutlich nicht nur ästhetischer, sondern auch politischer Natur – denn dem Baustil, den Lapo Ghini vorschlug, haftete der Geruch der Architektur der traditionellen Feinde von Florenz an: Deutschland, Frankreich und Mailand. Für viele Schriftsteller der italienischen Renaissance wurde es eine beliebte Übung, darzustellen, wie die deutschen Barbaren, die Goten (daher «Gotik»), Europa mit ihren plumpen und unharmonischen Bauwerken überzogen hatten.

Wie aber sollte die Kuppel der Santa Maria del Fiore gestützt werden, wenn nicht von Strebepfeilern und -bögen? Neri di Fioravanti verfügte als führender Baumeister von Florenz über reiche Erfahrungen auf dem Gebiet der Gewölbekonstruktionen, der schwierigsten und gefährlichsten architektonischen Aufgabe. So war er für den Bau des gewaltigen, achtzehn Meter breiten Gewölbedaches[7] über der großen Halle des Palazzo Bargello ebenso verantwortlich wie für die Errichtung der Brückenbögen des neuen Ponte Vecchio, nachdem die alte Brücke im Jahre 1333 bei einem Hochwasser zerstört worden war. Doch Neris Plan für die Kuppel der Santa Maria del Fiore war weitaus ehrgeiziger und betrat architektonisches Neuland: Neri glaubte verhindern zu können, dass die Kuppel unter ihrem eigenen Gewicht zusammenbrach, indem man statt Strebepfeilern und -bögen einen Ring aus hölzernen oder eisernen Ketten anbringen ließ, der um die gesamte Kuppel herum verlief und diese somit auch an potenziellen Bruch- und Rissstellen gleichsam umspannte wie eiserne Ringe die Dauben eines Fasses. Auf diese Weise würde die Kraft, die nach außen wirkte, vom Ring aufgefangen und durch das Mauerwerk in den Boden geleitet, ohne dass Strebepfeiler errichtet werden mussten. Außerdem würde der umlaufende Ring im Unterschied zu Strebepfeilern unsichtbar sein, da er in das Mauerwerk der *cupola* eingebettet werden sollte. Diese Vorstellung von einer stabilen Kuppel, die sich ohne sichtbare Stützen, Streben oder Pfeiler himmelwärts zu erheben schien, sollte im darauf folgenden halben Jahrhundert alle, die mit diesem Projekt zu tun hatten, vor schier unlösbare Probleme stellen und sie eben dadurch zu genialen architektonischen Leistungen inspirieren.

Die Verantwortlichen der Domopera debattierten sehr lange über die beiden Möglichkeiten – Ring oder Strebepfeiler. Zuerst schien Neri mit seinem Modell des eisernen Ringes den Sieg davonzutragen; dann aber warf Giovanni Fragen über die bauliche Stabilität der Konstruktion auf. Giovannis Zweifel spiegeln eine der schlimmsten Ängste wider, von denen der mittelalterliche Baumeister geplagt wurde. Während heutzutage ein Bauherr, der einen Architekten beauftragt, davon ausgeht, dass das Gebäude allen Unbilden trotzen kann, ausgenommen vielleicht Erdbeben und Wirbelstürmen, musste der Bauherr des frühen Mittelalters und der Renaissance mit der Unsicherheit leben. Die Wissenschaft von der Statik war noch nicht entwickelt worden. Es kam nicht selten vor, dass Gebäude kurz nach ihrer Fertigstellung, ja sogar schon während der Bauphase einstürzten. Die Glockentürme in Pisa und Bologna beispielsweise neigten sich aufgrund von Erdabsenkungen bereits zur Seite, noch während sie im Bau waren. Die Gewölbe der Kathedralen von Beauvais und Troyes brachen relativ kurze Zeit nach ihrer Fertigstellung ein. Abergläubische Menschen führten diese Fehlschläge auf übernatürliche Einwirkungen zurück; für die aufgeklärten Zeitgenossen jedoch waren die Architekten und Baumeister, denen beim Entwurf gravierende Fehler unterlaufen waren, die wahren Schuldigen.

Letztendlich führten Giovannis Bedenken dazu, dass die «Operai» beschlossen, die Stützpfeiler des achteckigen Zentralbaus der Kirche, des Oktogons, verstärken zu lassen; zugleich aber entschieden sie sich für den Entwurf der Gruppe um Neri. Doch eine Verstärkung der Stützpfeiler würde vermutlich noch größere Probleme aufwerfen: Zwischen den Maßen des Oktogons und denen der Pfeiler bestand ein unmittelbarer Zusammenhang, Umfang und Dicke der Pfeiler bestimmten den Durchmesser des Oktogons mit. Wie bereits erwähnt, waren die Fundamente für ein Oktogon von 62 *braccia* Durchmesser bereits gelegt worden. Mussten diese Vorarbeiten nun wieder rückgängig gemacht werden? Noch problematischer war, dass der Durchmesser des Oktogons natürlich nicht vergrößert werden konnte, ohne zugleich die ohnehin schon gewaltige Spanne der *cupola* zu vergrößern. Oder war es vielleicht möglich, eine Kuppel zu errichten, deren Durchmesser mehr als 62 *braccia* betrug – und dies ohne äußerlich sichtbare Stützelemente?

Diese Fragen wurden bei einer Zusammenkunft im August 1367 aufgeworfen. Die Domopera sprach sich dafür aus, dass die Kuppel einen um zehn *braccia* größeren Durchmesser bekommen sollte als ursprünglich geplant. Drei Monate später wurde Neris Plan nach einem öffentlichen Referendum von der Bürgerschaft angenommen. Dieses Verfahren entsprach den demokratischen Traditionen der Stadt, kam aber auch dem Bedürfnis der Opera entgegen, die Verantwortung für den Kuppelbau auf viele Schultern zu verteilen. Der Entwurf aus dem Jahre 1367 galt von nun an als verbindlich.

Es war ein außergewöhnlich mutiger Entschluss, die Pläne des Neri di Fioravanti zu übernehmen. Seit der Antike war keine Kuppel gebaut worden, die auch nur annähernd solche Ausmaße besaß; mit einem Durchmesser von etwa 44 Metern würde die *cupola* sogar das römische Pantheon übertreffen, den damals seit mehr als tausend Jahren bei weitem größten Kuppelbau der Welt. Und die *cupola* der Santa Maria del Fiore würde nicht nur die breiteste, sondern auch die höchste jemals errichtete Kuppel sein. Das Oktogon, der achteckige Zentralbau, war bereits etwa 42 Meter hoch; auf das Oktogon musste nun der Tambour (oder die Trommel) aufgesetzt werden, der zylinderförmige Unterbau der Kuppel, der eine Höhe von knapp 10 Metern besaß. Der Zweck des Tambours bestand darin, die Kuppel noch erhabener und eindrucksvoller erscheinen zu lassen; im Grunde diente der Tambour als eine Art Sockel, der die Kuppel höher über die Stadt hob.[8] Durch das «Dazwischenschieben» der Trommel begann der Ansatz der Kuppelwölbung in der unglaublichen Höhe von 52 Metern und übertraf damit die gewaltigsten in Frankreich errichteten Kirchengewölbe des dreizehnten Jahrhunderts. Das höchste jemals erbaute gotische Gewölbedach, das der Kathedrale Saint Pierre in Beauvais, begann in einer Höhe von gut 38 Metern und reichte bis etwa 48 Meter hinauf; also lag der höchste Punkt des Gewölbes von Saint Pierre etwa vier Meter *unterhalb* der Oberkante des Tambours, auf den die Kuppel der Santa Maria del Fiore aufgesetzt werden sollte. Das Gewölbe über dem Chor der Kathedrale von Beauvais hatte eine Spanne von nur 15,5 Metern im Unterschied zu den 44 Metern, die für die *cupola* in Florenz vorgesehen waren. Dass die Strebepfeiler des Chors von Saint Pierre im Jahre 1284 eingestürzt waren – gut zehn Jahre nach ihrer Fertigstellung –, dürfte die Bedenken der Skeptiker in Florenz nicht gerade zerstreut haben, zumal die Baumeister in Beauvais sowohl eiserne Spannstangen als auch Stützpfeiler benutzt hatten, jene Hilfsmittel also, die das Florentiner Künstlerkomitee so kühn zurückgewiesen hatte.

Ungeachtet aller Herausforderungen, die damit verbunden waren, stellte Neris Modell jetzt die verbindliche Grundform für die Kuppel von Santa Maria del Fiore dar. Interessanterweise sollte die *cupola* aus zwei gleich geformten Kuppelschalen bestehen, einer inneren und einer äußeren. Eine solche Konstruktion war in Westeuropa selten, wenn nicht einzigartig.[9] Sie war im mittelalterlichen Persien entwickelt worden und stellte ein typisches Merkmal islamischer Moscheen und Mausoleen dar. Bei solchen Doppelschalen sollte die voluminösere äußere Kuppel den Eindruck größerer Höhe und gewaltigerer Ausmaße erwecken, während die kleinere innere Schale – die die Außenschale zum Teil stützte und der gesamten Struktur zusätzliche Stabilität verlieh – eher den inneren Proportionen des Bauwerks entsprach. Die äußere Schale diente zugleich als Regen- und Wetterschutz für die innere.

Neben dieser Doppelschalen-Bauweise ist die besondere Gestalt der Kuppel das zweite spezielle Merkmal des Neri-Entwurfs. Anders als die meisten zuvor gebauten Kuppeln, darunter die des Pantheons, sollte die *cupola* der Santa Maria del Fiore nicht halbkugelförmig, sondern steiler sein, beinahe himmelstrebend wie ein gotisches Gewölbe – eine Form, die unter der Bezeichnung *quinto acuto* oder «spitzes Fünftel» bekannt war und eine steilere Wölbung und größere Höhe der *cupola* erlaubte, da der Seitendruck eines Gewölbebogens oder einer Kuppel von der Neigungskurve abhängt: Je steiler diese Kurve ist, umso niedriger der Seitendruck. Technisch ausgedrückt, handelt es sich um ein oktogonales Gewölbe aus vier einander durchdringenden Fassgewölben. Diese komplexe Struktur sollte die Männer, die fünfzig Jahre später mit dem Bau begannen, vor unvorhergesehene Probleme stellen, die nach genialen Lösungen verlangten.

Neris Dommodell wurde in Florenz zu einem Gegenstand allgemeiner Verehrung. Viereinhalb Meter hoch und fast zehn Meter lang, wurde dieses Modell in einem Seitenschiff der sich im Bau befindlichen Kathedrale wie eine Reliquie ausgestellt. Jedes Jahr mussten die Baumeister und die Bauverantwortlichen der Opera die Hände auf eine Bibel legen und schwören, sich beim Bau des Domes an Neris Modell zu halten. Viele aufstrebende Zimmerleute und Maurer müssen an diesem Modell vorübergekommen sein, wenn sie den Dom betraten oder verließen; gewiss haben sie über die Probleme nachgedacht, die bei der Errichtung der Kathedrale auftraten, und davon geträumt, wie diese Probleme zu lösen waren. Aus diesem Grund wurden von hoffnungsvollen Aspiranten mehr als ein Dutzend Modelle eingereicht, als die Opera del Duomo im Sommer 1418 den Wettbewerb zur Vollendung der Kuppel ausschrieb; einige der eingereichten Modelle stammten sogar von Handwerkern aus Pisa und Siena.

Doch von den vielen vorgelegten Plänen erschien nur einer vielversprechend, ein aus Ziegeln gemauertes Modell, das sich durch gestalterische Kühnheit auszeichnete und eine unorthodoxe Lösung des Problems der Überwölbung eines so gewaltigen Unterbaues bot. Dieses Modell war nicht von einem Zimmermann oder Maurer angefertigt worden, sondern von einem Goldschmied und Uhrmacher namens Filippo Brunelleschi.

2. KAPITEL

Der Goldschmied von San Giovanni

Im Jahre 1418 war Filippo Brunelleschi – oder «Pippo», wie er allgemein gerufen wurde – einundvierzig Jahre alt und wohnte in San Giovanni, einem Florentiner Stadtviertel, das sich unmittelbar im Westen des Domes befindet. Filippo besaß dort ein großes Haus, das er von seinem Vater geerbt hatte, einem wohlhabenden und weit gereisten Notar namens Ser Brunellesco di Lippo Lappi, der in Diensten der Stadt stand. Ser Brunellesco hatte ursprünglich die Absicht, den Sohn in seine Fußstapfen treten zu lassen, doch Filippo zeigte wenig Interesse an einer Karriere als Staatsdiener; stattdessen hatte er bereits in jungen Jahren eine außergewöhnliche Begabung erkennen lassen, mechanische Probleme zu lösen. Zweifellos war sein Interesse an Maschinen und mechanischen Geräten durch den Anblick der halb fertigen Kathedrale entfacht worden, die nur eine kurze Wegstrecke von seinem Elternhaus entfernt in den Himmel wuchs. Gewiss hat der kleine Filippo im Schatten der Santa Maria del Fiore die Kräne und Hebevorrichtungen beobachtet, die mittels Tretwerken Marmor- und Sandsteinblöcke an die höchsten Stellen des Gebäudes hoben. Wahrscheinlich sprach man in seiner Familie auch über das Geheimnis, wie die Kuppel errichtet werden könnte, denn Ser Brunellesco dürfte einiges über dieses Thema gewusst haben; er zählte zu jenen Bürgern, die bei der öffentlichen Abstimmung 1367 für den kühnen Vorschlag Neri di Fioravantis gestimmt hatten.

Wenngleich Ser Brunellesco enttäuscht war, dass sein Sohn kein Notar werden wollte, respektierte er die Wünsche des Jungen. Im Alter von fünfzehn Jahren begann Filippo eine Lehre in der Werkstatt des Goldschmieds Benincasa Lotti, einem Freund der Familie. Es war eine kluge Entscheidung, einen Jungen, der erstaunlichen Erfindungsreichtum auf dem Gebiet der Mechanik zeigte, bei einem Goldschmied in die Lehre zu geben. Die Goldschmiede waren die Fürsten unter den Kunsthandwerkern des Mittelalters; sie hatten vielfältige Möglichkeiten, ihre unterschiedlichen Begabungen zu nutzen. Sie konnten eine Handschrift mit Blattgold verzieren, kostbare Steine einfassen, Metalle gießen, mit Email arbeiten, Silber ziselieren und die verschiedensten Dinge anfertigen, vom Goldknopf bis zum Reliquiar, vom Schrein bis zum Grabdenkmal. Es ist kein Zufall, dass die Bildhauer Andrea Orcagna, Luca della Robbia und Donatello ebenso wie die Maler Paolo Uccello, Andrea del Verrocchio, Leonardo da Vinci und Benozzo Gozzoli – einige der hellsten Sterne am strahlenden Firmament des Florentiner Kunstschaffens – allesamt in den Werkstätten von Goldschmieden ausgebildet worden waren.

Trotz seines Ansehens war der Beruf des Goldschmieds nicht ohne Gefahren und barg gesundheitliche Risiken. Die großen Öfen, in denen Gold, Kupfer oder Bronze eingeschmolzen wurden, mussten über Tage hinweg in Betrieb gehalten werden, auch in der Hitze des Sommers; sie verpesteten die Luft mit dichtem Rauch und konnten leicht explodieren und eine Feuersbrunst auslösen. Beim Ziselieren von Silber wurden giftige Substanzen benutzt – beispielsweise Schwefel und Blei –, und die tönernen Gussformen für die geschmolzenen Metalle erforderten einen ständigen Nachschub an Kuhmist und Rinderhorn. Was noch schlimmer war: Die meisten Florentiner Goldschmiedewerkstätten befanden sich in Santa Croce, dem berüchtigtsten Armenviertel der Stadt, einer sumpfigen und hochwassergefährdeten Gegend am Nordufer des Arno. Santa Croce war das Arbeiterviertel, in dem Färber, Wollkämmer und Prostituierte in einem Wirrwarr baufälliger Holzhäuser wohnten.

Filippo jedoch blühte in diesem Umfeld auf. Rasch erlernte er die Kunst, Edelsteine zu fassen und die komplizierten Relief- und Niello-Techniken (schwarz ausgeführte Gravierungen in Silber) anzuwenden. Er begann, intensiv die Gesetze der Mechanik zu studieren; insbesondere beschäftigte er sich mit den Problemen der Bewegung und der Arbeits- und Wirkungsweise von Gewichten, Rädern und Treibriemen. Die Früchte dieser Forschungen waren eine Anzahl von Uhren; eine soll sogar ein Läutewerk besessen haben, womit sie die erste Weckuhr gewesen wäre, die hergestellt wurde. Diese außergewöhnlichen Uhren – von denen leider keine einzige erhalten geblieben ist – waren offenbar die ersten der vielen erstaunlichen Erfindungen Filippos auf technischem Gebiet.[10]

1398, im Alter von einundzwanzig Jahren, leistete Filippo den Zunfteid als Goldschmiedemeister. Drei Jahre später erlangte er stadtweite Berühmtheit bei einem Wettstreit, der es aufgrund des großen öffentlichen Interesses mit der künstlerischen Auseinandersetzung aufnehmen konnte, die fünfundzwanzig Jahre zuvor Giovanni di Lapo Ghini und Neri di Fioravanti um den Entwurf der Kuppel ausgetragen hatten. Es war der berühmte Wettbewerb um die Bronzetüren des Baptisteriums San Giovanni.

Dieser Wettbewerb, der eine zentrale Rolle in Filippos Karriere spielen sollte, wurde wegen einer neuerlichen Pestepidemie veranstaltet. Der schwarze Tod war ein verlässlicher Besucher in Florenz, der im Schnitt alle zehn Jahre in die Stadt kam, stets im Sommer. Nach den Schrecken des Jahres 1348 wütete die Seuche in den Jahren 1363, 1374, 1383 und 1390 erneut in der Stadt, wenngleich auf weniger verheerende Weise. Mit allen nur erdenklichen Mitteln versuchte man die Pest zu vertreiben. Die Kirchenglocken läuteten Sturm; aus Gewehren und Pistolen wurde in den Himmel gefeuert, und das Madonnenbild aus der Kirche des Nachbarorts Impruneta – ein Bildnis, das angeblich vom heiligen Lukas gemalt worden war und dem man wundersame Kräfte nachsagte – wurde in einer Prozession durch die Straßen getragen. Wer reich genug war, flüchtete aufs Land. Wer in der Stadt bleiben musste, verbrannte Wermut, Wacholder und Lavendel im Herd. Auch Schwefelklumpen und Rinderhorn wurden in die Flammen geworfen, denn ihr Gestank galt ebenfalls als wirksames Mittel, die Luft zu reinigen und zu desinfizieren. Diese Dämpfe und Rauchschwaden waren manchmal so dicht, dass die Spatzen tot von den Dächern fielen.

Eine der schlimmsten Pestepidemien brach im Sommer 1400 aus; nicht weniger als 12 000 Florentiner Bürger fielen ihr zum Opfer, mehr als ein Fünftel der Einwohner. Im Jahr darauf beschloss die Zunft der Tuchhändler, zwei neue Bronzetüren für das Baptisterium San Giovanni zu stiften, um den zürnenden Herrgott zu besänftigen. Das Baptisterium, an dessen Taufbecken jedes Florentiner Kind getauft wurde, war schon seit langer Zeit eines der meistverehrten Gebäude der Stadt – ein oktogonales, marmorinkrustiertes Bauwerk mit achtseitiger Kuppel, das nur einen Steinwurf westlich des hoch aufragenden Kolosses der neuen Kathedrale stand. Irrtümlich hielt man das Baptisterium San Giovanni für einen einstigen Tempel des Mars, den Julius Cäsar hatte errichten lassen, um den Sieg Roms über die Stadt Fiesole im Nordosten von Florenz zu feiern; tatsächlich aber war das Baptisterium erst viel später erbaut worden, wahrscheinlich im siebten Jahrhundert nach Christus. Zwischen 1330 und 1336 hatte der Bildhauer Andrea Pisano, einer der späteren *capomaestri* der Santa Maria del Fiore, die schmückenden Türen mit zwanzig aus Bronze gegossenen Bildplatten geschaffen, die Szenen aus dem Leben Johannes des Täufers zeigten, des Schutzpatrons von Florenz. Doch seither waren keine Verschönerungsarbeiten am Baptisterium mehr vorgenommen worden, und Pisanos Türen waren inzwischen dermaßen verfallen, dass sie nicht mehr instand gesetzt werden konnten.

Filippo hielt sich im Jahre 1401 in Pistoia auf; er hatte Florenz der Pest wegen verlassen. In Pistoia hatte er gemeinsam mit anderen Künstlern am Altar der dortigen Kirche gearbeitet – ein ehrenvoller Auftrag –, kehrte aber nach Florenz zurück, kaum dass er von der Ausschreibung des Wettbewerbs erfahren hatte. Ein Gremium von vierunddreißig Juroren wurde gewählt, das sich aus Malern und Bildhauern, Gold- und Silberschmieden sowie mehreren hoch geachteten Bürgern der Stadt zusammensetzte, darunter der reichste Mann in Florenz, der Bankier Giovanni de Bicci de' Medici. Die Juroren wurden mit der Aufgabe betraut, aus sieben toskanischen Goldschmieden und Bildhauern den Sieger zu ermitteln.

In dieser Epoche war die Pest nicht die einzige Geißel der Stadt. Kaum war die Epidemie abgeklungen, als eine neue und größere Gefahr absehbar wurde, die ernste Auswirkungen haben konnte – unter anderem auf den Bau der Santa Maria del Fiore. Die Arbeiten am Dom hatten rasche Fortschritte gemacht. Mit der Konstruktion der riesigen Bögen über den Pfeilern des Oktogons war im Jahre 1397 begonnen worden; diese Bögen sollten die *cupola* tragen. Außerdem war die Überwölbung der Apsiden – Altarnischen mit einer Halbkuppel über einem polygonalen Grundriss – an drei Seiten des Oktogons in Arbeit. Die Piazza dell'Opera, ein dreieckiger Platz im Osten des Domes, war angelegt und gepflastert worden, und man hatte ein neues Gebäude für die Unterbringung der Opera del Duomo errichtet. Doch zu Beginn des Jahres 1401 kam es zu einer abrupten Unterbrechung der Bautätigkeiten, als sämtliche Maurer in Diensten der Domopera zwangsweise verpflichtet wurden, die Stadtmauern von Castellina in Chianti zu verstärken, einer Kleinstadt an der Straße nach Siena. Kurz darauf befahl die *Signoria*, der Rat der Stadt Florenz, die Männer in zwei weitere Städte, um dort die gleiche Aufgabe zu erledigen: nach Malmantile und Lastra a Signa, beide an der Straße nach Pisa.

Der Grund für diese plötzliche und eilige Verlagerung der

Bautätigkeiten war eine Bedrohung aus dem Norden: Giangaleazzo Visconti, der Herzog von Mailand, gegen den die Florentiner zehn Jahre zuvor Krieg geführt hatten. Giangaleazzo war ein rotbärtiger Despot, grausam und ehrgeizig, dessen Waffenrock entsprechend furchteinflößend aussah: Er zeigte das Bild einer zusammengeringelten Giftschlange, die einen winzigen, zappelnden Mann zwischen ihren Kiefern zermalmte. Es taten sich Welten auf zwischen Giangaleazzos Tyrannenherrschaft und der Florentiner «Demokratie», welche die Kriterien für den Idealstaat des Aristoteles insofern erfüllte, als in Florenz die Herrscher der Stadt (wenngleich mit eingeschränktem Wahlrecht) für eine bestimmte Amtszeit gewählt wurden. 1385 hatte Giangaleazzo in Mailand die Macht an sich gerissen, indem er seinen Onkel, Bernabò Visconti – der zugleich sein Schwiegervater war –, in den Kerker werfen und vergiften ließ. Wie es sich für einen Mann seines neuen Ranges geziemte, hatte Giangaleazzo Kaiser Wenzel IV. bestochen, ihm den Titel des Herzogs von Mailand zu verleihen. Außerdem hatte er mit dem Bau einer neuen Kathedrale in Mailand begonnen, einem gewaltigen gotischen Bauwerk mit Strebepfeilern und Spitzbögen – genau die Bauweise, gegen die Neri di Fioravanti und seine Gruppe sich ausgesprochen hatten.

Dieser alte Feind warf nun seinen Schatten über Florenz. Giangaleazzo genügte seine Macht in Norditalien nicht; er wollte die gesamte Halbinsel unter seiner Regentschaft vereinigen. Pisa, Siena und Perugia waren bereits unterworfen, und im Jahre 1401 stand nur noch Florenz zwischen Giangaleazzo und der Herrschaft über das gesamte nördliche und mittlere Italien. Florenz war politisch und geographisch isoliert, abgeschnitten von den Häfen in Pisa und Piombino. Als die Stadt von Giangaleazzo belagert wurde, kam der Handel zum Stillstand; es drohte eine Hungersnot. Der Tyrann aus Mailand hinderte Florenz sogar an der Einfuhr von Draht, der zur Konstruktion von Wollkrempelmaschinen benötigt

3. Das Baptisterium *San Giovanni* – die Taufkirche des Hl. Johannes

wurde. Als Giangaleazzos Truppen auf Florenz vorrückten, schien die Republik dem Untergang geweiht.

Vor diesem Hintergrund krisenhafter Bedrohung wurde der Wettstreit um die neuen Bronzetüren für das Baptisterium ausgetragen. Die Regeln waren einfach. Jeder Kandidat erhielt vier Bronzeplatten mit einem Gesamtgewicht von ca. 35 Kilogramm und den Auftrag, ein und dieselbe Szene darzustellen: Die Opferung Isaaks durch Abraham, wie sie im Buch Genesis, Kap. 22, Vers 2-13 geschildert wird. Vermutlich wurde dieses Motiv von der Tuchhändlerzunft in Anbetracht der «wundersamen» Erlösung der Stadt Florenz von der Pest und der Gefahr durch die rasch heranrückenden Armeen Giangaleazzos ausgewählt; möglicherweise sah man in der Geschichte Isaaks, dessen Opferung Gott dem Abraham erst befohlen und dann im letzten Augenblick verhindert hatte, weil er sah, dass Abraham zum Opfer bereit war, eine Parallele zur gegenwärtigen Bedrohung von Florenz.[11] Den Teilnehmern am Wettbewerb wurde ein Jahr Zeit gegeben, ihre Reliefs in den Maßen 45 × 38 Zentimeter fertig zu stellen; als Form gab man den gotischen Vierpass vor.[12]

Ein Jahr mag für die Fertigstellung eines relativ kleinformatigen Reliefs lang erscheinen, aber der Bronzeguss war ein Vorgang, der sehr viel Fingerspitzengefühl und ein hohes Maß an künstlerischem Können erforderte. Der erste Arbeitsschritt bestand darin, die Figuren grob in sorgfältig gebranntem Ton zu modellieren; dann wurde jede Figur mit einem Mantel aus Wachs überzogen. Nachdem das Wachs gehärtet war, wurde es in die gewünschte Form der späteren Bronzeguss-Figur – oder des Reliefs – geschnitzt, eine Arbeit, die äußerste bildhauerische Präzision verlangte. Anschließend wurde das Wachs mit einer weiteren Schicht überzogen, die aus verbranntem Rinderhorn, Eisenspänen und Kuhmist bestand. Diese Mischung wurde mit Wasser zu einem Brei angerührt und mit Hilfe eines Zobelhaarpinsels auf das wachsüberzogene Tonmodell aufgetragen, gefolgt von mehreren Lagen weichem Ton, von denen jede erst trocknen musste, bevor die nächste aufgetragen wurde. Das Ergebnis war eine gestaltlose Masse, die mit eisernen Reifen zusammengehalten wurde – ein klumpiger Kokon, aus dem die Bronzestatue wie ein Schmetterling zum Vorschein kommen sollte.

Das formlose Gebilde wurde in einem Brennofen erhitzt, bis der Ton gehärtet und das geschmolzene Wachs durch winzige Löcher abgelaufen war, die man zu diesem Zweck zuvor in die weichen Lagen aus Lehm gestochen hatte, üblicherweise an der Basis. Auf diese Weise wurde eine Hohlform aus gebranntem Ton hergestellt, in welche nun die in einem Schmelzofen verflüssigte Bronze gegossen wurde. Der letzte Schritt des Arbeitsgangs bestand darin, die formlose Hülle aus gebranntem Ton zu zerschlagen, wobei die Bronzefigur zum Vorschein kam, die anschließend gefeilt, ziseliert, geglättet, poliert und, falls gewünscht, vergoldet wurde. Bei jedem dieser einzelnen Arbeitsschritte konnte leicht ein Missgeschick passieren; Jahre später ließ Michelangelo angeblich jedes Mal, bevor er die Arbeit an einer Bronzefigur aufnahm, eine Messe lesen.

Die Probearbeiten der sieben Kontrahenten wurden der Gutachterkommission im Jahre 1402 vorgelegt, als Mailänder Truppen unter dem schrecklichen Wappen Giangaleazzos vor den Toren von Florenz lagen. Die angesehene Jury würde dem Sieger des Wettbewerbs zu einem hervorragenden Ruf verhelfen. Von den ursprünglich sieben eingereichten Entwürfen befand man schließlich nur zwei des Preises für würdig, darunter den von Filippo Brunelleschi, der sich jedoch der Konkurrenz eines anderen jungen, unbekannten Goldschmieds ausgesetzt sah, womit eine lebenslange künstlerische Rivalität ihren Anfang nahm.

Lorenzo Ghiberti hätte man nicht gerade als den aussichtsreichsten Kandidaten dieses prestigeträchtigen Wettbewerbs eingestuft, dessen Sieger den Auftrag für die neuen Türen des Baptisteriums erhalten sollte. Erst einundzwanzig Jahre alt, hatte Lorenzo bis zu diesem Zeitpunkt kein einziges größeres Werk geschaffen, das ihm einen Namen gemacht hätte, und er gehörte weder der Zunft der Goldschmiede noch jener der Bildhauer an. Was die Sache noch problematischer machte: Lorenzo war von fragwürdiger Herkunft. Offiziell war er der Sohn eines «liederlichen Mannes» namens Cione Buonaccorso, doch wurde gemunkelt, er sei in Wahrheit der illegitime Sprössling des Goldschmieds Bartolucci Ghiberti, seines nunmehrigen Stiefvaters.[13] Lorenzo war bei Bartolucci in die Lehre gegangen und half nun bei der Herstellung von Ohrringen, Knöpfen und anderen Erzeugnissen der Goldschmiedewerkstatt, Aufgaben, die man schwerlich mit einer Herausforderung vergleichen kann, wie sie die Gestaltung der Türen des Baptisteriums darstellte. Als im Jahre 1400 erneut eine Pestepidemie ausbrach, war Lorenzo in das gesündere Klima Riminis an die Adriaküste gereist, wo er jedoch nicht als Goldschmied, sondern als Maler von Wandgemälden arbeitete. Ein Jahr darauf kehrte er nach Florenz zurück – auf Drängen Bartoluccis, der ihm versprach, er bräuchte nie mehr bei der Herstellung von Ohrringen zu helfen, falls er bei dem Wettbewerb um die Türen des Baptisteriums den Sieg davontrage.

Die beiden Finalisten gingen auf völlig unterschiedliche Weise an ihre Aufgabe heran. Lorenzo erwies sich als der gewieftere Taktiker, der ausgiebig Rat bei anderen Künstlern und Bildhauern suchte, von denen viele zufällig zur Jury gehörten. Die Betreffenden wurden in Bartoluccis Werkstatt in das Stadtviertel Santa Croce gebeten und um ihre Meinung über das Wachsmodell befragt, das Lorenzo nach Maßgabe ihrer kritischen Vorschläge immer wieder bereitwillig einschmolz und neu gestaltete, mochte er das Wachs noch so sorgfältig geschnitzt haben. Sogar bei fachfremden Handwerkern wurde Rat eingeholt, bei den Färbern und Wollkämmern von Santa Croce, die auf dem Weg zur Arbeit in die Werkstatt gelockt wurden. Außerdem nahm Lorenzo auch Bartoluccis Hilfe in Anspruch, der das fertige Stück später polierte.

Filippo dagegen arbeitete in großer Abgeschiedenheit. Individuelles Bemühen und ein Hang zur Heimlichkeit sollten in den nächsten vier Jahrzehnten zwei Wesensmerkmale seiner Arbeit werden. In späteren Jahren bestand er auf seinem alleinigen Urheberrecht, ob er nun architektonische Modelle baute oder Erfindungen machte, zum Beispiel spezielle Kräne oder Boote. Er brachte seine Gedanken nicht zu Papier; und wenn dies einmal doch unumgänglich war, so bediente er sich einer verschlüsselten Schrift. Entweder arbeitete er allein oder mit einem oder zwei vertrauten Schülern; denn er wurde stets von der Angst geplagt, irgendeine verderbte

Seele könnte seine Pläne verpfuschen oder ihm den Ruhm und die Anerkennung stehlen – ein Albtraum, der später Wirklichkeit werden sollte.

Wer den besseren Entwurf für das Bronzerelief eingereicht hatte, Filippo Brunelleschi oder Lorenzo Ghiberti, darüber waren die Meinungen geteilt, sowohl unter den Juroren wie bei den Bürgern von Florenz. Unter Kunsthistorikern hält dieser Meinungsstreit bis zum heutigen Tag an. Filippos Relief ist dramatischer. Es zeigt Abraham und den Engel in theatralischem, ja gewalttätigem Gestus über der verrenkten Gestalt des Isaak. Lorenzos Figuren dagegen treten uns anmutiger und eleganter entgegen. Seine Arbeit ist insofern technisch ausgereifter, als er weniger Bronze benötigte und die Platte in einem Stück gegossen war. Wer Florenz besucht, kann sich seine eigene Meinung über die jeweiligen Vorzüge der Arbeiten bilden, denn beide Platten sind heute im Museo Nazionale del Bargello zu besichtigen. Was aus den Platten der fünf erfolglosen Mitkonkurrenten geworden ist, weiß man nicht. Es ist gut möglich, dass sie bei einem der zahlreichen Kriege, die Florenz führte, eingeschmolzen wurden – eine ständige Gefahr für sämtliche Gegenstände aus Bronze. Francisco Albertini, ein Florentiner Antiquar und Sammler aus dem sechzehnten Jahrhundert, sprach deshalb die Empfehlung aus, dass Goldschmiede, die nach Unsterblichkeit strebten, ihre Bronzearbeiten niemals dicker als eine Messerklinge fertigen sollten, nur auf diese Weise könnten ihre Werke dem Schicksal entgehen, eingeschmolzen und zum Gießen von Kanonen benutzt zu werden. Tatsächlich war es kein Problem, die Zusammensetzung der Bronze auf eine Weise zu verändern, dass sie zur Herstellung von Waffen verwendet werden konnte; man musste der Legierung lediglich mehr Zinn hinzugeben – die doppelte Menge, wie bei der Bronzeherstellung üblich. Viele der späteren Kunstwerke Lorenzo Ghibertis haben offenbar das Schicksal erlitten, eingeschmolzen zu werden.

Es gibt zwei widersprüchliche Berichte, wie die vierunddreißig Juroren zu ihrer endgültigen Entscheidung gelangt sind. Den einen Bericht verdanken wir Lorenzo Ghiberti selbst; er findet sich in seiner Autobiographie, den *Commentarii*. Der andere Bericht stammt von dem ersten Biographen Filippos, Antonio di Tuccio Manetti, der frühestens im Jahre 1423 geboren wurde, aber dennoch behauptet, Filippo persönlich gekannt zu haben. Keinem der beiden Autoren kann man Unvoreingenommenheit attestieren. Ohne eine Spur von Bescheidenheit behauptet Lorenzo, ihm sei von allen Sachverständigen und Mitbewerbern die Siegespalme zuerkannt worden, «ohne dass auch nur eine Stimme gegen mich erhoben wurde», wohingegen Manetti in *Das Leben des Brunelleschi*, seiner um 1480 verfassten Biographie, eine etwas kompliziertere Geschichte erzählt: Die Juroren hätten sich nicht für einen der beiden Entwürfe entscheiden können und seien zu dem Kompromiss gelangt, den Auftrag für die Türen des Baptisteriums beiden Kontrahenten gemeinsam zu erteilen, so dass Filippo und Lorenzo hätten zusammenarbeiten müssen – eine durchaus plausible Erklärung, berücksichtigt man den Umfang des Projekts und die relative Unerfahrenheit der beiden jungen Goldschmiede. Doch Filippo, heißt es in Manettis Biographie, weigerte sich, gemeinsam mit Lorenzo zu arbeiten, und verlangte, dass ihm die alleinige Verantwortung für den Auftrag übertragen würde. Auch das hört sich glaubhaft an, berücksichtigt man Filippos immenses Selbstvertrauen, das an Überheblichkeit grenzte, sein hitziges Temperament und seine hartnäckige Weigerung, mit anderen zusammenzuarbeiten – Eigenschaften, die er sein Leben lang beibehielt.

Wie Manetti berichtet, zog Filippo sich aus dem Wettbewerb zurück, als ihm die alleinige Verantwortung für den Auftrag versagt wurde, und überließ seinem Rivalen das Feld. Von nun an verzichtete er auf die Bildhauerei und schuf nie wieder eine Bronzearbeit. Er verließ Florenz und begab sich nach Rom, wo er sich in den nächsten zehn Jahren in unregelmäßigen Abständen aufhielt und sich als Uhrmacher und Goldschmied seinen Lebensunterhalt verdiente, während er die Ruinen der antiken Stadt studierte. Lorenzo hingegen sollte die nächsten zweiundzwanzig Jahre seines Lebens mit der Arbeit an den Bronzetüren des Baptisteriums San Giovanni verbringen, die nach der Fertigstellung zehn Tonnen wogen und zu den größten Meisterwerken der Florentiner Kunst zählen.

Und was geschah mit Giangaleazzo Visconti? Als die Heere Mailands im Sommer 1402 Florenz belagerten, prophezeite ein Einsiedlermönch, der in der ländlichen Toskana lebte, der Tyrann würde noch vor Ablauf des Jahres sterben. Tatsächlich erfüllte sich diese Weissagung bereits im Spätsommer. Mitte August, in der Gluthitze der Toskana, gerade als es so aussah, als würde Florenz ihm in die Hände fallen, erkrankte Giangaleazzo an einem Fieber, an dem er mehrere Wochen litt, bevor er Anfang September 1402 im Alter von zweiundfünfzig Jahren starb. Kurz darauf wurde die Belagerung aufgehoben. Die Truppen aus Mailand rückten ab; die Blockade hatte ein Ende. Florenz war verschont geblieben, und das bedeutendste Jahrhundert in der Geschichte der Republik – Voltaire bezeichnete es als eine der größten Epochen der Weltgeschichte – nahm seinen Anfang.

3. KAPITEL

Die Schatzjäger

EIN KAPITOL, ein Forum, ein Tempel des Mars, ein Amphitheater, ein Aquädukt, ein Reiterstandbild des Mars auf dem Ponte Vecchio, römische Thermen, verschiedene Mauern und Türme, ganz zu schweigen von den Katakomben *(burelle)*, die nun als Gefängnis und (weniger offiziell) als Versteck für Prostituierte dienten – wohin die Bürger von Florenz in ihrer Stadt auch schauten, fiel ihr Blick auf Überreste aus der Römerzeit.

So glaubten die Florentiner jedenfalls. Tatsache aber ist, dass es in Florenz vergleichsweise wenige römische Ruinen gibt. Viele Bauwerke vermeintlich römischen Ursprungs – wie beispielsweise das Baptisterium – stammen aus einer viel späteren und bescheideneren Epoche. Doch so unrichtig diese Theorie von der Stadt auf römischen Ruinen auch sein mochte, so kursierte sie doch schon seit langer Zeit und wurde von hervorragenden Gelehrten verfochten; denn die Florentiner Historiker ließen sich seit alters her alle möglichen Verbindungen zwischen ihrer Heimatstadt und dem antiken Rom einfallen – Verbindungen, die in Wahrheit gar nicht existierten. In der *Chronica de origine civitatis*, einer frühen, um das Jahr 1200 verfassten Geschichte der Stadt, wird die Behauptung aufgestellt, Florenz sei eine Gründung Julius Cäsars. Ein Jahrhundert später bezeichnete kein Geringerer als Dante die Stadt in seiner *Convivio* als die «schöne und berühmte Tochter Roms». Der humanistische Philosoph Leonardo Bruni sah ebenfalls diese edle und stolze Herkunft, betrachtete aber nicht Julius

Cäsar als Gründer der Stadt – Cäsar war ein imperialistischer Tyrann, der auf beunruhigende Weise an Giangaleazzo Visconti erinnerte –, sondern Lucius Cornelius Sulla, der Florenz nach Brunis Ansicht ungefähr zwanzig Jahre vor Cäsars Herrschaftsantritt gegründet hatte, als die römische Republik auf dem Höhepunkt ihrer Macht stand. Im Jahre 1403 entdeckte man in der Kirche Santissimi Apostoli Relikte und Dokumente, durch die Brunis Theorie angeblich erhärtet wurde.

Insofern dürften Filippo, als er einige Zeit nach Ende des Wettbewerbs um die Türen des Baptisteriums nach Rom aufbrach, die patriotisch gefärbten Auseinandersetzungen über die römischen Ursprünge der Florentiner Republik in den Ohren geklungen haben, zumal diese Auseinandersetzungen seit der Bedrohung durch Giangaleazzo Visconti an Schärfe zugenommen hatten.[14] Doch in den Anfangsjahren des fünfzehnten Jahrhunderts bot die Ewige Stadt in vielerlei Hinsicht einen trostlosen Anblick: Rom war ein heruntergekommener Ahnherr, den Florenz wohl lieber verleugnet hätte. Zu den glanzvollsten Zeiten des Kaiserreichs besaß Rom mehr als eine Million Einwohner; nun lebten weniger Menschen in dieser Stadt als in Florenz. Im Jahre 1348 hatte der schwarze Tod die Einwohnerzahl Roms auf 20 000 schrumpfen lassen; in den darauf folgenden fünfzig Jahren stieg diese Zahl nur langsam wieder an. Rom war zu einem winzigen Flecken innerhalb seiner gewaltigen antiken Mauern geworden, war gleichsam von den sieben Hügeln heruntergeströmt und zu einem beengten Gewirr aus wenigen Straßen geschrumpft, die sich am Ufer des Tiber befanden, gegenüber von Sankt Peter, dessen Mauern vom Einsturz bedroht waren. Bettler und verwilderte Hunde streiften durch die schmutzigen Straßen. Auf dem Forum, das nun *Campo Vaccino* oder «Feld der Kühe» genannt wurde, graste Vieh. Andere Monumente hatte ein noch schlimmeres Schicksal ereilt. Der Tempel des Jupiter diente als Müllkippe, und das Theater des Pompejus wie auch das Mausoleum des Augustus wurden als Steinbrüche benutzt; mancher Steinblock fand den Weg in die Bauwerke ferner Länder, zum Beispiel in die Westminster Abbey. Viele antike Statuen lagen halb begraben in Trümmern, während andere in Brennöfen geendet waren und zur Herstellung von Kalk gedient hatten, der als Dünger für die dürren Feldfrüchte diente. Andere waren zu Futtertrögen für Esel und Rinder umfunktioniert worden. Das Grabdenkmal Agrippina der Älteren, der Mutter des Caligula, wurde als Lager für Getreide und Salz benutzt.

Rom war ein gefährlicher und abstoßender Ort. Es gab Erdbeben, Fieber und endlose Kriege; bei der letzten bewaffneten Auseinandersetzung, dem Krieg der Acht Heiligen, hatten englische Söldner die Stadt verwüstet. Es gab kaum Handel und Gewerbe, allein die Pilger brachten ein wenig Geld in die Stadt. Mit ihren Büchlein *Mirabilia urbis romae* («Die Wunder von Rom»), in denen sie nachlesen konnten, welche Reliquien wo zu besichtigen waren, kamen sie aus ganz Europa nach Rom. Dieser mittelalterliche «Reiseführer» verriet den Pilgern beispielsweise, dass sie den Fingerknochen des heiligen Thomas in der Kirche Santa Croce in Gerusalemme bestaunen konnten; ein Arm der heiligen Anna sowie der Kopf der von Christus bekehrten Samariterin waren in der San Paolo fuori le mura zu bewundern, und die Krippe, in welcher der neugeborene Heiland gelegen hatte, stand in der Santa Maria Maggiore. In der Stadt herrschte eine marktschreierische Atmosphäre; an Straßenständen blühte der Ablasshandel, und in den Kirchen wurden Beichten angeboten, die den Sündern bis zu maximal 8000 Jahre Fegefeuer ersparen konnten.

Die *Mirabilia urbis romae* lenkten die Aufmerksamkeit der Pilger jedoch nicht auf die Ruinen des antiken Rom, von denen sie umgeben waren. Für die frommen Christenmenschen versinnbildlichten diese alten und verfallenen Bauwerke ohnehin lediglich heidnische Götzenverehrung. Schlimmer noch, sie waren mit dem Blut christlicher Märtyrer befleckt. Die Thermen des Diokletian, zum Beispiel, waren von frühchristlichen Sklaven errichtet worden; viele waren bei den Bauarbeiten gestorben. Die Pilger bespuckten jetzt solche antiken Gebäude, und viele Kunstwerke, die ein Jahrtausend Erosion, Erdbeben und Verfall überlebt hatten, wurden nun mit Füßen getreten, zu Boden geschleudert und zertrümmert.

Ungeachtet dieser neuen Art von Vandalismus war ein wenig von dem alten heidnischen Glanz Roms erhalten geblieben. Die Hauptstraße aus dem Süden, die Via Appia – fachmännisch mit Basaltsteinen gepflastert, die ohne Mörtel ineinander gefügt sind –, war ein architektonisches Wunder. Schnurgerade führte sie durch Bergland, Sümpfe und Täler. Noch interessanter waren die ungefähr 300 000 Gräber, die sich über viele Kilometer hinweg am Straßenrand erstreckten und ihre Existenz einem alten Gesetz verdankten, das vorschrieb, dass nur der Kaiser und die Vestalischen Jungfrauen innerhalb der Mauern Roms bestattet werden durften. Auch die Bögen der Aquädukte – etwa die der Aqua Claudia – waren noch zu bestaunen, wenngleich vom Verfall bedroht. Mit 70 Kilometern Länge und einer Bogenhöhe von über dreißig Metern legte die Aqua Claudia nicht nur Zeugnis über die außergewöhnliche Ingenieurkunst seiner Erbauer ab, sondern auch darüber, dass die Römer der Antike mit frischem Trinkwasser versorgt worden waren (im Unterschied zu ihren mittelalterlichen Nachfahren, die ihr Wasser aus dem verschmutzten, stinkenden Tiber schöpfen mussten). Viele Römer der Renaissancezeit kannten nicht einmal mehr den wahren Zweck des Aquädukts; sie glaubten, das Bauwerk hätte dazu gedient, Olivenöl aus Neapel in die Stadt zu importieren.

Gemeinsam mit dem begabten jungen Florentiner Bildhauer Donatello, damals noch ein Heranwachsender, traf Brunelleschi in Rom ein. Trotz mancher Turbulenzen sollte die Verbindung zwischen diesen beiden Männern viele Jahre lang währen. Wenngleich Donatello noch hitzköpfiger war als

Filippo, passten die beiden gut zusammen. Ein oder zwei Jahre zuvor, im Alter von fünfzehn, war Donatello in Pistoia mit den Magistraten der Stadt in Schwierigkeiten geraten, weil er einem Deutschen einen Stock auf den Kopf geschlagen hatte; und Jahre später machte er sich auf die Reise nach Ferrara, entschlossen, einen seiner Lehrlinge umzubringen, der ihm davongelaufen war. Auch seine Gönner bekamen Donatellos Zorn zu spüren: Weigerte sich einer von ihnen, den vollen Preis für eine Statue zu zahlen, zerschmetterte Donatello sie in einem seiner Wutausbrüche.

Die beiden jungen Männer lebten wie Vagabunden; sie gaben nicht viel darum, wovon sie sich ernährten, wie sie sich kleideten oder wo sie schliefen. Gemeinsam machten sie sich daran, in den Ruinen Ausgrabungen vorzunehmen, wobei sie Träger einstellten, die das Geröll wegschafften. Bald waren sie unter den Einheimischen als «Schatzjäger» bekannt, denn die Leute glaubten, die beiden jungen Burschen würden nach Goldmünzen und anderen Kostbarkeiten suchen – ein Eindruck, der immer dann verstärkt wurde, wenn die beiden Freunde Tongefäße ausgruben, die mit antiken Medaillons gefüllt waren. Ihre Aktivitäten erregten Verdacht, riefen auch Furcht hervor – man glaubte, die beiden Freunde praktizierten Geomantie (die Kunst, die Zukunft aus Mustern zu lesen, die entstehen, indem man mit den Händen Erde verstreut), und abgesehen davon wurden heidnische Funde in jener Zeit oft als Unglücksboten betrachtet. Beispielsweise hatten die Bewohner von Siena eine antike römische Statue ausgegraben; nachdem dieses Standbild am Brunnen auf dem Hauptplatz der Stadt aufgestellt worden war, erlitt Siena eine militärische Niederlage gegen Florenz. Sofort wurde die Statue vom Platz entfernt und wieder vergraben – auf Florentiner Territorium, damit der Fluch der Statue das nächste Mal den Feind traf.

Was genau Filippo bei den Ausgrabungen suchte, wusste nicht einmal Donatello. Antonio Manetti behauptete später, dass Filippo, geheimnistuerisch wie immer, die antiken Ruinen studiert hatte, während er vorgab, sich mit anderen Dingen zu beschäftigen. Filippo schrieb eine Reihe geheimnisvoller Symbole und arabischer Ziffern auf Pergamentstreifen: eine Art Geheimcode, ähnlich der Spiegelschrift, die Leonardo da Vinci später benutzte, um seine Erfindungen zu beschreiben. Bevor es einen Patentschutz gab wie in der heutigen Zeit, bedienten die Gelehrten sich häufig verschlüsselter Schrift, um ihre Entdeckungen vor neidischen Rivalen zu verbergen. Im dreizehnten Jahrhundert hatte Roger Bacon, der Philosoph aus Oxford, der wegen seiner Experimente mit Teleskopen, Fluggeräten und Robotern «Doctor Mirabilis» genannt wurde, den Wissenschaftlern geraten, ihre Entdeckungen niemals in normaler Schrift niederzulegen, sondern stattdessen eine «verschlüsselte Schrift» zu benutzen.[15]

Was aber war der Sinn der geheimnisvollen Symbole, die Filippo benutzte, und der arabischen Ziffern, deren Verwendung die Stadt Florenz seit 1296 verboten hatte?[16] Manetti behauptet, Filippo habe die antiken Hinterlassenschaften Roms vermessen und die Höhe und Proportionen der Ruinen bestimmt. Manetti berichtet zwar nicht, welche Methoden dabei benutzt wurden, doch Filippo hätte mit Hilfe eines schlichten Messstabes die Höhe von Säulen oder Bauwerken ermitteln können. Diese Vorgehensweise war ihm mit Sicherheit aus Leonardo Fibonaccis *Practica geometriae* geläufig, einem Werk, das an den Florentiner Schulen studiert wurde. Er könnte auch einen Quadranten verwendet haben oder schlicht und einfach einen Spiegel, dessen Benutzung bei Vermessungsarbeiten ebenfalls von Fibonacci beschrieben wird. Der Benutzer stellt den Spiegel in einiger Entfernung vom zu vermessenden Objekt, zum Beispiel einem Bauwerk, auf den Boden; dann sucht er eine Position, von der aus der höchste Punkt des Objekts in der Mitte des Spiegels erscheint. Daraufhin konnte die Höhe des Bauwerks berechnet werden, indem die Entfernung zwischen Objekt und Spiegel mit der

Höhe des Beobachtungspunktes multipliziert und das Ergebnis durch die Entfernung Spiegel/Beobachter dividiert wurde.

Filippo war nicht der Erste, der Vermessungen an den römischen Ruinen vornahm. Bereits 1375 hatte der berühmte Uhrmacher Giovanni de' Dondi den Obelisken von Sankt Peter vermessen; seine Vorgehensweise beschrieb er in seinem Buch *Römische Reise*. Doch Filippos Messungen zielten auf bedeutendere Erkenntnisse: Indem er die Proportionen von Säulen und Kapitellen berechnete, bestimmte er die charakteristischen Richtmaße für die drei architektonischen Ordnungen (dorisch, ionisch und korinthisch), die von den antiken Griechen entwickelt und von den Römern übernommen und verfeinert worden waren. Diese drei Ordnungen beruhen auf genau festgelegten mathematischen Verhältnissen – bestimmten Regeln, die Proportionen betreffend, also die Maßverhältnisse einzelner Teile zum Ganzen und zueinander, die für eine ästhetische Wirkung sorgen. Die Höhe eines korinthischen Hauptgesimses zum Beispiel beträgt ein Viertel der Säulenhöhe, während die Höhe jeder Säule dem Zehnfachen ihres Durchmessers entspricht, und so weiter.

Im Rom des frühen fünfzehnten Jahrhunderts fanden sich zahlreiche Beispiele für diese drei Ordnungen. Die Säulen in den Thermen des Diokletian beispielsweise sind dorisch, während die Säulen am Tempel der Fortuna Virilis der ionischen, die am Portikus des Pantheons der korinthischen Ordnung angehören. Im Kolosseum findet man die drei Ordnungen vereint: Die unterste Ebene ist dorisch, die zweite ionisch, die oberste korinthisch.[17]

Im Hinblick auf den geplanten Bau der *cupola* von Santa Maria del Fiore – einer Kuppel, wie sie nie zuvor errichtet worden war – wird Filippo den Techniken der Überwölbung, wie die antiken Römer sie benutzt hatten, besonderes Interesse entgegengebracht haben. Zu Beginn des fünfzehnten Jahrhunderts gab es eine ganze Reihe verschiedener Kuppelbauten, die ihm als Studienobjekte zur Verfügung standen. Als Rom im Jahre 64 n. Chr. in Flammen stand und große Teile der Stadt verbrannten, hatte Kaiser Nero bestimmte Verordnungen erlassen (wie sie 1666 auch in London nach dem großen Feuer verkündet werden sollten): Verbreiterung der Straßen, Aufsicht über die Wasserleitungen und – aus architektonischer Sicht am bedeutsamsten – die ausschließliche Verwendung nicht brennbarer Materialien bei der Errichtung von Gebäuden, die überdies nur noch eine bestimmte Höhe erreichen durften. Aus diesem Grund begannen die Römer, bei ihren Bauwerken Mörtel zu verwenden, eine neue Erfindung. Das Geheimnis des römischen Mörtels war der Zement, der vulkanische Asche enthielt, die dank aktiver Vulkane wie dem Vesuv verfügbar war. In Verbindung mit dem Kalk gewann man einen festen und sich rasch verfestigenden Mörtel, dem kleine, zermahlene Steine beigefügt wurden. Im Unterschied zum üblichen Mörtel aus ungelöschtem Kalk, Sand und Wasser, der sich erst dann verfestigt hat, wenn das Wasser im Mörtel vollständig verdunstet ist, geht der römische Mörtel – der sogenannte «Pozzolana-Mörtel» – eine chemische Verbindung mit dem Wasser ein, ähnlich wie heutzutage der Portland-Zement, so dass er rasch härtet, sogar unter Wasser. Obwohl verschiedene römische Thermen bereits seit dem ersten vorchristlichen Jahrhundert mit Dachkonstruktionen aus Beton überwölbt wurden, kam es erst nach der Feuersbrunst des Jahres 64 n. Chr. zu einer intensiven und innovativen Nutzung von Mörtel bei der Errichtung von Bögen und Kuppeln. Im Grunde beginnt die Geschichte der Kuppeln erst mit den baulichen Möglichkeiten, die sich nach dem verheerenden Brand in Rom eröffneten – einem Feuer, das einer der zürnenden Götter oder Nero selbst gelegt hatte, wie die Römer glaubten.

Die Arbeiten am Domus Aurea, dem Goldenen Haus des Nero, wurden unmittelbar nach dem Brand von den Baumeistern Severus und Celer aufgenommen. Dieses Bauwerk zeigt bereits, wie durch die Verwendung von Mörtel neue architektonische Formen hervorgebracht wurden. Der riesige, prachtvolle städtische Palast, dessen Baukosten ungeheuerlich waren, erstreckte sich vom Palatin- zum Esquilin-Hügel und bedeckte einen Teil jenes Bereichs der Stadt, der den Flammen zum Opfer gefallen war. Das Goldene Haus enthielt neben herrlichen Kunstwerken (wie der Statue des Laokoon, die im Jahre 1506 wiederentdeckt wurde) hydraulische Wunderwerke; beispielsweise gab es Röhren, die in den Decken verborgen waren und Duftwässer über die Gäste versprengten, die an der Tafel des Kaisers speisten. Doch das interessanteste architektonische Merkmal ist ein achteckiger Raum im Ostflügel, der von einer Kuppel überdacht wird, deren Durchmesser gut zehn Meter beträgt. Die achteckige Form dieses Raumes muss Filippo interessiert haben, zumal er natürlich wusste, dass auch die Kuppel der Santa Maria del Fiore achteckig werden sollte, allerdings um ein Vielfaches größer als diese Kuppel im Goldenen Haus.

Von noch größerem Interesse für Filippo war vermutlich das Pantheon, der unter Kaiser Hadrian errichtete Tempel für «sämtliche Götter» (griech. *pantheion*), erbaut zwischen 118 und 128 n. Chr. Im Unterschied zur oktogonalen Kuppel in Kaiser Neros Goldenem Haus ist die Kuppel des Pantheons gewaltig: Sie misst 43,30 Meter im Durchmesser und ist 44 Meter hoch. Fast dreizehn Jahrhunderte nach ihrer Erbauung war sie noch immer die größte Kuppel, die jemals errichtet worden war. Dass das Pantheon der Zerstörung entging, verdankte es der Tatsache, dass es in eine Kirche umgewandelt worden war, in die Santa Maria Rotonda. Die Bewohner des mittelalterlichen Rom blickten ebenso wie die Pilger mit ehrfürchtigem Staunen auf diesen gewaltigen Kuppelbau. Ohne sichtbare Stützvorrichtungen wie zum Beispiel Strebepfeiler oder -bögen schien die Kuppel den Gesetzen der Schwerkraft zu widersprechen. Die Römer bezeichneten das Pantheon als «Haus der Teufel», denn sie glaubten, das Bauwerk

4. Das Pantheon in Rom

sei nicht von den kunstfertigen Baumeistern der antiken Welt, sondern von finsteren dämonischen Mächten errichtet worden.

Die Architekten des Pantheons waren mit denselben statischen Problemen konfrontiert gewesen wie die Erbauer jeder Kuppel: Wie begegnet man den Kräften, die auf ein Gewölbe einwirken und die man in «drückende» und «ziehende» Kräfte unterteilen kann, in Kompression und Spannung? Sämtliche Bauteile eines Gebäudes – Säulen, Bögen, Wände, Stützbalken – sind einer dieser beiden Kräfte ausgesetzt, manche Teile auch beiden Kräften zugleich. Steinerne oder hölzerne Streben beispielsweise werden von oben «zusammengedrückt» und von anderen Kräften «gestreckt», die zur Seite wirken. Die eleganteste Lösung wäre eine Konstruktion, die diesen Kräften standhalten kann, indem man sie gewissermaßen gegeneinander ausspielt und sie durch das Mauerwerk in den Boden leitet.

Die eine der beiden Kräfte, der senkrecht wirkende Druck, stellt einen Baumeister vor keine unüberwindlichen Schwierigkeiten. Stein, Ziegel und Beton besitzen eine so hohe Druckfestigkeit, dass Bauwerke von gewaltiger Höhe errichtet werden können, ohne dass die Steinblöcke an der Basis zerbrechen. Der Turm der Salisbury Cathedral, der höchste Kirchturm Englands, misst 123 Meter, und die beiden Türme des Kölner Doms sind mit ihren 156 Metern so hoch wie ein fünfzigstöckiges Gebäude und ca. fünf Meter höher als die Große Pyramide von Gizeh, ein weiteres Bauwerk, dessen immense Größe nur deshalb möglich war, weil die Steinblöcke an der Basis dem ungeheuren senkrecht wirkenden Druck der Steinmassen standhalten. Doch nicht einmal diese gigantischen Bauwerke kommen auch nur annähernd an die *Grenzen* der Druckfestigkeit von Stein heran: Theoretisch könnte man eine Säule aus Kalkstein errichten, die über drei Kilometer in den Himmel ragt; erst dann würde der Stein vom eigenen Gewicht zermalmt.

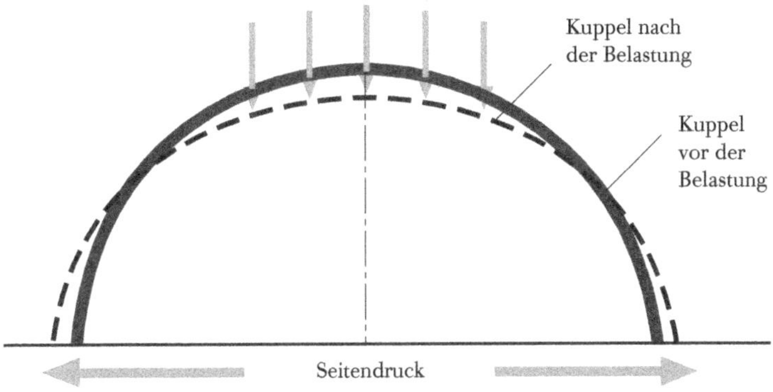

5. Der Druck auf dem Ring. Die gestrichelte Linie zeigt die Verformung der Kuppel durch das Gewicht.

Bei einer Kuppel jedoch wirken, wie gesagt, nicht nur Druckkräfte von oben, sondern auch der Seiten- und Innendruck, wobei man sich letzteren ähnlich vorstellen muss wie bei einem Luftballon, der sich beim Aufblasen nach außen wölbt. Das Problem für einen Baumeister besteht nun darin, dass Stein und Ziegel diesem Innen- und Seitendruck nicht annähernd so gut standhalten können wie dem Druck von oben.

Die alten Römer kannten offenbar einige der bautechnischen Schwierigkeiten, die sich aus Kompression und Seitendruck ergaben. Sie hatten diese Probleme zu lösen versucht, indem sie den erwähnten Pozzolana-Mörtel benutzten – eine Methode, auf die Filippo später in Florenz zumindest im Grundsatz zurückgriff. Am Fuß der Kuppel, wo der Seitendruck am größten ist, besaßen die Mauern des Pantheons die gewaltige Dicke von mehr als sechs Metern; nach oben hin nimmt die Dicke bis auf nur dreißig Zentimeter am höchsten Punkt der Kuppel ab, wo sich eine runde Fensteröffnung befindet, der so genannte Oculus. Beim Pantheon waren fünftausend Tonnen Pozzolana-Mörtel in horizontalen Lagen auf eine hölzerne Verschalung gegossen worden; im oberen Teil der Kuppel jedoch hatte man leichtere Materialien verwendet, zum Beispiel Bimsstein. Noch einfallsreicher war, dass man dem Mörtel leere *amphorae* beigegeben hatte (Tongefäße, in denen Olivenöl verschifft wurde), um das Gewicht der Kuppel weiter zu verringern. Überdies wurde das Innere der Kuppel kassettiert, was nicht nur zu einer nochmaligen Gewichtsersparnis führte, sondern ein dekoratives Stilmittel darstellte, das später vielfach nachgeahmt wurde.

Das Pantheon hätte Filippo den Beweis geliefert, dass es möglich war, eine so gewaltige Spanne wie die des Oktogons der Santa Maria del Fiore zu überwölben. Doch Hadrians Baumeister waren nicht gänzlich erfolgreich gewesen, denn im Inneren der Kuppel waren mehrere Risse zu sehen, die wie gezackte Blitze bis zur Kämpferlinie führten, wo die Innenwölbung der Kuppel begann. Diese Risse waren auf den Seitendruck zurückzuführen, der bewirkte, dass die Kuppel in ihrem gesamten Umfang horizontal wirkenden Kräften ausgesetzt war. Ein ähnliches, strahlenförmiges Muster von Rissen hätte Filippo beispielsweise auch im unteren Teil der Halbkuppel in den Thermen des Trajan beobachten können. Deshalb war das Eindämmen des Seitendrucks – dem offenbar nicht einmal das mehr als sechs Meter dicke Mauerwerk des Pantheons auf Dauer standhalten konnte – von entscheidender Bedeutung für den Bau einer stabilen *cupola.* Trotz ihres erstaunlichen Erfindungsreichtums konnten nicht einmal die antiken Römer einen Lösungsweg aufzeigen, mit dem man die Herausforderung annehmen konnte, die Neri di Fioravanti und sein Komitee gestellt hatten.

Man weiß nicht genau, wie lange Filippo in Rom blieb oder wann er die Stadt verließ. Offenbar hat er sich im Laufe von zehn Jahren mehrere Male für längere Zeit in Rom aufgehalten, wobei er zwischenzeitlich immer wieder nach Florenz zurückkehrte. Filippos Aufenthalte in Rom waren charakteristisch für eine neue Art des Suchens und Forschens. Bald erschienen die verschiedensten Gäste in der Stadt – Männer, die nicht nach den Knochen Heiliger suchten, wie sie in den christlichen Kirchen gezeigt wurden, sondern die sich für die antiken Überreste interessierten. In der Renaissance wandelte sich das Bild, das man sich von Rom machte; die Stadt wurde nicht mehr als antike Metropole gesehen, die aufgrund ihrer heidnischen Wurzeln als verdammenswürdig betrachtet werden musste, sondern die nun im Gegenteil ihrer Architektur, ihrer Bildhauerei und ihres uralten Wissens wegen verehrt wurde. Die Baumeister, Maler und Bildhauer Leon Battista Alberti, Antonio Filarete, Franceso di Giorgio und Michelangelo traten in Filippos Fußstapfen, reisten nach Rom und ließen sich von den antiken Ruinen zu unsterblichen Meisterwerken anregen. Es wurde nicht mehr als böses Omen betrachtet, heidnische Relikte aus der Erde zu bergen, sei es in Rom (wo die Villa des Cicero ausgegraben wurde) oder anderswo. 1413 beispielsweise wurden in Padua die sterblichen Überreste des römischen Historikers Livius exhumiert, was einen Ausbruch der Begeisterung zur Folge hatte, der an religiöse Hysterie grenzte. Die Knochen wurden im Rathaus von Padua in einem Schrein aufbewahrt. Kurz darauf wurde den Stadtvätern von Alfons, dem König von Neapel, die dringende Bitte überbracht, ihm einen Oberschenkelknochen des Gelehrten zu überlassen. Ein noch Aufsehen erregenderes Relikt war der perfekt erhaltene Körper eines römischen Mädchens, der in einem der Gräber an der Via Appia entdeckt und im Jahre 1485 dem Volk von Rom gezeigt wurde.

Doch es wurden noch andere Schätze gefunden. Manuskripte, die jahrhundertelang in Dunkel und Vergessenheit geschlummert hatten, wurden ans Licht gebracht: Die *Annalen* des Tacitus, Ciceros *Orator* und *De oratore*, die Gedichte des Tibull, des Properz und des Catull (dessen einziges erhaltenes Manuskript bei seiner Entdeckung als Pfropfen eines Weinfasses diente), das *Satyricon* des Petronius, die Gedichte des Lukrez, eine vollständige Abschrift von Quintilianus'

Institutio Oratoria («Die Erziehung eines Redners») – all diese Scherben des antiken Rom, unbekannt oder seit Jahrhunderten verloren und vergessen, wurden in den ersten Dekaden des fünfzehnten Jahrhunderts wiederentdeckt. Wie die steinernen Überreste, die Filippo studiert hatte, stellten diese Schriften Bindeglieder dar zwischen dem antiken Rom und den Künstlern, Philosophen und Baumeistern des Quattrocento. Und es lag an diesen verwitterten Steinen und verblassten Pergamenten, dass die Welt nun neu gestaltet wurde.

4. KAPITEL

Ein Narr und Schwätzer

Als Filippo wieder nach Florenz kam, um nun auf Dauer dort zu leben – wahrscheinlich im Jahre 1416 oder 1417 –, zog er wieder in das Viertel seiner Kindheit unweit der sich noch immer im Bau befindlichen Kathedrale, ein idealer Wohnort für einen Mann, der besessen war von dem architektonischen Rätsel, wie die *cupola* errichtet werden könnte. Inzwischen hatte der Dombau auch große Fortschritte gemacht. Der Tambour (oder die Trommel) war zwischen 1410 und 1413 erbaut worden, und seine Wände waren viereinhalb Meter dick, um das Gewicht der Kuppel tragen zu können. 1413 hatte man einen großen neuen Kran montiert, und zwei der drei Apsidenkuppeln waren fertig gestellt. Außerdem hatte der Dom seinen neuen Namen erhalten, Santa Maria del Fiore, «Heilige Maria von den Blumen», nachdem die Kirche zuvor Santa Reparata genannt worden war – nach der älteren Kathedrale, die man mittlerweile vollständig abgerissen hatte.

Filippo, inzwischen in mittlerem Alter, war klein und kahlköpfig, hatte eine Adlernase und dünne Lippen; ein kleiner Mann von streitlustigem Äußeren. Seine schmutzige, abgerissene Kleidung trug nicht gerade dazu bei, sein Erscheinungsbild zu verbessern. Doch in Florenz galt ein unansehnliches Äußeres beinahe als eine Art Markenzeichen für ein Genie, und in dieser Hinsicht war Filippo lediglich einer von vielen in der langen und illustren Reihe hässlicher oder ungepflegter Künstler der Renaissance. Der Name des Malers Cimabue bedeutet «Ochsenkopf», und Giotto war dermaßen unansehnlich, dass Giovanni Boccaccio dem Erscheinungsbild des Malers im *Decamerone* eine eigene Geschichte widmete und sich fragte, weshalb «die Natur häufig ein wunderbares Genie in Männer von ungeheuer hässlichem Aussehen einpflanzt». In späterer Zeit wurde Michelangelo geradezu berühmt für seine Hässlichkeit, die er zum Teil seiner schiefen Nase verdankte, die aus einer Schlägerei mit dem Bildhauer Pietro Torrigiani herrührte. Doch wie Giotto und Brunelleschi war auch Michelangelo sein Äußeres gleichgültig; oft trug er monatelang sein Wams aus Hundsleder, ohne die Kleider auch nur einmal zu wechseln. Der hässliche und exzentrische Künstler wurde zum Regelfall, so dass Filippos Biograph, der Maler und Architekt Giorgio Vasari – selbst ein ungeschlachter Mann, der an einer Hautkrankheit litt und schmutzige, ungeschnittene Fingernägel hatte – sich fragte, ob ein so begnadeter Künstler wie Raffael tatsächlich gut aussehend gewesen sein könnte.

So ist es keine Überraschung, dass Filippo nicht verheiratet war. In Florenz galt es keinesfalls als ungewöhnlich, dass ein Mann in den Vierzigern noch Junggeselle war, weil Männer erst spät heirateten – und meist viel jüngere Frauen –, aber Filippo blieb ledig. Auch mit diesem Verzicht auf ein Familienleben fügte er sich in eine lange und würdige Ahnenreihe von Künstlern ein, zu denen unter anderen Donatello, Masaccio, Leonardo da Vinci und Michelangelo zählten. Viele Florentiner Künstler und Denker hielten nicht viel von der Ehe, ja, von den Frauen. Boccaccio, der ebenfalls nie verheiratet war, kritisierte Dante wegen seiner Ehe und behauptete, eine Ehefrau sei bei den Studien bloß ein Klotz am Bein.

Kaum hatte Filippo sich wieder in Florenz niedergelassen, unternahm er Schritte, am *cupola*-Projekt teilhaben zu können. Im Mai 1417 zahlte die Domopera ihm zehn Florinen dafür, dass er Baupläne für die Kuppel auf Pergament zeichnete. Was diese Pläne zeigten, ist nicht überliefert, doch Manetti berichtet, dass die «Operai» eifrig Rat bei Filippo suchten, nachdem er aus Rom zurückgekehrt war. Dass Filippo zu diesem Zeitpunkt alle Anstrengungen unternahm, an verantwortlicher Stelle an einem so wichtigen Projekt teilzuhaben, mag überraschen, trotz seines wachsenden Ansehens als Kenner der antiken römischen Technik des Gewölbe- und Kuppelbaus. Denn ungeachtet der viel versprechenden Leistungen, die er als junger Mann auf den Gebieten der Goldschmiedekunst und des Bronzegusses zeigte, hatte er sich auf praktischem Gebiet auch im Alter von 41 Jahren noch kaum hervorgetan. Im Jahre 1412 hatte er beratend beim Bau der Kathedrale in der Stadt Prato unweit von Florenz mitgewirkt, doch seine Arbeiten waren eher dekorativer als architektonischer Natur gewesen; unter anderem ging es um die Inkrustation der Kirchenfassade mit dem dunkelgrünen Stein, den man als Serpentin kennt. Bis zu diesem Zeitpunkt hatte Filippo noch keinen Auftrag als Baumeister bekommen, außer für ein Haus in der Nähe des Mercato Vecchio, das er für seinen Verwandten Apollonio Lapi entworfen hatte.

Im Jahre 1418 war Filippo vor allem für ein Experiment auf dem Gebiet der perspektivischen Darstellung bekannt. Dieses Experiment muss er fünf Jahre zuvor (oder noch früher) vorgenommen haben, denn 1413 schreibt Domenico di Prato von dem «Fachmann auf dem Gebiet der Perspektive, dem erfindungsreichen Filippo di Ser Brunellesco, dessen Ruhm weithin bekannt ist». Di Prato bezieht sich hier auf eine der ersten Erfindungen Filippos – einen Meilenstein in der Geschichte der Malerei.

Die Zentralperspektive ist eine Methode zur verkleinerten Darstellung dreidimensionaler Objekte auf einer zweidimensionalen Oberfläche, wobei die gleichen Eindrücke bezüglich der relativen Position, der Größe und der Entfernung vermittelt werden, wie sie von einem bestimmten Punkt aus beim tatsächlichen Objekt zu beobachten sind. Filippo wird gemeinhin als Erfinder der Zentralperspektive betrachtet bzw. als derjenige, der ihre mathematischen Grundlagen entdeckte (oder wiederentdeckte), denn er entwickelte das für die

Zentralperspektive entscheidende Prinzip des Fluchtpunkts, das bereits die antiken Griechen und Römer kannten, das aber – wie so vieles andere Wissen – über die Jahrhunderte hinweg verloren gegangen war. Griechische Vasenmalereien und Marmorreliefs jedenfalls zeigen dieses Verständnis der perspektivischen Darstellung; Gleiches gilt für einige der überlieferten Bühnenbilder griechischer Tragödien, die in Athen aufgeführt wurden, darunter die Stücke des Aischylos. Der römische Gelehrte Plinius der Ältere behauptete, diese Methode der Darstellung (die er als *imagines obliquae* oder «schiefe Bilder» bezeichnete) sei von einem Maler des sechsten vorchristlichen Jahrhunderts namens Kimon von Kleonai entwickelt worden. Die Römer benutzten die perspektivische Darstellung bei ihren Wandgemälden; einige der mathematischen Grundlagen wurden von dem Baumeister Vitruv beschrieben. Außerdem ist es unvorstellbar, dass Bauwerke wie das Pantheon oder das Kolosseum hätten errichtet werden können, ohne dass die Architekten perspektivische Zeichnungen irgendwelcher Art angefertigt hätten.

Doch nach dem Niedergang des römischen Imperiums geriet die Technik der perspektivischen Darstellung in Vergessenheit oder wurde aufgegeben. Bereits Platon hatte die Perspektive als bloße «Täuschung» abgetan, und der neoplatonische Philosoph Plotin (205–270 n. Chr.) rühmte die «flache» Darstellungsweise der alten Ägypter, bei der Gestalten in ihren «wahren» Proportionen abgebildet würden. Diese Vorurteile gegen die «Unrichtigkeit» der perspektivischen Darstellung wurden von der christlichen Kunst übernommen – mit dem Ergebnis, dass man das gesamte Mittelalter hindurch darauf verzichtete, eine naturgetreue bildliche Wiedergabe anzustreben. Nur in den ersten Dekaden des vierzehnten Jahrhunderts waren die antiken Methoden perspektivischer Darstellung wieder zu beobachten, als Giotto sich zum ersten Mal des *chiaroscuro* bediente, des Spiels von Licht und Schatten, um eine realistische dreidimensionale Wirkung zu erzielen.

Möglicherweise hat Filippo auf seinen Reisen durch Italien Beispiele für antike perspektivische Darstellungen zu Gesicht bekommen; die Prinzipien der Perspektive aber hat er sich wahrscheinlich unter Zuhilfenahme anderer Quellen erarbeitet. Die Vorgehensweise beim Malen seines eigenen perspektivischen Bildes – die zeichnerische Übertragung von «Sehstrahlen» auf die ebene Oberfläche einer Holztafel – entwickelte er möglicherweise auf der Grundlage seiner Vermessungstechniken an den römischen Ruinen[18]; schließlich ähneln sich das perspektivische Zeichnen und das Vermessen insofern, als in beiden Fällen die relative Position bzw. die räumliche Beziehung dreidimensionaler Objekte bestimmt werden muss, um sie maßstabsgerecht auf Papier oder Leinwand übertragen zu können. Die Vermessungstechnik war zu Filippos Zeiten weit fortentwickelt; der große Entwicklungssprung, den Filippo vollzog, bestand darin, dass er diese Techniken und die mathematischen Prinzipien auf die Malerei übertrug.

Kommen wir nun zu Filippos Experiment, bei dem er sich eines beinahe magischen optischen Tricks bediente, einem *trompe l'oeil*-Gemälde[19], das in seiner raffinierten Vermischung von Kunst und Wirklichkeit viele Experimente aus späterer Zeit vorwegnahm – Versuche, die mit optischen Geräten wie der Camera obscura, mit Panoramen, Dioramen[20] und katoptrischen Apparaturen[21] gemacht wurden. Das perspektivische Gemälde Filippos, eines der berühmtesten der Kunstgeschichte, ist seit langer Zeit verschollen. Der letzte Besitzer, von dem man weiß, war Lorenzo der Prächtige, ein Medici. Bei der Besetzung der Stadt Florenz durch Karl VIII. von Frankreich im Jahre 1494, als eine große Zahl florentinischer Kunstwerke geraubt wurde, verschwand auch Filippos Gemälde. Doch es wurde von Antonio Manetti eingehend beschrieben; Manetti behauptet sogar, das Gemälde in Händen gehalten und Filippos Experiment selbst versucht zu haben.

Als Motiv seines perspektivischen Gemäldes wählte Filippo eines der bekanntesten Bauwerke der Stadt: das Baptisterium San Giovanni. Er nahm zwei Meter tief im Eingang des Mittelportals der Santa Maria del Fiore Aufstellung, ungefähr 35 Meter vom Baptisterium entfernt, und machte sich daran, die Taufkirche und deren Umgebung in perspektivischer Darstellung auf ein Holzbrett zu übertragen, indem er eine nach geometrischen Prinzipien konstruierte Bildebene benutzte. Filippo malte alles, was er durch den «Rahmen» sah, den der Portaleingang des Domes bildete: das Baptisterium und die umliegenden Straßen, die Waffelbäcker in der Casa della Misericordia und die Ecke des Schafmarktes. Nur den Himmel über dieser Szenerie malte er nicht; stattdessen trug er auf diesen Teil der Bildtafel eine spiegelnde Silberschicht auf, welche die Wolken, die Vögel und das sich verändernde Sonnenlicht des «richtigen» Himmels reflektierte. Schließlich bohrte er ein Loch von der Größe einer Linse an der Stelle in das Bild, an dem sich der Fluchtpunkt befand – der zentrale Punkt, an dem sämtliche in die Bildtiefe führenden Flucht- oder Tiefenlinien zu verschmelzen scheinen.

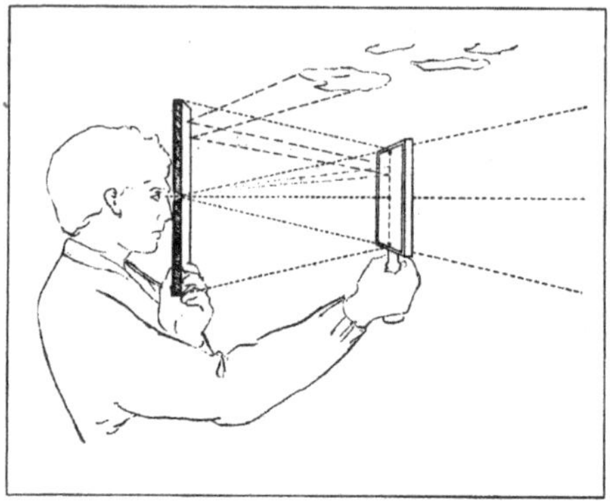

6. Diagramm des optischen Geräts, das Brunelleschi entwarf, um das Baptisterium in perspektivischer Darstellung zu malen. Links das Gemälde, rechts der Spiegel.

Damit war Filippos Bildtafel fertig und konnte als Demonstrationsobjekt dienen.[22] Ein Betrachter, der ungefähr zwei Meter einwärts des Mittelportals der Santa Maria del Fiore stand – mit anderen Worten genau an dem Punkt, wo Filippo die

Holztafel gemalt hatte –, musste diese Tafel in die Hand nehmen und mit einem Auge durch das Loch auf der *unbemalten* Seite blicken; in der anderen Hand musste er einen Spiegel auf Armeslänge von sich weg halten; der Spiegel zeigte dann – seitenverkehrt – das gemalte Bild des Baptisteriums und der Piazza San Giovanni (Abb. 6). Dieses Spiegelbild war so realistisch, dass ein Betrachter nicht zu sagen vermochte, ob er durch das Guckloch die tatsächliche Szenerie sah – das «wahre Leben», das sich hinter dem Brett abspielte, durch das er blickte – oder lediglich eine perfekte Illusion dieser Realität.[23]

Als im August 1418 der Wettbewerb für das Kuppelmodell ausgeschrieben wurde, hat Filippo diese Chance mit Sicherheit genutzt. Im Juni hatte der alte, gebrechliche *capomaestro* Giovanni d'Ambrogio, der im Jahre 1415 nach dem frühen Tod seines Nachfolgers Antonio di Banco wieder zurück in dieses Amt berufen worden war, ein Modell für das Baugerüst der *cupola* vorgestellt. Doch dieses Modell hat die Verantwortlichen der Domopera offenbar nicht überzeugen können, da sie es nur zwei Monate später als notwendig erachteten, den Wettbewerb um die Kuppel auszuschreiben. In der Hoffnung, den Siegerpreis von 200 Goldflorinen zu erringen, stellten Filippo und elf Mitbewerber dem Gutachtergremium ihre Modelle vor. Natürlich war der Entwurf von Neri di Fioravanti aus dem Jahre 1367 noch immer verbindlich, doch nach wie vor bestand das Problem der praktischen Umsetzung.

Die Frage, wie man die unsichtbaren Stützvorrichtungen für die Kuppel bauen könnte, die Neris Modell verlangte – beispielsweise die um die gesamte Kuppel herumführenden Ketten im Mauerwerk –, war seit 1366/67 Gegenstand lebhafter Auseinandersetzungen gewesen und noch immer ein vielfach diskutiertes Problem. Doch eine nicht minder bedeutsame Frage war von Neri und dessen Gruppe kaum berücksichtigt worden: Wie konnte man das hölzerne Stützgerüst – oder Lehrgerüst – errichten, das während der Bauphase, in der der Mörtel härtete, das Mauerwerk der Kuppel tragen sollte und das sich nach Abschluss der Bauarbeiten wieder entfernen ließ? Außer im Nahen Osten, wo Mangel an starkem und tragfähigem Bauholz herrschte, waren sämtliche gemauerten Gewölbe auf hölzernen Stützkonstruktionen errichtet worden (wie noch in heutiger Zeit), die entweder von Gerüsten oder unmittelbar vom Boden aus gestützt wurden (Abb. 7). Bei Kuppeln mit geringem Durchmesser ist dieses Problem in den meisten Fällen relativ einfach zu lösen, indem Vorrichtungen aus Holz gebaut werden – Lehrgerüste oder Lehrbögen –, die die gewünschte Gestalt und Wölbung der fertigen Kuppel aufweisen und zum einen tragfähig genug sein müssen, das Gewicht des Mauerwerks zu stützen, zum anderen starr genug, um den mit den fortschreitenden Bauarbeiten ständig wachsenden Zug- und Druckkräften standhalten zu können. Außerdem muss die Konstruktion leicht zu demontieren sein, nachdem der Kuppelbau abgeschlossen ist.

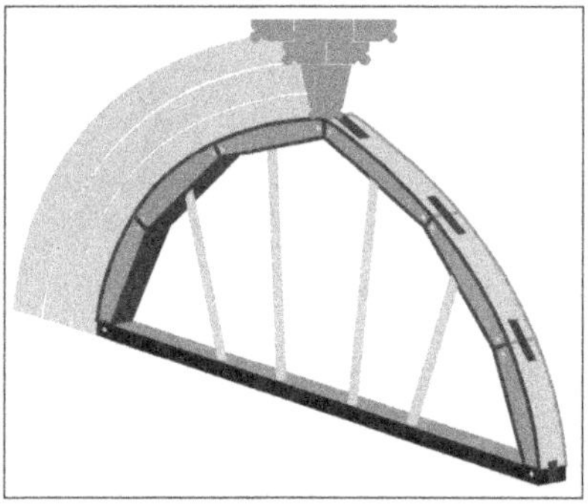

7. Hölzernes Wölbgerüst zur Unterstützung eines Bogens

Manchmal jedoch ist es möglich, perfekte Rundkuppeln ohne Lehrgerüst oder andere Stützvorrichtungen zu bauen, sofern jede rundum laufende, geschlossene Schicht aus Ziegeln – die so genannten Horizontalschichten – einen selbsttragenden Ring bildet. Einer der Freunde Filippos, Leon Battista Alberti, schreibt in seiner Abhandlung über die Architektur: «Die Rundkuppel, die einzigartig unter den Gewölben ist, benötigt kein Lehrgerüst, weil eine solche Kuppel nicht nur aus Bögen, sondern auch aus Ringen besteht, die aufeinander gesetzt sind.» Das heißt, dass jeder Stein oder Ziegel einen Teil eines zugleich vertikalen wie horizontalen Bogens bildet und aus diesem Grund durch den Druck des umgebenden Mauerwerks gehalten wird. Doch die *cupola* der Kathedrale zu Florenz, wie sie von Neri di Fioravantis 1367er-Modell verbindlich vorgeschrieben wurde, war eben *nicht* rund, sondern *achteckig* und mit steilerer Kuppelwandung. Und das wiederum bedeutete, dass die einzelnen Horizontalschichten des Mauerwerks nicht rund und durchgängig sein konnten wie bei einer Rundkuppel, sondern an den acht Ecken «geknickt» sein mussten, so dass eine übliche Arbeitsweise mit selbsttragenden Horizontalschichten nicht möglich war.

Aus diesem Grunde schien die Errichtung eines Lehrgerüsts an der Santa Maria del Fiore unumgänglich. Doch dessen Konstruktion stellte die Verantwortlichen der Domopera vor gewaltige technische und finanzielle Probleme, vor allem deshalb, weil ein solches Lehrgerüst – wie die Kuppel selbst – von nie dagewesenen, gigantischen Ausmaßen sein musste. Für das erforderliche Bauholz musste ein ganzer Wald gefällt werden. Im August 1418, als man den Wettbewerb für die *cupola* ausschrieb, wurden der Domopera zweiunddreißig gewaltige Baumstämme geliefert und in Bretter von insgesamt 280 Metern Länge sowie 135 Balken zersägt, die zur Errichtung der Arbeitsbühnen, des Lehrgerüsts und der Material- und Arbeitsplattform für die Halbkuppel der südlichen Apsis benötigt wurden. Diese Halbkuppel aber war winzig im Vergleich zur *cupola*, für die nach einer Schätzung zwanzig Mal so viel Holz benötigt worden wäre, also nicht weniger als 700 große Baumstämme.[24] Die Domopera besaß mehrere Wälder an den Hängen des Apennin, doch was die Kosten und die logistischen Probleme bei der Beschaffung anging, konnte das Bauholz es sogar mit dem Marmor aufnehmen; Holz war knapp, und da es keine mit Wasserkraft betriebenen Sägen gab, war die Bearbeitung sehr zeitraubend. Vielleicht war es ein schlimmes Vorzeichen, dass der *capomaestro* Antonio di Banco auf einer Reise starb, bei der er nach geeignetem Bauholz für das Lehrgerüst der *cupola* suchen sollte.

Doch selbst wenn ausreichend Bäume von geeigneter Größe und Qualität gefunden worden wären und selbst wenn man die Kosten für das Zuschneiden der Bretter und Balken und den Bau des riesigen Lehrgerüsts hätte aufbringen können, hätten die Verantwortlichen der Domopera vor weiteren Problemen gestanden. Die Demontage des Lehrgerüsts – in diesem Fall das Entfernen der schweren Holzteile aus dem Oktogon des Domes – wäre einer der gefährlichsten Arbeitsabschnitte des gesamten Kuppelbaus gewesen. Im Mittelalter wurden Bau- und Lehrgerüste demontiert, nachdem man zuvor die Stützpfeiler der Gerüste in Fässer gestellt hatte, die mit Sand gefüllt waren; nach Abschluss der Bauarbeiten ließ man den Sand aus den Fässern rieseln und senkte die Holzkonstruktion auf diese Weise behutsam ab. Dieser Vorgang mag simpel erscheinen; das Hauptproblem bestand jedoch darin, den richtigen Zeitpunkt zu bestimmen. Mittelalterlicher Mörtel benötigte bis zu einem Jahr, manchmal sogar anderthalb Jahre, bis das Wasser in dem Material vollständig verdunstet war und der Mörtel sich verfestigt hatte. Beim Bau der Santa Maria del Fiore beispielsweise ließ man das Lehrgerüst für die Halbkuppel der südlichen Apsis dreizehn Monate lang stehen, vom Juni 1420 bis zum Juli 1421, wodurch eine große Menge Bauholz, das an anderer Stelle dringend benötigt wurde – zum Beispiel für den Bau der Arbeitsplattform der *cupola* –, nicht zur Verfügung stand. Baute man das Lehrgerüst jedoch zu früh ab, war der Mörtel noch zu weich. Auf der anderen Seite verformte sich das Holz bei starker permanenter Belastung, die sich über Wochen oder gar Monate hinzog: Wurde das Lehrgerüst zu lange stehen gelassen, verzogen sich die Balken unter der Last der Kuppel oder verrutschten ganz langsam, so dass das Mauerwerk der Kuppel sein Gewicht verlagerte. Dieses Phänomen war bereits den alten Griechen bekannt, die nachts die Räder ihrer Streitwagen abmontierten oder die Wagen hochkant an einer Mauer abstützten (wie Telemachos im vierten Buch der *Odyssee*), um dafür zu sorgen, dass die Räder sich unter dem Gewicht der stehenden Wagen nicht verzogen.

Eine letzte Schwierigkeit bestand darin, dass das Lehrgerüst für eine so gewaltige Kuppel sperrig und hinderlich gewesen wäre, selbst in einem dermaßen großen Raum wie dem Oktogon. Das Lehrgerüst hätte ja vom Boden bis zum Oculus reichen müssen, dem Rundfenster oder Auge am höchsten Punkt der Kuppel; die Holzkonstruktion hätte das Oktogon regelrecht ausgefüllt und den Maurern und anderen Handwerkern nur wenig Bewegungsfreiheit gelassen.

Doch einen Entwurf für ein Lehrgerüst der Kuppel gab es bereits; es war ein Vermächtnis von Giovanni di Lapo Ghini, dem *capomaestro*, dessen Plan für den Dom im Jahre 1367 zugunsten des Entwurfs von Neri di Fioravanti aufgegeben wurde. Lapo Ghinis Holzmodell des Lehrgerüsts, das er 1371 angefertigt hatte, befand sich im Inneren von Neris Kuppelmodell aus dem Jahre 1367. Doch offensichtlich war Lapo Ghinis Modell für die anstehende Aufgabe ebenso ungeeignet wie der Entwurf von Giovanni d'Ambrogio.

Ende August, kaum zwei Wochen nach der Ausschreibung des Wettbewerbs, hatte Filippo bereits mit dem Bau eines Ziegelmodells der *cupola* begonnen. Die Verantwortlichen der Domopera beauftragten vier angesehene Baumeister, Filippo bei der Konstruktion zu unterstützen. Diese vier Männer dürften verwundert gewesen sein, was sie zu sehen bekamen; wahrscheinlich verdächtigten sie Filippo, eine geschickte Täuschung angefertigt zu haben, wie sie ihm schon mit seinem Gemälde des Baptisteriums gelungen war – ein Trugbild, das die Sinne verwirrte und gegen die Regeln der Vernunft verstieß. Und wie bei seinem zentralperspektivischen Bild machte Filippo sich mit Sorgfalt und handwerklichem Können an die Arbeit. Für die Ausführung der Holzarbeiten hatte er zwei der begabtesten Florentiner Bildhauer eingestellt, seinen Freund Donatello und Nanni di Banco, den Sohn des verstorbenen *capomaestro*; Nanni di Banco arbeitete bereits seit mehr als zehn Jahren am Dom. Die vier Baumeister, die von der Domopera geschickt worden waren, verbrachten insgesamt neunzig Tage damit, Filippo bei der Fertigstellung seiner Modellkuppel zu helfen.

Dieses Modell, das auf einem der Höfe der Opera errichtet wurde, hatte die Ausmaße eines kleinen Gebäudes; vierzig Karrenladungen Kalk und 5000 Ziegel waren dafür verarbeitet worden. Die Kuppel besaß einen Durchmesser von etwa sechs Metern, war knapp vier Meter hoch und begehbar, so dass die «Operai» und die Gutachter sie auch von innen prüfen konnten. Wie viele andere Architekturmodelle muss es ein wahres Kunstwerk gewesen sein; Stefano del Nero hatte die Schnitzarbeiten von Donatello und Nanni di Banco – zwei Männern, deren geniale und lebensechte Skulpturen die Fassade und die Seitenportale des Domes zierten – vergoldet und bemalt.

Ursprünglich sollte die Wettbewerbsfrist für den Entwurf der Kuppel am 30. September enden, aber sie wurde um knapp zwei Monate verlängert; der Grund dafür ist wahrscheinlich darin zu sehen, dass man Filippo Zeit geben wollte, sein kunstvolles Modell zu vollenden; vielleicht ging es der Domopera aber auch darum, einigen von Filippos Konkurrenten – darunter den Baumeistern aus Pisa und Siena – Zeit zu verschaffen, mit ihren Modellen nach Florenz zu kommen. Erst im Dezember 1418 versammelte sich im Mittelschiff des Domes ein Großer Rat, der sich aus dreizehn Angehörigen der Opera del Duomo, Konsuln der Zunft der Wollweber und verschiedenen Gutachtern zusammensetzte, um über die Vorschläge abzustimmen. Bei Brot und Wein diskutierte man über die verschiedenen Entwürfe. Filippos Ziegel- und Holzmodell fand besondere Beachtung, sowohl am 7. Dezember als auch zwei Wochen später, als noch einmal vier Tage lang die Vorzüge dieses Modells erörtert wurden.

Aus den Unterlagen der Opera del Duomo gehen lediglich die nackten Tatsachen hervor. Doch die beiden Biographen Filippos, Manetti und Vasari, haben eine lebendigere Geschichte überliefert. Ungeachtet der Zusage in der ursprünglichen Proklamation des Wettbewerbs vom August 1418, dass sämtliche Modelle ein «wohlmeinendes und dankbares Publikum» finden würden (*bene et gratiose audietur*) – wurde Filippos Kuppelmodell von den Verantwortlichen der Opera und den von ihnen erwählten Fachleuten mit Skepsis, zum Teil mit offener Ablehnung betrachtet.

Die Gründe für diese Reaktionen sind leicht zu verstehen. Filippo hatte sich dem Problem der Errichtung des zwangsläufig gewaltigen Lehrgerüsts auf eine revolutionäre Weise genähert, die sich grundlegend von denen seiner Konkurrenten unterschied. *Alle* Beteiligten gingen selbstverständlich davon aus, dass ein kompliziertes Holzgerüst erforderlich sei, um während der Bauphase das Mauerwerk der emporwachsenden Kuppel abzustützen; die einzigen Fragen, die sich in diesem Zusammenhang stellten, waren die des Entwurfs und der Finanzierung einer so riesigen Holzkonstruktion. Einer der Vorschläge ging sogar dahin, im Inneren des Oktogons Sand bis zur Kuppelspitze in 90 Metern Höhe aufzuschütten, um die *cupola* auf diese Weise abzustützen; später sollte der Sand aus dem Oktogon herausgeschaufelt werden. Dieser Vorschlag war gar nicht so abwegig, wie er sich anhören mag: Im antiken Rom wurden manche Kuppeln tatsächlich über Räumen errichtet, die man mit Erde gefüllt hatte. Ja, sogar noch im Jahre 1496 wurde beim Bau des Gewölbes der Kathedrale zu Troyes Sand bis in eine Höhe von dreißig Metern aufgeschüttet, um hölzerne Lehrgerüste zu ersetzen. Doch vom Großen Rat in Florenz wurde diese Anregung mit Verachtung gestraft. Einer der «Operai» machte den spöttischen Vorschlag, man könne ja Münzen in den Sand mischen; dann würden die Bürger von Florenz sicher gern dabei helfen, das Oktogon leer zu schaufeln, wenn die Zeit gekommen sei.

Filippo jedoch bot eine einfachere, aber riskantere Lösung an: Er schlug vor, gänzlich auf ein Lehrgerüst zu verzichten – ein beinahe unglaublicher Vorschlag, denn selbst die kleinsten Kuppeln waren mit Hilfe von hölzernen Lehrgerüsten errichtet worden. Wie sollte man da eine Kuppel von so gewaltigen Ausmaßen, wie sie durch das 1367er-Modell bindend vorgeschrieben war, ohne diese Stützen bauen? Die Ziegel an der Spitze der Wölbung wiesen eine Schrägneigung von 60 Grad auf. Der Plan war so abenteuerlich, dass Filippo von vielen Zeitgenossen als verrückter Sonderling belächelt wurde. Noch in jüngerer Zeit wurde eine solche technische Meisterleistung von verschiedenen Autoren für schlichtweg unmöglich gehalten.[25]

Filippo erwies sich keinen Gefallen, als er vor dem Großen Rat erschien, um seinen revolutionären Entwurf zu erläutern. Wie immer von der Furcht erfüllt, jemand könnte ihm die Früchte seines Einfallsreichtums stehlen, weigerte er sich hartnäckig, den Verantwortlichen der Domopera die genauen technischen Einzelheiten seines Plans zu erläutern. Die «Operai» waren von dieser Art der Zurückhaltung ganz und gar nicht angetan und drängten Filippo, ihnen seinen Entwurf zu erklären. Der aber weigerte sich. Die Auseinandersetzungen wurden dermaßen hitzig, dass Filippo zuerst als «Narr und Schwätzer» beschimpft und schließlich von einem besonders rabiaten Zeitgenossen aus dem Sitzungszimmer geprügelt wurde, wie Vasari berichtet. Viele Jahre später vertraute Filippo seinem Biographen Antonio Manetti an, er habe sich geschämt, sich auf offener Straße zu zeigen aus Furcht, als «der Verrückte» verhöhnt zu werden, «der einen solchen Unsinn von sich gegeben hat». Filippos genialer Plan schien zum Scheitern verurteilt.

Kein Wunder, dass Filippo wütend über eine solche Behandlung war; dieses Erlebnis schien seine abfälligen Ansichten über «den dummen Pöbel» zu bestätigen, wie er sich zehn Jahre später ausdrückte. Doch wie Vasari einmal anmerkte, halten sich in Florenz Meinungen nie für lange Zeit. Es ist jedoch unklar, wann genau die Verantwortlichen der Domopera die Vorzüge von Filippos Projekt anerkannten. Vasari steuert hierzu eine Anekdote bei, die ebenso lustig wie unwahrscheinlich ist – eine Geschichte wie die von Archimedes in der Badewanne oder Newton unter dem Apfelbaum. Laut Vasari hat Filippo den «Operai» vorgeschlagen, demjenigen den Auftrag für den Bau der Kuppel zu erteilen, dem es gelänge, ein Ei aufrecht auf eine Marmorplatte zu stellen. Nachdem sämtliche anderen Wettbewerbsteilnehmer bei diesem Versuch versagen, schlägt Filippo das Hühnerei mit dem unteren Teil auf die Marmorplatte, so dass eine steile Kuppel im Miniaturformat stehen bleibt. Als seine Konkurrenten protestieren, das hätten sie auch gekonnt, erwidert Filippo: «Ihr hättet auch gewusst, wie man die *cupola* bauen kann, wenn ihr meine Pläne gekannt hättet.» Und so, berichtet Vasari, wurde der Auftrag für den Bau der *cupola* umgehend an Filippo vergeben.

Doch es ist mehr als unwahrscheinlich, dass die gestrengen Wollhändler-Magnaten der Domopera Filippo nur eines solchen Salontricks wegen den Auftrag zum Bau der Kuppel erteilten. Aber so unwahrscheinlich sich Vasaris Anekdote auch anhört, sollte man doch nicht vergessen, dass Wissenschaftler und Ingenieure schon seit langer Zeit vom alltäglichen, schlichten Ei fasziniert waren. Bereits Alexander von Aphrodisias und Plinius der Ältere hatten sich die Frage gestellt, weshalb ein Ei, ein so offensichtlich zerbrechliches Gebilde, in der Längsrichtung eine dermaßen hohe Bruchfestigkeit aufweist, dass «keines Menschen Kraft es zerbrechen kann», wie Plinius schreibt. Auch Galileo beschäftigte sich mit diesem Phänomen. Im Fragment eines Briefes an seinen Sohn wirft er die Frage auf: «Wie kommt es, dass du ein Ei nicht zerbrechen kannst, wenn du es zwischen dem oberen und dem unteren Teil zwischen den Fingern hältst und mit aller Kraft zudrückst?» Auch Galileos Schüler Vincenzo Vi-

viani beschäftigte sich mit dieser Frage; er vermutete sogar, dass das Ei – genauer gesagt, eine halbe Eierschale, die man aufrecht hinstellt – überhaupt erst die Anregung für den Bau von Kuppeln gegeben hätte.

Doch wie es um den Wahrheitsgehalt dieser Anekdote auch bestellt sein mag – die Ergebnisse der Beratungen der Domopera waren nicht so eindeutig, wie Vasaris Bericht vermuten lässt, obwohl im Dezember 1418 tatsächlich die meisten Kuppelmodelle abgelehnt wurden. Die Juroren richteten ihre Aufmerksamkeit auf zwei Entwürfe, die sie als Grundlage zur Errichtung der *cupola* ausgewählt hatten. Das eine Modell stammte natürlich von Filippo. Das zweite – ebenfalls aus Ziegeln gemauert und auf einem der Höfe der Domopera errichtet – war der Entwurf seines alten Widersachers und Goldschmiedekollegen Lorenzo Ghiberti. Die Geschichte vom Wettstreit um den Auftrag für die Türen des Baptisteriums erlebte somit eine Fortsetzung.

5. KAPITEL

Die Rivalen

DIE VORAUSGEGANGENEN sechzehn Jahre hatten es gut mit Lorenzo gemeint. Er war jetzt vierzig Jahre und einer der berühmtesten Künstler Italiens. Wie Filippo war auch Lorenzo kahlköpfig, doch im Unterschied zu seinem alten Rivalen war er ein fröhlicher und jovialer Mann mit Mondgesicht und großer, fleischiger Nase. Er hatte spät geheiratet, mit siebenunddreißig Jahren; seine Braut Marsilia war zum Zeitpunkt der Heirat erst sechzehn Jahre alt, sie war die Tochter eines Wollkämmerers und schenkte Lorenzo zwei Söhne. Die meiste Zeit verbrachte er in seiner Werkstatt gegenüber dem Konvent von Santa Maria Novella; sechzehn Jahre nach jenem denkwürdigen Wettbewerb war er noch immer damit beschäftigt, in einem riesigen, speziell zu diesem Zweck erbauten Ofen die Bronze zu schmelzen, die er für den Guss der Türen des Baptisteriums benötigte. Bislang hatte Lorenzo für das Nord- und Ostportal mehr als 2,7 Tonnen Bronze geschmolzen.

Inzwischen war er ein wohlhabender Mann, der ein Haus in Florenz und ein Weingut auf dem Lande besaß. Wie sein Stiefvater Bartoluccio ihm bereits im Jahre 1401 prophezeite, hatte Lorenzo es tatsächlich nicht mehr nötig, sich seinen Lebensunterhalt mit der Herstellung von Ohrringen zu verdienen. Seit er beim Wettbewerb um die Türen des Baptisteriums gesiegt hatte, war er mit Aufträgen überhäuft worden und hatte Grabdenkmäler aus Marmor oder Bronze, Kandelaber, Schreine, Reliefs für den Taufstein in der Kathedrale zu Siena sowie ein Bronzestandbild Johannes des Täufers für die Tuchhändlerzunft geschaffen. Im Jahre 1414 vollendet, stand diese Statue in einer Nische in der Kirche Orsanmichele; mit 2,70 Metern Höhe war dieses Standbild die größte Bronzearbeit, die jemals in Florenz gegossen worden war – ein Zeugnis für den Ehrgeiz und das Können Lorenzos.

Doch trotz all dieser Arbeiten – oder gerade deshalb – besaß Lorenzo sehr wenig Erfahrung als Baumeister. Tatsächlich war sein Modell für die *cupola* sein erster Ausflug auf das Gebiet der Architektur. Und anders als das Modell Filippos war das von Lorenzo weder groß noch kompliziert. Jeder der vier Maurer, die er mit dem Bau dieses Modells beauftragt hatte, war nur vier Tage damit beschäftigt – im Unterschied zu den neunzig Tagen, die Filippos Maurer benötigt hatten. Lorenzos Modell war aus *mattoni piccoli* gefertigt, aus kleinen Ziegeln, und hatte mit Sicherheit eine Art Lehrgerüst im Inneren, denn Lorenzo hatte neben den vier Maurern auch einen Zimmermann für den Bau seines Modells eingestellt.[26] Das war vermutlich der grundlegende Unterschied der beiden Modelle, zwischen denen die Verantwortlichen der Domopera sich nun entscheiden mussten.

Doch den hektischen Aktivitäten in den letzten Monaten des Jahres 1418 folgte eine Flaute, die länger als ein Jahr währte. Es wurden keine verbindlichen Entscheidungen getroffen. Zum Weihnachtsfest ließen sich die «Operai» Gänse als Festschmaus auftragen. Am Neujahrstag wurde dann wie gewöhnlich der Eid abgelegt, den Dom nach den Maßgaben des Modells aus dem Jahre 1367 zu errichten. Die ersten Monate des Jahres 1419 vergingen, ohne dass die «Operai» sich für eines der Modelle entscheiden konnten. Niemandem, weder Filippo noch Lorenzo, wurde der Siegespreis von 200 Florinen zugesprochen. Das Kuppelprojekt schien in immer weitere Ferne zu rücken.

Einer der Gründe für diese Verzögerung war ein Riss, den man in der Halbkuppel der nördlichen Apsis entdeckt hatte.

Diese Halbkuppel war kaum mehr als ein Jahr zuvor errichtet worden. Ein weiterer Grund für den Aufschub war der, dass man den alten Giovanni d'Ambrogio von seinem Amt als *capomaestro* abberufen hatte; Giovanni war inzwischen zu schwach und gebrechlich, um zur Halbkuppel der Apsis hinaufzusteigen und die Arbeit der Maurer zu inspizieren. Ein dritter Grund schließlich war der, dass die offene Frage des Kuppelbaus einen Monat nach der Zusammenkunft des Großen Rates durch andere Ereignisse vorübergehend in den Hintergrund gedrängt worden war: Im Januar 1419 trafen Papst Martin V. und sein Gefolge in Florenz ein.

Martin V. war zwei Jahre zuvor vom Konzil zu Konstanz zum Papst gewählt worden – jenem Konzil, bei dem das Schisma (1378–1415) beendet wurde, jene 39 Jahre währende Periode, als die römisch-katholische Kirche durch die beiden rivalisierenden Päpste in Rom und Avignon zerrissen war.[27] Auf dem Konzil zu Konstanz war Johannes XXIII. abgesetzt worden, ein ehemaliger Pirat und hemmungsloser Lüstling, der nach eigener Aussage Hunderte von Frauen verführt hatte; Martin V. wurde sein Nachfolger. Der neue Papst blieb während der nächsten zwölf Monate in Florenz, bis man Rom ordentlich befestigt und einige der dortigen Kirchen wieder aufgebaut hatte. In der Zwischenzeit musste Florenz für Seine Heiligkeit gastlich hergerichtet werden. Aus diesem Grunde schickte die Domopera Maurer und Zimmerleute zur Kathedrale Santa Maria Novella, wo in aller Eile mehrere luxuriöse Gemächer hergerichtet und eine Treppe gebaut wurde, welche die Domopera bei Lorenzo Ghiberti in Auftrag gegeben hatte nach einem Wettbewerb, bei dem er sich gegen zwei Konkurrenten durchgesetzt hatte – in Lorenzos Augen sicherlich ein gutes Vorzeichen im Hinblick auf den anderen, ungleich bedeutenderen Auftrag, den die Opera zu vergeben hatte.

Filippo wartete während dieser Monate ab, war aber beileibe nicht untätig: Er verbesserte sein Kuppelmodell und fügte ihm eine Laterne[28] sowie eine Galerie hinzu, die um den Tambour herumführte. Doch wie Lorenzo war er inzwischen vorrangig mit anderen Projekten beschäftigt. Für Filippo war das Jahr 1419 in gewisser Weise ein *annus mirabilis*, ein Jahr der Wunder. In den sechs Monaten nach dem *cupola*-Wettbewerb erhielt er vier verschiedene Aufträge als Architekt, alle in Florenz – eine bemerkenswerte Entwicklung, wenn man bedenkt, dass er zuvor noch nie einen Bauauftrag erhalten hatte. Offenbar hatten seine Pläne für die Domkuppel ihm viel Achtung eingebracht, mochten sie auch verlacht worden sein.

Die beiden ersten Aufträge waren die Errichtung der Ridolfi-Kapelle in San Jacopo sopr' Arno, südlich des Flusses, und der Barbadori-Kapelle im nahen San Felicità. Dann folgte die Alte Sakristei in der Kirche San Lorenzo, die der wohlhabende Bankier Giovanni de' Medici in Auftrag gegeben hatte, der nach seinem Tod in einem Sarkophag im Inneren dieser Schöpfung Filippos beigesetzt zu werden hoffte. Der letzte Auftrag waren Arbeiten am Ospedale degli Innocenti, dem «Findelhaus», einem Heim für ausgesetzte Kleinkinder, dessen Errichtung die Seidenhändler unterstützt hatten – jene Zunft, die für das Wohlergehen von Findlingen und Waisen in Florenz verantwortlich war. Im gleichen Jahr, 1419, adoptierte Filippo einen siebenjährigen Waisenjungen namens Andrea Cavalcanti, der später unter dem Namen Il Buggiano bekannt werden sollte (nach seiner Heimatstadt in der Toskana), und nahm ihn zu sich in die Lehre. Die Beziehung zwischen Filippo und Il Buggiano sollte sich als produktiv, mitunter jedoch als sehr turbulent erweisen.

Es war kein Zufall, dass es bei drei der vier Aufträgen des Jahres 1419 (auch) um Kuppeln ging. Besonders bedeutsam sind in diesem Zusammenhang die Barbadori- und die Ridolfi-Kapelle. Beide Aufträge wurden Filippo von Mitgliedern der Zunft der Wollweber erteilt, also von Männern, die eng mit dem Projekt der *cupola* für die Santa Maria del Fiore zu tun hatten.[29] Die beiden Kapellen waren gewissermaßen Tests für Filippo – «Probeläufe» für den Plan, eine Riesenkuppel ohne Lehrgerüst zu bauen. Leider sind die Kuppeln beider Kapellen nicht erhalten geblieben. Das Innere von San Jacopo wurde 1709 erneuert, und die Kuppel der Barbadori-Kapelle wurde 1589 von Vasari abgerissen (ironischerweise einer der glühendsten Bewunderer Filippos), als die lange Passage gebaut wurde, die den Palazzo Pitti mit den Uffizien verband. Deshalb ist es unmöglich zu sagen, ob Filippo die gleichen Techniken benutzte wie später bei der *cupola* der Santa Maria del Fiore. Wir wissen nur, dass die Kuppeln beider Kapellen ohne Lehrgerüst erbaut wurden[30], wobei die Kuppel der Ridolfi-Kapelle – Ironie des Schicksals – sogar kleiner war als die von Filippos Ziegelmodell der Domkuppel.

Gegen Ende des Jahres 1419 unternahmen die Konsuln der Wollweberzunft einen gemeinsamen Versuch, das Problem der *cupola* zu lösen, indem sie vier Männer – die so genannten *Ufficiales* – zu einem *ad-hoc*-Komitee vereinten. Diese «Vier Beauftragten für die Kuppel» handelten rasch. Am 16. April 1420 beriefen sie die dreizehn «Operai» und vierundzwanzig Konsuln der Wollweberzunft zu einer Zusammenkunft in der Hauptstelle dieser Zunft ein, dem Palazzo dell'Arte della Lana, der sich ein paar Straßen südlich des Domes befand, um einen neuen *capomaestro* als Nachfolger von Giovanni d'Ambrogio zu wählen. Ihre Wahl fiel auf einen achtunddreißigjährigen Baumeister namens Battista d'Antonio, der unter Giovanni bereits als *vicecapomaestro* gedient hatte. Battista arbeitete seit 1398 an der Kathedrale, zuerst als Maurerlehrling, später als Meister. Anschließend wählte die Versammlung acht weitere Meister aus, die unter Battista d'Antonios Oberaufsicht arbeiten sollten, wobei jeder für eine der acht Seiten der oktogonalen Kuppel zuständig war.

Battista d'Antonio war in den darauf folgenden dreißig Jahren allgegenwärtig an der Santa Maria del Fiore, doch seine bedeutsame Rolle wurde so sehr unterschätzt, dass er als der

«Bucklige vom Duomo» bezeichnet wurde.[31] Trotz seines Titels *capomaestro*, der sich als «leitender Baumeister» interpretieren ließe, war Battista viel eher Vorarbeiter oder Aufseher als Architekt oder Konstrukteur nach dem Vorbild vorangegangener *capomaestri* wie Giotto oder Andrea Pisano. Diese beiden Männer waren in erster Linie Künstler gewesen; der eine war zum Maler ausgebildet, der andere zum Goldschmied. Battista hingegen war Maurer, und wie die meisten Praktiker am Bau arbeitete er nach traditionellen Methoden und handelte nach Regeln und Vorgaben, die es schon seit langer Zeit gab; er selbst erdachte nichts Neues, sondern ahmte bereits Bestehendes nach. Battista wurde zum Oberaufseher der Baustelle, dessen Aufgabe darin bestand, sämtliche Modelle und Baupläne, die von der Domopera übernommen wurden, auch in die Wirklichkeit umzusetzen, indem er die Bemühungen der acht ihm untergeordneten Meister und deren Mannschaften in der luftigen Höhe der Kathedrale ebenso koordinierte wie die Arbeiten der ungelernten Hilfskräfte am Boden. Im Mittelalter gab es bei allen Bauvorhaben immer einen solchen Mann, der von entscheidender Bedeutung für den Erfolg des Projekts war. Männer wie Battista d'Antonio hatten vor allem die Aufgabe, den Handwerkern und Arbeitern, die keine komplizierten architektonischen Zeichnungen lesen konnten, die Pläne der Baumeister zu erklären.[32]

Da Battista d'Antonio trotz all seiner praktischen Erfahrungen keine reguläre Ausbildung zum Baumeister oder irgendeine theoretische Vorbildung besaß, was architektonische Entwürfe anging, war es erforderlich, einen weiteren Mann zu bestimmen, der im Unterschied zum Praktiker und Bauleiter die Rolle des leitenden Architekten ausüben konnte. Deshalb unternahmen die Verantwortlichen der Domopera, die vier *Uffitiales Cupule* und die Konsuln der Wollweberzunft am gleichen Tag, als Battista zum *capomaestro* ernannt wurde – dem 16. April 1420 –, den ungewöhnlichen Schritt, zwei weitere *capomaestri* zu ernennen, von denen der eine Filippo war. Doch dessen Freude, endlich die Aufsicht über jenes Projekt bekommen zu haben, von dem er schon so lange träumte, dürfte ein wenig getrübt worden sein, denn zum dritten *capomaestro* wurde Lorenzo Ghiberti bestimmt. Von nun an arbeiteten die beiden alten Rivalen gezwungenermaßen eng zusammen und erhielten beide den relativ dürftigen Lohn von sechs Florinen im Monat.

Wenn man bedenkt, wie vehement Filippo zwei Jahrzehnte zuvor auf die Niederlage beim Wettstreit um die Türen des Baptisteriums reagiert hatte – er fertigte nie wieder einen Bronzeguss an –, forderten die «Operai» mit diesem Plan zweifellos das Schicksal heraus. Doch Filippo hatte zu viel Zeit und Anstrengung in das Kuppelprojekt investiert, als dass er dieses Angebot abgelehnt hätte, nur weil er verärgert war. Also nahm er die Stelle des *capomaestro* an, um dann in aller Ruhe abzuwarten; natürlich wusste Filippo, dass nur er die architektonischen Kenntnisse besaß, die Kuppel zu errichten, nicht aber Lorenzo, ein Mann ohne jede Erfahrung als Baumeister.

Es wurde sogar noch ein vierter *capomaestro* eingestellt, ein sechzigjähriger humanistischer Philosoph namens Giovanni da Prato, den man zum Gehilfen Lorenzo Ghibertis ernannte. Giovanni war unter anderem Dozent für Leben und Werk Dantes an der Universität zu Florenz. Kaum war er am Kuppelprojekt beteiligt, entwickelte er einen glühenden Hass auf Filippo, der darauf zurückzuführen war, dass Giovannis Vorstellungen von der *cupola* sich erheblich von denen Filippos unterschieden. Bereits im Jahre 1420 sprach Giovanni sich vehement für eine Änderung des Kuppelentwurfs aus, denn er war der Überzeugung, Filippos Pläne würden dazu führen, dass es im Inneren der Kirche *oscura et tenebrosa* («dunkel und trist») aussähe, weil es an ausreichend Fenstern fehle. Doch seiner Anregung, am Fuß der Kuppelwölbung vierundzwanzig Fenster anzubringen (ein bautechnisch riskanter Plan), wurde von der Opera del Duomo nur wenig Aufmerksamkeit geschenkt: Man zahlte Giovanni drei Florinen für seinen Vorschlag, der dann völlig ignoriert wurde. Der Zorn über diese Zurückweisung schwärte über Jahre hinweg in Giovannis Innerem und führte schließlich dazu, dass er Filippo mehrere Male voller Gehässigkeit attackierte.

Drei Monate nach den Beschlüssen vom April 1420 fällten die Verantwortlichen der Domopera und die vier *Uffitiales Cupule* eine noch folgenschwerere Entscheidung: Sie trafen zusammen, um einem schriftlichen Bauplan zuzustimmen, der auf der Grundlage der technischen Details von Filippos Kuppelmodell aus dem Jahre 1418 erstellt worden war. Dieser Bauplan wurde nun als die beste Methode für die Errichtung der *cupola* offiziell anerkannt und übernommen. Das Dokument ist eine zwölf Punkte umfassende Schrift, in der die Dimensionen der beiden Kuppelschalen benannt werden sowie die stabilisierenden Systeme aus Rippen und Ketten, die zu benutzenden Baumaterialien und so weiter. Außerdem wird in diesem Bauplan die Methode des Kuppelbaus ohne Lehrgerüst erwähnt und erklärt, beide Kuppelschalen sollten *sanza alcuna armadura* («ohne ein tragendes Lehrgerüst») errichtet werden, wenngleich in dem Dokument nicht erwähnt wird, wie dieses technische Wunder vollbracht werden soll.

Auch wenn man nicht mit Sicherheit weiß, wer der Verfasser dieser Denkschrift ist, dürfte sie mit hoher Wahrscheinlichkeit Filippos geistiges Kind sein.[33] Doch Filippo wurde nicht als Gewinner des Kuppel-Wettbewerbs genannt; die Domopera hielt es nicht für angebracht, ihm oder einem anderen den Siegespreis von 200 Goldflorinen zu zahlen – was Filippo sehr verärgert haben dürfte, zumal die Opera sein Ziegelmodell der Kuppel auf der Piazza del Duomo in der Nähe des Campanile öffentlich ausstellte, damit die Florentiner sich ein Bild vom späteren Aussehen der *cupola* machen konnten. Wie zuvor das Modell von Neri di Fioravanti, das damals noch in einem Seitenschiff des unfertigen Domes stand, wurde auch Filippos Entwurf zu einer Art Heiligtum; in den nächsten zwölf Jahren blieb er auf der Piazza stehen, durch einen Zaun vor Vandalismus geschützt. Letztendlich aber scheint Filippo die Entscheidung der Domopera, ihm die 200 Goldflorinen vorzuenthalten, akzeptiert zu haben – immerhin hatte er nun endlich die Gelegenheit, die Domkuppel mittels seiner revolutionären Techniken zu errichten.

6. KAPITEL

Männer ohne Namen und Familie

Der Morgen des 7. August 1420 begann mit einer kleinen Feier, die in 52 Metern Höhe stattfand. Die Steinmetzen, Maurer und anderen Handwerker, die am Dom beschäftigt waren, stiegen bis auf den oberen Rand des Tambours der Santa Maria del Fiore hinauf, hoch über der Stadt, und nahmen ein Frühstück aus Brot, Melonen und Wein aus Trebbiano zu sich, das die Opera del Duomo spendiert hatte. Dieses kleine Fest stellte einen historischen Einschnitt dar. Nach mehr als fünfzig Jahren Planungen und Verzögerungen konnte der Bau der gewaltigen Domkuppel beginnen.

In den Monaten zuvor hatte an der Baustelle betriebsame Aktivität geherrscht. Einhundert Baumstämme, jeder sechseinhalb Meter lang, waren für die Gerüste und Arbeitsplattformen bestellt worden; auch die ersten von fast eintausend Wagenladungen Steine hatte man geliefert. Wenn die Arbeiter über die Kante des Tambours schauten, konnten sie tief unten auf der Piazza del Duomo Tausende von Tonziegeln und Berge von Sandsteinbalken erblicken.

Das Leben auf der Baustelle war beschwerlich und alles andere als beneidenswert. Der Lohn war niedrig, die Stunden lang und die Arbeit gefährlich; überdies musste sie wegen schlechten Wetters oft für längere Zeit unterbrochen werden, so dass die Männer ohne Bezahlung blieben. Die meisten Arbeiter im Bauhandwerk stammten aus armen Familien, den *popolo minuto* oder «kleinen Leuten». Die ungelernten Helfer – Männer, die beispielsweise Kalk oder Ziegel schleppten –

nannte man *uomini senza nome e famiglia*, «Männer ohne Namen und Familie». Insgesamt arbeiteten mehr als 300 Personen am Dom, die Arbeiter in den Steinbrüchen mit eingerechnet.[34] Ihre Arbeitswoche war lang und dauerte von Montag bis Samstag, und nicht selten schufteten die Männer von Sonnenaufgang bis Sonnenuntergang, was im Sommer einen Vierzehnstundentag bedeuten konnte. Jeden Samstag erhielten die Arbeiter den Lohn für die Woche, wenn der Vorarbeiter, Battista d'Antonio, Kupons – *scritte* – an sie ausgab, die dann vom Lohnauszahler der Domopera eingelöst wurden. Wenn die Männer Glück hatten, durften sie eine oder zwei Stunden früher Feierabend machen, damit sie an den Ständen auf dem Mercato Vecchio unweit der Baustelle Lebensmittel einkaufen konnten, der sonntags geschlossen hatte – wie alle Märkte, Läden und Geschäfte –, denn an Sonn- und Feiertagen war sämtliche Arbeit untersagt; allerdings wurden Ausnahmen für jene Männer gemacht, deren Aufgabe darin bestand, das Mauerwerk des Domes mit Wasser zu bespritzen, um es feucht und damit bearbeitungsfähig zu halten. Die im Mittelalter gebräuchliche Methode, Mauerwerk feucht zu halten und vor den Elementen zu schützen, indem man es mit Dung bedeckte, wurde am Dom zu Florenz offenbar nicht angewendet. Ein Grund dafür mag gewesen sein, dass es der Hygiene wegen untersagt war, Dung in die Stadt zu transportieren.

Kirchliche Feiertage müssen für die Arbeiter willkommene Unterbrechungen des beschwerlichen Arbeitsalltags gewesen sein. An solchen Tagen zogen die Männer in einer Prozession durch die Straßen (von denen man die Prostituierten und Geldverleiher aus diesem Anlass vorübergehend vertrieben hatte) oder pilgerten zu den Ständen der Ablasshändler an der Via San Gallo. Der bedeutendste Festtag für die Männer war der achte November, der Tag ihrer Schutzheiligen, der Quattro Coronati: vier christliche Bildhauer, die unter Kaiser Diokletian den Märtyrertod gestorben waren, weil sie sich geweigert hatten, ein Standbild des heidnischen Gottes Äskulap zu meißeln. An diesem Tag besuchten die Bauarbeiter gemeinsam eine Messe, um sich dann dem Essen und Trinken zuzuwenden, wobei sie Letzteres bis zum Exzess trieben, denn in den Zunftbüchern heißt es, dass einige Männer sich an diesem einen Tag aufführten, «als würden sie in der Taverne randalieren».

Zieht man die Sonn- und Feiertage ab, konnte ein Arbeiter, der in Vollzeit beim Dombau beschäftigt war, von ungefähr 270 Arbeitstagen jährlich ausgehen, wenngleich es aufgrund der Wetterbedingungen in Wahrheit viel weniger gewesen sein dürften, wahrscheinlich nur ungefähr 200 Tage im Jahr. War es zu kalt, zu nass oder zu windig, um in großer Höhe zu arbeiten, so wurden die Namen sämtlicher Männer auf Zetteln notiert und in einen Lederbeutel gesteckt, aus dem der *capomaestro* Battista d'Antonio dann fünf Zettel zog; diese fünf Glücklichen führten an geschützten Stellen Maurer- und Verputzarbeiten aus, während die anderen Männer ohne Bezahlung nach Hause geschickt wurden. Es kam auch vor, dass Arbeiter für längere Zeit entlassen wurden.

So sahen damals die unsicheren Arbeitsbedingungen aus, als die Handwerker und Helfer sich wochentags auf den Weg zum Dom machten. Früh am Morgen läuteten in jedem Stadtviertel die Glocken und riefen die Männer aus den Betten und zur Baustelle. Sie brachten ihre eigenen Werkzeuge mit, wie die Domopera es von ihnen erwartete: Meißel, Kreuzwinkel, Eisenhämmer, Holzhämmer, Kellen – Werkzeuge, die von einem Schmied, der eine Werkstatt auf der Baustelle betrieb, repariert und geschliffen wurden. Sobald die Männer auf der Baustelle eintrafen, wurden ihre Namen auf einer Kreidetafel eingetragen, ähnlich wie Arbeiter in späteren Jahrhunderten in der Fabrik die Stechuhr betätigten; die Arbeitsstunden wurden mit Hilfe einer Sanduhr ermittelt und dann notiert.

Filippo scheint ein strenger *capomaestro* gewesen zu sein. In späteren Jahren hat er auf der Baustelle der Kirche Santo

Spirito für eine noch schärfere Kontrolle von Disziplin und Pünktlichkeit gesorgt, indem er eine *oriuolo di mezz'oro* aufstellen ließ, eine Halbstundenuhr, die den Arbeitstag einteilte, indem sie alle dreißig Minuten läutete.

Im fünfzehnten Jahrhundert änderte sich die Zeiteinteilung. Bis dahin hatte man das gesamte Mittelalter hindurch die Zeit in Verbindung mit den liturgischen Stunden betrachtet. Das lateinische Wort *hora*, das sich beispielsweise im englischen Wort «hour» widerspiegelt, war gleichbedeutend mit «Gebet». Jede dieser Stunden war in vier Teile von je zehn Minuten Dauer eingeteilt; jede Minute wiederum in vierzig «Momente». Um 1400 jedoch war es üblich geworden, die Stunde in sechzig Minuten und die Minute in sechzig Sekunden einzuteilen. Das Leben schien von nun an schneller voranzuschreiten.[35]

Außer ihren Werkzeugen trugen die Männer ihr Essen in Lederbeuteln bei sich. Das Mittagessen, *commesto*, wurde um elf Uhr eingenommen, wenn die Kirchenglocken das zweite Mal läuteten. Die Arbeiter aßen dann oftmals in der luftigen Höhe des Domes, weil die Opera im Jahre 1426 bestimmt hatte, dass sie während des Arbeitstages nicht vom Dom hinuntersteigen durften; auf diese Weise sollte Faulenzern ein Riegel vorgeschoben werden. Diese Bestimmung hatte aber auch zur Folge, dass keiner der Männer das *dolce far niente* genießen konnte – das «süße Nichtstun», womit das Mittagsschläfchen gemeint ist –, nicht einmal an den heißesten Sommertagen, an denen normalerweise alle Arbeiten ruhten. In diesem Jahr, 1426, wurde auf Brunelleschis Anweisung zwischen den beiden emporwachsenden Kuppelschalen eine Garküche errichtet, so dass die Arbeiter sich dort ein Mittagsmahl besorgen konnten. Die Gefahr, dass ein offenes Feuer ausbrach, war insofern relativ gering, als in Florenz die Maurer zugleich als Feuerwehrleute Dienst taten. Diese Aufgabe war ihnen zugefallen, weil sie über jene Werkzeuge verfügten, die man für die damals einzig wirksame Methode der Brandbekämpfung benötigte: das Niederreißen von Wänden, um Feuerschneisen zu schaffen.

Um an sengend heißen Sommertagen ihren Durst zu stillen, tranken die Arbeiter Wein, den sie zusammen mit ihrem Werkzeug und den Mahlzeiten mit sich führten. So eigenartig und leichtsinnig es unter den gegebenen Umständen erscheinen mochte, Wein zu trinken, ob nun mit Wasser verdünnt oder nicht – fest steht, dass Wein zur damaligen Zeit ein gesünderes Getränk als Wasser gewesen ist, das häufig mit Bakterien verseucht war und Krankheiten verursachen konnte. Außerdem setzten die Florentiner großes Vertrauen in die heilsamen Eigenschaften, die man dem Wein nachsagte. In Maßen getrunken, verbesserte er angeblich das Blut, beschleunigte die Verdauung, trieb die Winde aus dem Darm, beruhigte den Verstand und hob die Stimmung. Wahrscheinlich verlieh er Männern, die sich in mehr als fünfzig Metern Höhe über einem gähnenden Abgrund an einer nach innen geneigten Kuppelwandung festhalten mussten, zusätzlichen Mut.

Die Maurer, Steinmetzen und Helfer, die an diesem historischen Augustmorgen ihr Frühstück auf dem Tambour des Domes aßen, brauchten in der Tat sehr viel Mut. Beispielsweise konnten sie die kürzlich fertig gestellte Halbkuppel der südlichen Apsis unter sich sehen, wo erst drei Wochen zuvor der Steinmetz Donato di Valentino dreißig Meter tief in den Tod gestürzt war. Unter dem Druck, die Apsis rasch zu vollenden, damit die Arbeit an der Kuppel im Sommer aufgenommen werden konnte, war noch ein weiterer Mann ums Leben gekommen. Die Opera hatte beide Beerdigungen bezahlt; mehr Mildtätigkeit und mehr Hilfe für die Hinterbliebenen durften die Arbeiter allerdings nicht erwarten. Wer sich beim Dombau schwer verletzte, versank unweigerlich in Armut – und mit ihm auch seine Familie, denn weder die Domopera noch die Maurerzunft hatten eine Art Vorsorge für Invaliden oder für die Witwen und Kinder tödlich Verunglückter getroffen. Die einzige soziale Verpflichtung der Mitglieder der Maurerzunft bestand darin, an den Beisetzungen verstorbener Zunftangehöriger teilzunehmen.

Noch eine andere Sorge wird den Steinmetzen und Maurern ständig auf der Seele gelegen haben: Keiner von ihnen wusste, ob die *cupola* tatsächlich nach Filippos Plänen erbaut werden konnte. Bestimmte Einzelheiten des Kuppelentwurfs waren natürlich festgelegt. In dem «Zwölfpunkteprogramm», das im Monat zuvor übernommen worden war, wurde bereits ziemlich eingehend beschrieben, wie die *cupola* errichtet werden sollte. Die Wandstärke der inneren Kuppelschale beispielsweise sollte sich verjüngen, wie bei der Kuppel des Pantheons, und zwar von 3,50 Meter am Fuß bis auf etwa zwei Meter im oberen Teil. Und die äußere Schale – die zum einen als Regenschutz für die innere diente und zum anderen natürlich auch die gesamte Kuppel größer und gleichsam wie aufgeblasen erscheinen lassen sollte (*più magnifica e gonfiante*) – sollte sich von knapp einem Meter Wandstärke am Fuß bis auf etwa 40 Zentimeter am Oculus verjüngen. Das Gleiche galt für die vertikalen Rippen (die Eckpfeiler), die von den acht Ecken des Oktogons bis hinauf zum Kuppeldach reichen und mit zunehmender Höhe schmaler werden sollten. Während bei der Kuppel des Pantheons das Gewicht durch Verwendung von Bimsstein und leeren Amphoren verringert worden war, sollten die Kuppelschalen der Santa Maria del Fiore auf den ersten knapp vier Metern Höhe aus leichtem, porösem Kalksandstein und dann aus Ziegeln errichtet werden. Im Bauprogramm wurde außerdem, wenngleich auf ziemlich unbestimmte Art und Weise, das Anbringen mehrerer Ringe aus Sandsteinbalken erwähnt, die durch verbleite Eisenklammern zusammengehalten wurden – jene «Ketten aus Stein», mit denen schon Neri di Fioravanti die Kuppel umschlossen wissen wollte. Diese Ketten sollten in das Mauerwerk eingebettet werden und von außen nicht zu sehen sein.

Es war der zwölfte Punkt des Bauprogramms, der die größten Zweifel hervorrief. Die Bauverantwortlichen der Domopera hatten zugestimmt, dass beide Kuppelschalen bis in eine Höhe von 30 *braccia* – was einer Höhe von gut 17 Metern über dem Tambour entspricht – ohne «ein durch Gerüste gestütztes Lehrgerüst» errichtet wurden. Ab einer Höhe von 30 *braccia* jedoch sollte die Kuppel dann «auf eine Weise (erbaut werden), wie es ratsam erscheint, weil uns beim Bauen nur die praktische Erfahrung lehrt, welcher Methode man folgen soll».

Dieser wichtige Punkt lässt die Vorbehalte der «Operai» gegen Brunelleschis riskanten Plan erkennen, die Kuppel ohne Gerüst zu errichten. Dass Filippo diese Bedingung der Domopera akzeptierte, war ein bedeutendes Zugeständnis seinerseits, mit dem er die nervösen «Operai» beruhigen wollte. Er verpflichtete sich dazu, zunächst nur das erste Fünftel der Kuppel ohne Lehrgerüst zu bauen. Falls er dabei Erfolg hatte, stand es in seinem Ermessen, die restlichen vier Fünftel der *cupola* auf die gleiche Weise zu errichten.

Das anhaltende Misstrauen der «Operai» wird Filippo mit Sicherheit enttäuscht haben; auf der anderen Seite war er vielleicht erleichtert, sich ein wenig Zeit verschafft zu haben, seine Pläne zu überdenken. In dieser frühen Bauphase wird er selbst auch Unsicherheit empfunden haben. Nicht bloß die Furcht, jemand könnte ihm seine Ideen stehlen, sondern auch die Ungewissheit, wie er seinen verwegenen Plan in die Tat umsetzen konnte, mag einer der Gründe für Filippos Weigerung gewesen sein, den skeptischen «Operai» sein Geheimnis zu enthüllen, wie er die *cupola* ohne Lehrgerüst errichten wollte.[36] Beispielsweise musste er im Sommer 1420, kurz vor Baubeginn der Kuppel, immer noch den Entwurf für die umlaufenden steinernen Ketten ausarbeiten, ja, er legte seinen Plan für die erste dieser Steinketten erst im Juni des nächsten Jahres vor, knapp einen Monat, bevor mit der Montage dieser Kette begonnen wurde. Die Pläne für die zweite Sandsteinkette wurden sogar erst 1425 abgeschlossen.

Doch weder Filippos Ziegelmodell der Domkuppel noch die Kuppeln der beiden kleineren Kapellen, die er gebaut hatte, hätten ihn auf die gewaltige Aufgabe vorbereiten können, die nun vor ihm lag. Man wusste seit langem, dass architektonische Modelle sehr ungeeignete Vorbilder waren, was die Statik der Bauwerke anging. Was bei einem Modell bautechnisch funktionierte, war noch längst nicht auf das um ein Vielfaches größere Original übertragbar. *Proportional* identische Modelle verhalten sich je nach *Größe* unterschiedlich, und kleine Modelle besitzen im Allgemeinen eine täuschende Stabilität, die zu fatalen Fehlschlüssen verleiten kann.[37]

Doch in Anbetracht der experimentellen Natur von Brunelleschis Plan waren die 30 *braccia* offenbar eine kluge Vorsichtsmaßnahme, zumal diese Einschränkung nach logischen Gesichtspunkten unumgänglich war. Bei einer Höhe von 30 *braccia* besaßen die Schichten des Mauerwerks einen Neigungswinkel von 30 Grad zur Horizontalen und befanden sich gerade noch innerhalb des kritischen Rutschwinkels[38], denn bis zu einem Winkel von 30 Grad hielten die Ziegelringe allein durch die Reibungskräfte – also auch dann, wenn der Mörtel noch nicht verhärtet war; deshalb wurde bis in eine Höhe von 30 *braccia* kein Lehrgerüst benötigt. Doch war diese Höhe erst erreicht, würde jede Horizontalschicht des Mauerwerks einen größeren Neigungswinkel aufweisen, bis zu einem Maximum von 60 Grad unterhalb des Kuppeldaches. Die «Operai» konnten sich nicht vorstellen, wie das Mauerwerk bei einem solch steilen Winkel ohne Lehrgerüst halten sollte.

Es sieht so aus, als hätten sich sowohl Filippo als auch die «Operai» ein wenig Zeit verschafft, indem sie die Beantwortung der zentralen Frage hinauszögerten, wie die Kuppel denn nun gewölbt werden sollte. Man war sich einig darüber, dass auch bei völlig neuartigen und beispiellosen Bauwerken wie der *cupola* sämtliche konstruktiven Probleme gelöst werden könnten, wie es im «Bauprogramm» des Jahres 1420 ausdrücklich erklärt wird, jedoch nur – was vermutlich Zweckoptimismus gewesen ist – durch «praktische Erfahrung». Aber genau das sollte nun tatsächlich beginnen: ein empirischer Prozess der Lösungsfindung durch immer neue Versuche.

7. KAPITEL

Eine ganz neue Maschine

Den größten Teil der Nacht, wenn meine erregte Seele mein Inneres mit Sorge erfüllt und ich Erleichterung suche von diesem bitteren Kummer und den trüben Gedanken, entwerfe ich im Geiste stets eine Maschine, von der man noch nie hörte und die Gewichte heben und bewegen kann, so dass man damit großartige und wundervolle Dinge zu schaffen vermag.

DIESE WORTE DES Staatsmannes Agnolo Pandolfini finden sich in einer philosophischen Abhandlung, die Leon Battista Alberti verfasst hat, einer der begabtesten Schüler Filippos. Das Werk, *Della tranquillità dell'animo* («Über die Seelenruhe»), wurde 1441 geschrieben, ein paar Jahre, nachdem Filippos Kuppel vollendet worden war; Alberti schildert in dieser Schrift den Dialog zwischen zwei Männern, denen das Schicksal übel mitgespielt hat: Agnolo, der sich desillusioniert aus dem öffentlichen Leben zurückgezogen hat, und dem jüngeren Nicola de' Medici, der nach dem Bankrott seines Bankhauses verarmte. Das Gespräch dieser beiden Männer findet in der Santa Maria del Fiore statt, unter der neuen Kuppel, und dreht sich um verschiedene Möglichkeiten, Schmerz und Seelenqual zu überwinden. Agnolo zählt eine Reihe von Heilmitteln auf, die bekanntermaßen die Stimmung heben, wie Wein, Weib, Gesang und körperliche Betätigung. Doch die für ihn wirksamste Methode, vertraut er Nicola an, bestehe darin, sich die Konstruktion riesiger Lastenaufzüge und Kräne vorzustellen, die dazu benutzt werden können, «großartige und wundervolle Dinge» zu erschaffen – mit anderen Worten, Maschinen zum Bau so erhabener Bauwerke wie der Kuppel, die sich direkt über den Männern wölbt.

Eines der offensichtlichsten Probleme beim Bau der *cupola* der Santa Maria del Fiore – wie bei der Errichtung jedes großen Bauwerks – war die Frage, wie man die schweren Materialien, beispielsweise die Träger aus Sandstein und die Marmorblöcke, fünfzig und mehr Meter in die Höhe heben und mit der von Brunelleschi geforderten Genauigkeit an der gewünschten Stelle in Position bringen konnte. Jeder Sandsteinträger wog knapp achthundert Kilo, und für den Bau der *cupola* wurden Hunderte dieser Träger gebraucht. Um dieses Problem zu lösen, musste auch Filippo «von einer Maschine träumen, von der man noch nie hörte» und die gewaltige Lasten in große Höhen befördern konnte. Die Materialaufzüge und Kräne, die Filippo entwarf, wurden zu den meistbewunderten mechanischen Geräten der Renaissance – Maschinen, die von zahlreichen anderen Architekten und Ingenieuren, darunter Leonardo da Vinci, studiert und nachgezeichnet wurden. Und zweifellos waren sie auch die Inspiration für die «beruhigenden Träume» Agnolos in Leon Battista Albertis Werk *Über die Seelenruhe.*

Natürlich wurden an der Baustelle bereits eine Reihe von Hebevorrichtungen benutzt. Zwanzig Jahre zuvor war eine *rota magna*, ein «großes Rad», erbaut worden, um die schweren Steine zu heben, die für die Fassade, den Tambour und die Apsiden des Domes benötigt wurden. Die *rota magna*, 1420 noch immer in Betrieb, war ein Tretwerk, das mit Menschenkraft Lasten in die Höhe beförderte; mehrere Männer bewegten sich wie Hamster im Inneren eines großen Rades und trieben eine Seilwinde an. Solche Konstruktionen waren schon in der Antike benutzt worden. In seinem Werk *De architectura* beschreibt der römische Baumeister Vitruv eine Winde, die von «tretenden Männern» angetrieben wurde, wahrscheinlich Sklaven. Dieses Tretwerk, eine riesige Trommel, wickelte ein

8. Taccolas Zeichnung von Brunelleschis Aufzug, der eigentlich mit einem Ochsen, in diesem Fall aber von einem Pferd, betrieben wurde. Unten die spiralförmige Schraube, mit der die Räder gehoben oder gesenkt werden.

Seil auf oder ab, das durch ein System von Rollen lief und erlaubte, Lasten zu heben oder zu senken, die am Ende dieses Seils befestigt waren. Es bedurfte keiner allzu großen Kraftanstrengung, um diese Winden anzutreiben, sofern die Lasten nicht zu schwer waren und in keine allzu großen Höhen gehoben werden mussten.

Die Opera del Duomo jedoch hatte erkannt, dass die *rota magna* bei weitem nicht ausreichte, um tonnenschwere Gewichte in solch gewaltige Höhen zu transportieren, wie sie beim Bau der Kuppel erforderlich waren; aus diesem Grunde hatte die Opera im Jahre 1418 neben dem Wettbewerb um die Kuppelkonstruktion eine zweite Ausschreibung veranstaltet, bei der Modelle für Hebevorrichtungen vorgestellt werden sollten. Doch die Modelle, die in den darauf folgenden Monaten eingereicht wurden, zeigten nur die *cupola* oder Vorschläge für ein Lehrgerüst, nicht aber Kräne und anderes Gerät, das für den *Bau* der Kuppel geeignet gewesen wäre. Vierzehn Tage nach der Ernennung der drei *capomaestri* war in den Dokumenten der Opera immer noch davon die Rede, für den Bau der Kuppel eine schlichte Seilwinde zu verwenden – möglicherweise sogar die alte *rota magna* –, um das Baumaterial in die Höhe zu befördern. Filippo muss diesen Mangel an Erfindergeist als abstoßend empfunden haben. Er nahm auch diese Herausforderung der Opera an. Eine seiner ersten Amtshandlungen als *capomaestro* bestand darin, ein Gerät zu entwerfen, das nicht vom Menschen, sondern vom unermüdlichsten und bevorzugten Arbeitstier des Mittelalters angetrieben werden sollte, dem ebenso kräftigen wie genügsamen Ochsen.

Die Arbeiten an Filippos neuartigem Lastenaufzug mit Ochsenantrieb begannen im Sommer 1420. Um an die erforderlichen Bauteile zu kommen, schloss Brunelleschi Verträge mit einer Vielzahl verschiedener Handwerker, von denen eine ganze Reihe außerhalb von Florenz ansässig waren. Mehrere Wochen nach dem feierlichen Frühstück auf dem Tambour wurde der Domopera per Schiff der Stamm einer Ulme geliefert, aus dem die Seiltrommeln für den neuen, von Ochsen angetriebenen Lastenaufzug angefertigt wurden. Der Stamm muss riesig gewesen sein, denn die größte der drei Trommeln wies einen Durchmesser von anderthalb Metern auf. Man hatte sich für Ulmenholz entschieden, weil es besonders witterungsbeständig war und der Lastenaufzug viele Jahre lang in Betrieb bleiben musste. Inzwischen trafen nach und nach andere Bauteile für den Lastenaufzug ein: Balken aus Kastanienholz, aus denen der Stützrahmen gebaut werden sollte, sowie Geschirre und Zügel für die Ochsen. Das Seil wurde in Pisa bestellt, einer Hochburg des Schiffsbaus, wo die Kunst des Seilmachens sehr weit verfeinert worden war. Doch Filippos Lastenaufzug stellte sogar die Seilmacher in Pisa, die selbst die größten Galeonen mit Takelagen ausstatten konnten, vor eine schwierige Aufgabe, denn für den Lastenaufzug wurde das längste und schwerste Seil benötigt, das jemals angefertigt worden war: 180 Meter lang und mit einem Gewicht von nahezu einer halben Tonne.[39]

Den ganzen Winter 1420/21 hindurch hielten die Arbeiten am Lastenaufzug an. Ein Schmied wurde eingestellt, um Lager für die Seiltrommeln zu schmieden, und ein Drechsler sollte aus Eschenholz Zahnräder anfertigen. Derweil machte sich ein Fassbinder daran, eisenverstärkte Holzkisten anzufertigen, in denen die Ziegel- und Mörtelladungen zur Kuppel hinaufgehoben wurden. Schließlich wurden zwei Zimmermannsmeister eingestellt, um den Rahmen des Aufzugs zu bauen und die verschiedenen Teile zu montieren. Die beiden Männer brauchten siebenundsechzig Tage, um diesen Auftrag auszuführen.

Die Arbeiten müssen mit enormer Schnelligkeit fortgeschritten sein, denn im Frühjahr 1421 war der Lastenaufzug fertig und wurde an seinem Platz am Boden des Oktogons aufgestellt, genauer gesagt, auf einer neun Meter langen hölzernen Plattform in der Vierung des Oktogons, die speziell für die Ochsen konstruiert worden war, die in den nächsten zwölf Jahren Tausende von Runden auf dieser Plattform drehen sollten.

Als die Kuppel fertig gestellt worden war, hatte der mit Ochsenkraft betriebene Lastenaufzug Marmor, Ziegel, Steine und Mörtel mit einem geschätzten Gesamtgewicht von weit mehr als 20 000 Tonnen in die Höhe befördert.

Filippos Lastenaufzug (Abb. 8) war in vieler Hinsicht erstaunlich, schon wegen seiner schieren Größe und Tragfähigkeit, vor allem aber wegen seiner ausgeklügelten Konstruktion. Der Aufzug besaß sogar einen Rückwärtsgang – eine sehr bedeutende und auf dem Gebiet der Mechanik neuartige Erfindung, die in der Geschichte des Ingenieurwesens ohne Beispiel war. Um Frank Prager zu zitieren, war der Lastenaufzug «dem technischen Verständnis seiner Zeit um Jahrhunderte voraus».[40] Er bestand aus einem drei Meter hohen Rahmen aus Holzbalken sowie horizontal und vertikal montierten Rollen und Walzen, die einander durch Zahnräder unterschiedlicher Größe in Drehung versetzten. Die Maschinerie wurde von einem oder zwei Ochsen angetrieben, die durch ein Joch an einen Querbalken angespannt waren, durch den die vertikale Antriebswelle gedreht wurde. Diese Welle (oder Rotor) war mit zwei Zahnrädern versehen, eines am oberen und eines am unteren Ende. Die beiden Zahnräder konnten in ein viel größeres, vertikales Zahnrad an der horizontalen Trommel greifen, aber immer nur *eines* von beiden; das eine Zahnrad diente zum Heben, das andere zum Senken von Lasten. Der Gangwechsel wurde mittels einer Schraubvorrichtung bewerkstelligt; je nachdem, in welche Richtung man dieses Schraubengewinde drehte, wurde der Rotor gehoben oder gesenkt, und das obere oder untere horizontale Zahnrad griff in das vertikale, das am *sùbbio grosso* befestigt war, der größten der drei Seiltrommeln.

Die Schraubvorrichtung, mit welcher der Rotor gehoben oder aber gesenkt werden konnte, war die einfallsreichste Er-

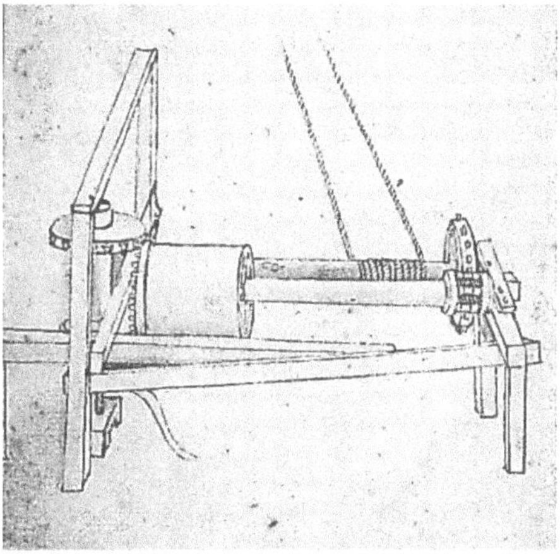

9. Ein Detail des Ochsen-Aufzugs, der auf der rechten Seite eine Übertragung zeigt.

findung am gesamten Lastenaufzug. Sie diente als eine Art Kupplung zum Einlegen des Vor- oder Rückwärtsganges; wie gesagt, konnte der Materialaufzug auf diese Weise sowohl zum Heben wie auch zum Senken von Lasten benutzt werden, ohne dass der Arbeiter, der den Aufzug bediente, erst die Ochsen ausspannen und in Gegenrichtung wieder einspannen musste. Mit anderen Worten: Ob Lasten nun gehoben oder gesenkt wurden, die Ochsen brauchten sich immer nur in eine Richtung zu bewegen: im Uhrzeigersinn. Der offensichtliche Vorteil, zwischen Vorwärts- und Rückwärtsgang wechseln zu können, bestand darin, dass zwischen jedem Heben oder Herunterlassen von Material nur sehr wenig Zeit verging, weil lediglich ein einziger Handgriff nötig war. Und was das Bewegen schwerer Lasten anging, waren Ochsen in Anbetracht ihrer Kraft und Ausdauer ideal. Aber man hätte sie niemals dazu bringen können, mehr als ein paar Schritte *rückwärts* zu tun.

Sobald eines der beiden Zahnräder am Rotor in das Zahnrad an der größten Seiltrommel gegriffen hatte, wurde das gesamte Räderwerk in Bewegung gesetzt: Der *subbio grosso* war mit einer mittelgroßen, horizontal angebrachten Trommel verbunden, dem *subbio mezzano,* durch die wiederum – mittels eines sekundären Zahnrad-Mechanismus am anderen Ende der Trommel – eine kleinere, ebenfalls horizontale Seiltrommel in Bewegung gesetzt wurde, die *subbio minore*, die parallel zu den beiden größeren Trommeln angebracht war. Jede dieser drei Seiltrommeln – die große, die mittelgroße und die kleine – konnte dazu benutzt werden, Lasten in die Höhe zu ziehen oder herunterzulassen. Doch aufgrund ihrer unterschiedlichen Durchmesser drehte jede Trommel sich unterschiedlich schnell und verlangte den Ochsen je nach Übersetzung einen mehr oder weniger großen Kraftaufwand ab. Mit der *subbio grosso*, die anderthalb Meter Durchmesser aufwies, konnte man eine Last schneller heben als mit der *subbio minore*, die einen Durchmesser von nur 50 Zentimetern hatte und die Ochsen deshalb dazu zwang, bei jedem Hebevorgang eine größere Anzahl von Umrundungen des Rotors zu machen. Diese kleinste der drei Trommeln wurde beim Heben der schwersten Lasten benutzt, genauso, wie ein Radfahrer bei steilen Anstiegen die kleinste Übersetzung wählt. Mit der *subbio minore* konnte ein einzelner Ochse die Last von einer Tonne in schätzungsweise einer halben Stunde in eine Höhe von 60 Metern heben.[41]

Als der neue Materialaufzug im Sommer 1421 in Betrieb genommen wurde, dürfte er sogar in Florenz bestaunt worden sein, wo der «Bauboom» der vorausgegangenen fünfzig Jahre dafür gesorgt hatte, dass die Einwohner der Stadt den Anblick von Maschinen gewöhnt waren, die gewaltige Lasten an Ziegeln und Steinen himmelwärts beförderten. Nachdem ein Sandsteinbalken, der annähernd zwei Tonnen wog, vom Steinbruch zur Baustelle transportiert worden war, wurde er zuerst auf Rollen aus Holunderholz, die man mit Talg oder Seife eingeschmiert hatte, ins Oktogon gerollt. Dort wurde er am Seil des Materialaufzuges befestigt, und zwar mit Hilfe eines Spezialaufhängers, einer Art Zwingklemme (Abb. 9, rechts oben). Dieser Aufhänger war eine weitere Erfindung Filippos, die möglicherweise durch seine Studien antiker römischer Gebäude angeregt worden war. Oben in den Stein wurde ein rechteckiges, etwa 30 Zentimeter langes Loch gemeißelt und anschließend auf eine Weise unterhöhlt, dass die schmalste Stelle sich an der Oberfläche des Steines und die breiteste im Inneren befand. Als Nächstes wurden drei Zwingklemmen in die Höhlung geschoben; die äußeren beiden waren durch einen Tragbügel miteinander verbunden. Die mittlere Klemme war flach, wurde festgehämmert und sorgte dafür, dass die äußeren Klemmen, die zuerst in die Höhlung geschoben und verkeilt wurden, nicht herausrutschen konnten. Zum Schluss wurde eine Querstange horizontal durch die Augen an den Enden der drei Klemmen geschoben; an dieser Stange wurden dann drei Spannschrauben mit eisernen Haken befestigt. Nun konnte der Stein hinauf zur *cupola* gezogen werden.

Doch beim Betrieb des Materialaufzugs waren bestimmte Gefahrenquellen zu beachten. So musste man dafür sorgen, dass die Reibungskräfte so gering wie möglich waren, denn zu große Reibung bedeutete Energieverlust und erzeugte Reibungshitze, die rasch zu einem Feuer führen konnte – und natürlich hatte es eine Katastrophe zur Folge, wenn das Seil durchschmorte, während ein Steinblock Dutzende Meter über dem Boden hing. Das riesige Seil mit seinem Durchmesser von mehr als sieben Zentimetern war ständig der Gefahr ausgesetzt, in Brand zu geraten, denn Seile von einer solchen Dicke lassen sich naturgemäß schwer biegen und erzeugen deshalb große Reibungskräfte. Aus diesem Grund waren die Trommeln mit Schalen aus glattem Walnussholz verkleidet, und das Seil wurde mit Wasser genässt, um zu verhindern, dass es sich durch Reibungshitze entzündete, wenn es durch die Seilrollen lief. Süßwasser ließ das Seilmaterial faulen, daher gebrauchte man vorzugsweise Meerwasser. Mitunter wurden auch Essig oder verdorbener Wein über das Seil gegossen.

Hatte die Last die vorgesehene Höhe erreicht, wurde von oben aus der *cupola* ein Rufzeichen gegeben und die Ochsen zum Stehen gebracht. Die Haltevorrichtung wurde vom Stein losgemacht, während tief unten, am Lastenaufzug, mittels der Getriebeschraube der Rückwärtsgang eingelegt wurde. Dann trotteten die Ochsen wieder los, wobei sie diesmal das Seil auf die horizontale Trommel aufwickelten, die sich nun in Gegenrichtung drehte, so dass die Haltevorrichtung sich zum Boden des Oktogons hinuntersenkte, wo sie an einer neuen Zwingklemme befestigt wurde, die man inzwischen an dem nächsten Sandsteinbalken angebracht hatte. Dann begann der gesamte Vorgang von vorn. Offenbar ging dies alles mit der Regelmäßigkeit eines Uhrwerks vor sich, denn der Materialaufzug beförderte im Durchschnitt fünfzig Lasten täglich in die Höhe, also ungefähr eine Fuhre alle zehn Minuten.[42]

Was genau Filippo zur Konstruktion dieser bemerkenswerten Maschine angeregt hat, bleibt sein Geheimnis. Die theoretischen Kenntnisse, die ein solcher Materialaufzug voraussetzte, gab es im Jahre 1420 nur in Ansätzen. Allerdings trafen kurze Zeit später eine Reihe von Schriften über die Kenntnisse der antiken Griechen auf den Gebieten der Mechanik und der Mathematik in Florenz ein; durch sie gelangten die Architekten und Erfinder der Renaissance in den Besitz ingenieurtechnischen Wissens, das im Mittelalter einzigartig gewesen sein dürfte. 1423 – zwei Jahre, nachdem Brunelleschis von Ochsen angetriebener Lastenaufzug gebaut worden war – kehrte ein sizilianischer Abenteurer namens Giovanni Aurispa mit einem Schatz von 238 Manuskripten aus Konstantinopel zurück. Die Schriften waren in Griechisch verfasst, einer Sprache, welche die Gelehrten in Italien erst seit kurzem wieder zu lernen begonnen hatten. Zu den Manuskripten zählten sechs bis dato verschollene Stücke des Aischylos und sieben des Sophokles, wie auch Arbeiten des Plutarch, des Lukian, des Strabo und des Demosthenes. Doch es gab auch eine vollständige Abschrift der Werke des Mathematikers und Geometers Proklos von Alexandria sowie die für Ingenieure noch bedeutsamere Abhandlung über Hebevorrichtungen in der *Synagoge* («Sammlung»), dem mathematischen Hauptwerk des Pappus von Alexandria, der im dritten Jahrhundert nach Christus lebte. In dessen Arbeiten werden die Haspel, der Flaschenzug in Verbundanordnung, das Schneckengetriebe, das Schraubengewinde und der Gangschaltungsmechanismus beschrieben – eines wie das andere wichtige mechanische Bauteile von Lastenaufzügen und Kränen.

In den darauf folgenden Jahrzehnten tauchten so viele antike griechische Schriften über Mathematik und Mechanik auf, dass man durchaus von einer «Renaissance der Mathematik» im Italien des fünfzehnten Jahrhunderts sprechen kann.[43]

Alle diese Entdeckungen kamen jedoch zu spät nach Florenz, als dass sie Filippo bei der Konstruktion seines Lastenaufzugs hätten behilflich sein können. Auch verfügte der *capomaestro* nur über geringe Latein- und noch geringere Griechischkenntnisse, so dass diese Schriften ohnehin kaum von Wert für ihn gewesen wären, sofern man sie nicht ins Italienische übersetzt hätte.[44]

Mit großer Wahrscheinlichkeit bezog Filippo Brunelleschi seine Kenntnisse über die Funktionsweise von Flaschenzügen, Kupplungen und Getrieben nicht aus alten Pergamenten, sondern schöpfte aus eigenen Erfahrungen. Da er ein paar hundert Meter vom Dom entfernt aufgewachsen war, hatte er fast jeden Tag Geräte in Betrieb gesehen, die Manetti als eine «Vielzahl verschiedenster Vorrichtungen zu unterschiedlichsten Zwecken» bezeichnete: Tretwerke und Kräne, die man nach den Anweisungen früherer *capomaestri* gebaut hatte, darunter Giovanni di Lapo Ghini, der in den fünfziger Jahren des vierzehnten Jahrhunderts ein Tretwerk erfand, das dazu diente, Baumaterial zu den Gewölben des Langschiffes hinaufzubefördern. Doch wie sehr diese Apparaturen die jugendliche Phantasie Filippos auch angeregt haben mögen – verglichen mit seinem Lastenaufzug waren es primitive Vorrichtungen, die sich im Wesentlichen aus Antriebswellen und

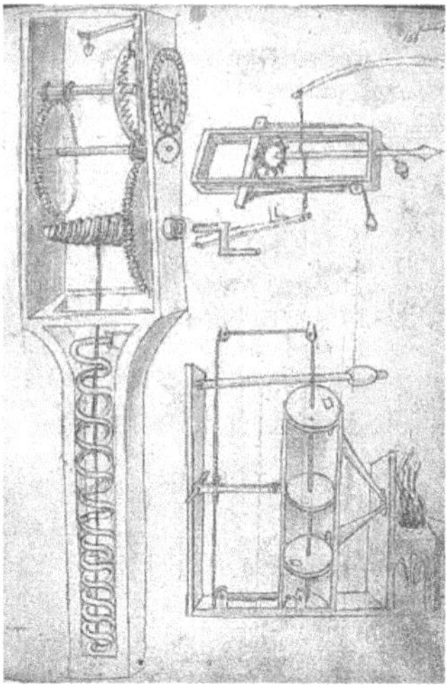

10. Zeichnung einer Uhr mit Sprungfeder, die möglicherweise auf Brunelleschis Entwurf fußt.

Trommeln zusammensetzten, die ein Seil über ein System von Flaschenzügen bewegten. Es ist höchst unwahrscheinlich, dass eines dieser Geräte eine auch nur annähernd so komplizierte Zahnrad-Konstruktion besaß wie Filippos Lastenaufzug – ganz zu schweigen von einem Getriebe, das ein Umschalten in einen Vorwärts- und Rückwärtsgang ermöglichte.

Manetti erwähnt überdies, Filippo habe sich die Anregung für den Bau des Materialaufzugs auf einem anderen Gebiet geholt. Er behauptet, dass Filippo als junger Goldschmied eine Anzahl mechanischer Uhren gebaut habe, die mit «verschiedenen und unterschiedlich fortgeschrittenen Sprungfedern» ausgestattet waren. Falls diese Behauptung stimmt, waren diese Uhren ihrer Zeit genauso weit voraus wie der von Ochsen angetriebene Materialaufzug. Zu Anfang des fünfzehnten Jahrhunderts wurden sämtliche mechanischen Uhren von einem Zuggewicht angetrieben, das an einer dünnen, um eine Walze gewickelten Schnur befestigt war. Während das Gewicht über Stunden hinweg in die Tiefe sank, wickelte es die Schnur ab, wodurch die Walze gedreht wurde, die diese Drehbewegung wiederum auf ein Zahnrad übertrug, dessen Zähne – wie die an den Zahnrädern des *subbio grosso* am Lastenaufzug – in die Ritzel und Zahnräder des Antriebsmechanismus der Uhr griffen, dessen Bewegungen durch eine Hemmungswelle reguliert wurden. Doch wenn man Manetti Glauben schenken darf, benutzte Filippo bei seinen Uhren keine Gewichte, sondern eben

Sprungfedern, um das Räderwerk anzutreiben – eine erstaunliche Behauptung, da die Erfindung von Uhren mit Sprungfedern erst hundert Jahre später verbürgt ist. Tatsächlich wurden elastische Federn, wie man sie für solche Uhren benötigt, erst mehrere Jahrzehnte später entwickelt, als die Techniken der Metallbearbeitung so weit fortgeschritten und verfeinert waren, dass man einen elastischen bzw. federnden Blechstreifen herstellen konnte.

Von Manettis Behauptung abgesehen, gibt es keinen Beweis, dass Brunelleschi jemals diese sprungfederbetriebenen Uhren gebaut hat, sieht man von einer Skizze ab, die im späten fünfzehnten Jahrhundert angefertigt wurde und die sich möglicherweise auf den Entwurf eines Freundes von Filippo stützt, Mariano Taccola, von dem man weiß, dass er eine Reihe von Erfindungen des *capomaestro* gezeichnet hat (Abb. 10). Auf der anderen Seite ist es eine plausible Erklärung, dass Filippos (mögliche) Experimente mit Uhrwerken, Zahnrädern und Gegengewichten ihm geholfen haben, als er seinen von Ochsen angetriebenen Materialaufzug konstruierte.[45]

Doch woher der Baumeister seine Anregung auch bezog – der Lastenaufzug erwies sich von Anfang an als durchschlagender Erfolg. Kaum hatte Filippo die Konstruktion abgeschlossen, verlangte er von der Domopera, ihm eine Prämie zu zahlen, denn immer noch hatten weder er noch sonst jemand die beim Wettbewerb von 1418 ausgelobten 200 Goldflorinen erhalten. Binnen eines Monats wurde ihm «für seinen Einfallsreichtum und seine Arbeiten an der von ihm kürzlich erfundenen Hebemaschine» die beträchtliche Summe von 100 Florinen gewährt. In einer aus heutiger Sicht klassischen Untertreibung wurde Filippo von der Domopera für den Entwurf seines Lastenaufzugs gelobt, der «brauchbarer als der zuvor benutzte» sei.

Der von den Ochsen angetriebene Materialaufzug war konstruiert worden, um schwere Lasten mit einem Höchstmaß an Geschwindigkeit in große Höhen zu transportieren.

In dieser Hinsicht übertraf Filippos Aufzug wahrscheinlich jede zuvor erbaute Hebevorrichtung, denn ein oder zwei Ochsen konnten nun Lasten heben, für die zuvor nicht weniger als ein Dutzend Tiere erforderlich waren. Dieses außergewöhnliche Gerät krankte jedoch an einem Mangel, der allen Hebevorrichtungen dieser Art eigen ist: Es konnte Lasten zwar heben oder senken, nicht aber zur Seite schwenken. Gerade diese Seitwärtsbewegung aber war wichtig, wollte man die Balken für die rundum laufenden Steinketten auslegen. Die Balken waren miteinander verbunden, um die «Ringe» zu bilden, von denen es insgesamt sechs gab, die in unterschiedlichen Höhen in die Kuppelwandungen eingemauert wurden, so dass die Balken der höher befindlichen Steinketten aufgrund der zunehmenden Kuppelkrümmung schräg nach innen geneigt waren, einwärts zur vertikalen Achse der Kuppel. Deshalb brauchte man einen Kran, der die Balken in sämtliche Richtungen bewegen konnte – auf, ab und zur Seite –, um sie mit größtmöglicher Genauigkeit in Position zu bringen.

Seit 1413 war ein Kran, der als *stella* bezeichnet wurde, zur Überwölbung der Apsiden benutzt worden. Doch zehn Jahre später war dieser Kran, genau wie die *rota magna*, den gestiegenen Anforderungen nicht mehr gewachsen, die der Bau der *cupola* mit ihrer größeren Spanne und Höhe mit sich brachte. Ein stärkerer Kran mit längerem Ausleger wurde benötigt. Die Opera del Duomo begegnete dieser Herausforderung in der für sie typischen Art und Weise: Sie schrieb einen weiteren Wettbewerb aus und bat, die Entwürfe für den neuen Kran bis zum April 1423 vorzulegen.

Der Winter 1422/23 war streng. Der *tramontana*, ein Wind, der nur selten wehte und die Florentiner nach volkstümlicher Überlieferung «trübsinnig und müde» werden ließ, jagte heulend von den Höhen des Apennin. Im Januar wurden die Arbeiten an der Kuppel wegen der Kälte eingestellt; erst einmal musste man mit Brettern die Mauern vor dem Schnee schützen.

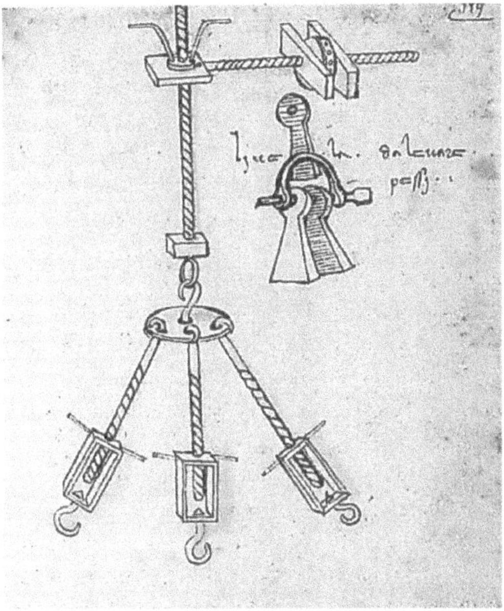

11. Eine Zeichnung von Buonaccorso Ghiberti: drei Spannschrauben und eine Zwingklemme.

Filippo nutzte diese Zwangspause, um einen Kran für den Wettbewerb zu entwerfen. Betrachtet man den Erfolg, den er mit seinem Lastenaufzug hatte, konnte das Ergebnis, das von der Domopera nach eingehender Beratung verkündet wurde, niemanden überraschen: Im April entschieden die «Operai» sich für Filippos Entwurf und gegen den seines Rivalen, Antonio da Vercelli, von dem Vasari behauptet, er sei eine Art «Strohmann» gewesen, den Lorenzo Ghiberti in der Hoffnung vorgeschickt habe, Filippos Fachwissen in Frage zu stellen und seine Autorität zu untergraben.

Binnen zweier Tage trafen die ersten Holzfuhren für Filippos Kran auf der Baustelle ein: acht Fichtenstämme und zwei Ulmenstämme, jeder drei Meter lang. Dann wurde ein Walnussbaum geliefert, aus dem die Drehbolzen für den Kran geschnitzt wurden. Wie schon der Lastenaufzug, wurde auch der Kran in erstaunlich kurzer Zeit fertig gestellt – in weniger als drei Monaten –, so dass er Anfang Juli den Betrieb aufnehmen konnte.

Der neue Kran, der unter dem Namen *castello* bekannt wurde (Abb. 12), bestand aus einem hölzernen Mast, auf den eine drehbar gelagerte, horizontale Balkenkonstruktion montiert war. Da der *castello* hoch auf der *cupola* stand, muss er einem Galgen geähnelt haben. Der Querträger wurde mit Holzschrauben, Laufwagen, die über Gleitschienen liefen, und einem Kontergewicht versehen. Mit einer der Holzschrauben konnte das Kontergewicht entlang der Gleitschiene verschoben werden, während eine andere Holzschraube für das genaue Positionieren der Last eingesetzt wurde, die auch beim Kran mittels einer Spannvorrichtung gehoben *und* gesenkt werden konnte. Diese Spannvorrichtung erlaubte ein weitaus kontrollierteres Bewegen von Steinblöcken und anderen Bauteilen, als dies mit dem Lastenaufzug möglich war, weil der Mann, der den Aufzug bediente, im Unterschied zum Kranfahrer auf Rufe reagieren musste, die von oben aus der *cupola* kamen, also aus einer Höhe zwischen fünfzig und neunzig Meter über ihm.

Der *castello* kam zum Einsatz, sobald der mit Ochsenkraft betriebene Lastenaufzug einen Steinblock auf eine der Arbeitsbühnen gehoben hatte. War dies geschehen, betätigte der Kranführer – der auf einer kleinen Plattform an der Spitze des Krans stand, einer der Schwindel erregendsten und gefährlichsten Arbeitsplätze auf der *cupola* – die gewaltige Holzschraube, mit der die Last am Kranausleger entlang bewegt wurde. Gleichzeitig wurde der Ausleger geschwenkt und das Kontergewicht am anderen Ende des Kranarms ebenfalls durch eine Holzschraube so positioniert, dass der Kran im Gleichgewicht blieb. Ein horizontaler Arm, der am Mast angebracht war, verhinderte, dass die Last am Ende der Tragevorrichtung ins Pendeln geriet – eine ständige Gefahr in An-

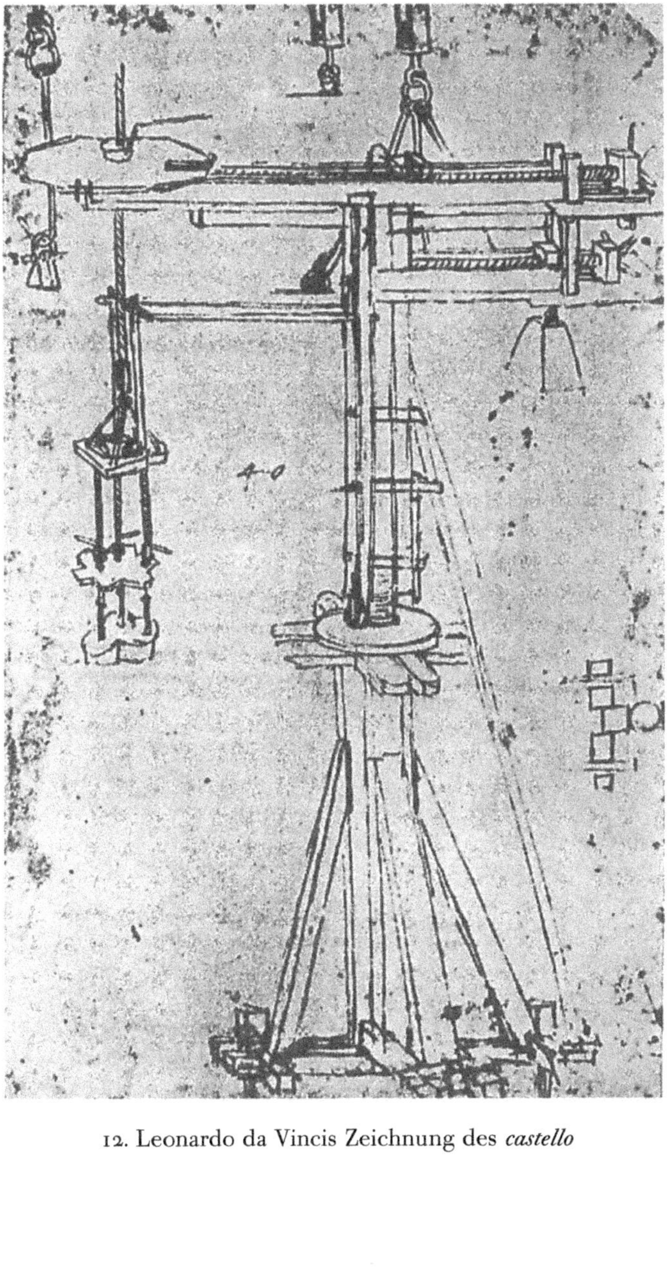

12. Leonardo da Vincis Zeichnung des *castello*

betracht der Höhenwinde, die um die Kuppel wehten. Sobald die Last über der Stelle schwebte, an der sie abgesetzt werden sollte, wurde die Spannvorrichtung justiert und die Last gesenkt.

Der Erfolg des *castello* ist erstaunlich, wenn man berücksichtigt, wie wenig man zur damaligen Zeit von den Materialkräften wusste. Filippo konnte nur durch Versuche ermitteln, welche Lasten der Ausleger seines Krans bewältigen konnte; andere Erfahrungswerte gab es nicht. Erst im Jahre 1813 wurde es auf der Grundlage der mathematischen Studien des französischen Ingenieurs Claude-Louis Navier möglich, die Biegesteifigkeit von Tragebalken zu berechnen. Im Jahre 1420 stützten sich solche Berechnungen auf die Erkenntnisse antiker Gelehrter über die unterschiedlichen «Säfte» von Bäumen – genauso wie die Medizin der damaligen Zeit sich auf gleichermaßen fragwürdige Weise mit dem Zusammenwirken von Säften im menschlichen Körper beschäftigte. Die Ulme beispielsweise, deren Holz für den Bau des Querbalkens verwendet wurde, galt als «trocken»; deshalb «passte sie nicht» zu dem «feuchten» Holz der Erle oder der Platane, das aus diesem Grunde wiederum nicht für die gleichen Bauteile benutzt werden konnte, für die man Ulmenholz verwendete – alles höchst fragwürdige Annahmen, wenn man bedenkt, dass sie eine der Grundlagen für den Bau von Maschinen waren, mit denen Sandsteinbalken von nahezu zwei Tonnen Gewicht bis in fast 90 Meter Höhe gehoben wurden. Der Anblick, wenn diese schweren Steine am Ende des Querträgers baumelten, dürfte nichts für schwache Nerven gewesen sein.

Doch der Querbalken hielt, und der *castello* – wie auch der Materialaufzug – benötigten in den darauf folgenden zehn Jahren nur kleinere Reparaturen. In gewisser Weise hielt der *castello* sogar zu gut. Wie der Materialaufzug blieb auch der Kran noch in den sechziger Jahren des fünfzehnten Jahrhunderts an der Dombaustelle, lange nach Filippos Tod, und wurde auch beim allerletzten Schritt des Kuppelbaus eingesetzt:

der Montage der Bronzekugel auf der Spitze der Laterne. Der Auftrag für diese bronzene Kugel wurde dem Bildhauer Andrea del Verrocchio erteilt, in dessen Werkstatt zu dieser Zeit ein junger Lehrling namens Leonardo da Vinci beschäftigt war. Fasziniert von Filippos Maschinen, die Verrocchio benutzte, um die Kugel bis an die Spitze der Laterne heben zu lassen, fertigte Leonardo eine Reihe von Skizzen an, die häufig als Beweis dafür gewertet werden, dass erst *er* diese Geräte erfunden habe. Man braucht nicht groß darüber nachzudenken, wie der wahre Erfinder auf den Umstand reagiert hätte, dass seine Verdienste fälschlicherweise einem anderen zugeschrieben wurden. Welche Ironie der Geschichte, dass dies ausgerechnet Brunelleschi widerfuhr, der so stolz auf seine Erfindungen war und sie mit so großem Aufwand geheim zu halten versuchte.

8. KAPITEL

Die Kette aus Stein

KAUM WAR DER MIT OCHSENKRAFT betriebene Lastenaufzug fertig, wurden die Planungen für die erste Sandsteinkette vorangetrieben, die 1421 gelegt wurde. Anfang Juni hatte man sich auf den Entwurf für diese Kette geeinigt: Ein Zimmermann, der für Filippo arbeitete, Jacopo di Niccolò, fertigte ein Holzmodell an, das verdeutlichte, wie die Sandsteinbalken miteinander verbunden werden sollten. Die Kette war ein komplizierter Entwurf und bestand aus zwei konzentrischen steinernen Ringen; die erste der insgesamt vier Ketten verlief horizontal um die oktogonale Basis der Kuppel herum. Die in Längsrichtung gelegten und miteinander verbundenen Sandsteinbalken ruhten auf kürzeren Trägern, die im Abstand von etwa 90 Zentimetern in Querrichtung ausgelegt wurden wie Eisenbahnschwellen (Abb. 13); mit diesen Querbalken waren die Längsbalken ebenfalls verbunden. Noch vor Ende Juni waren etwa sechsundachtzig Wagenladungen Sandstein aus dem Apennin auf die Piazza del Duomo transportiert worden. Filippos abenteuerlicher Plan stand vor seiner ersten großen praktischen Bewährungsprobe.

Von der Kuppel oder dem Campanile der Santa Maria del Fiore aus betrachtet, besitzen die Hügel um Florenz die sinnlichen Konturen eines Körpers in Rückenlage. An den Hängen dieser Hügel wurden während des Quattrocento Dutzende von Steinbrüchen betrieben, von denen sich mehrere in der Nähe der Kleinstadt Settignano befanden, wo Michelangelo seine Kinderzeit verbrachte; seine Amme war die Frau eines Steinmetzen und «die Quelle seines Genius im Umgang mit Hammer und Meißel», wie der Bildhauer sich später ausdrückte. Die Hügel im Umland von Florenz bestehen aus *macigno*, einem quarzhaltigen Sandstein von einer solchen Härte, dass im Mittelalter bevorzugt Mahlsteine daraus gefertigt wurden. In Florenz wurde der *macigno* überdies bei der Errichtung von Gebäuden verwendet. Die Sedimentschichten dieses Sandsteins erstreckten sich so weit bis in die Stadt hinein, dass es heißt, Florentiner Hausbauer bräuchten gar kein Fundament zu legen, sondern bloß ein Loch in den Boden zu graben; dann könnten sie mit dem Mauern beginnen. Tatsächlich befanden sich mehrere *macigno*-Steinbrüche innerhalb der Stadtmauern, zum Beispiel zwischen dem Nonnenkloster Santa Felicità und der Porta San Piero in Gattolino (heute die Porta Romana); einer dieser Steinbrüche war sogar im Besitz der Nonnen. Auch der Arno versorgte die Stadt mit Steinen: ein Kalkstein, der als *lapidum arnigerum* bekannt war, wurde in Steinbrüchen am Südufer des Flusses gewonnen. Der Stein, aus dem die Ketten der *cupola* bestanden, stammte jedoch aus der Cava di Trassinaia, einem Steinbruch ein paar Kilometer nördlich von Florenz, in der Nähe der antiken Stadt Fiesole. Im März 1421 wurden Hütten auf der Baustelle errichtet, und kurz darauf machte sich eine Mannschaft aus neunzehn Steinmetzen an die Arbeit.

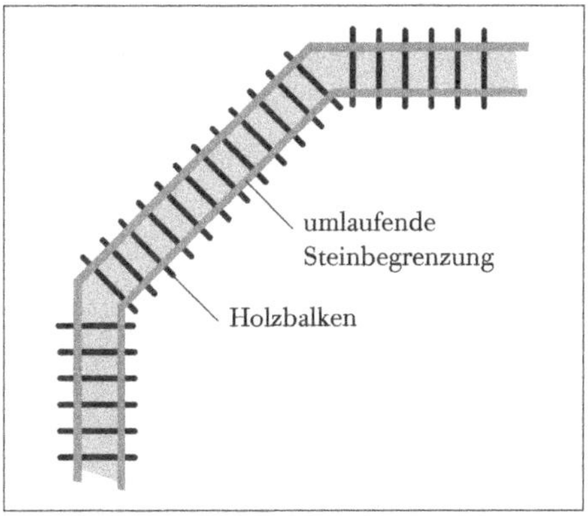

13. Die Sandsteinkette

Die meisten dieser Männer hatten ihre Lehrzeit in Steinbrüchen verbracht, wo sie von ihren Meistern gelernt hatten, woran man die besten Gesteinsschichten erkennt, wie man in Körnungsrichtung des Gesteins oder gegen die Körnung schneiden muss und wie man Steine entsprechend den Schablonen des Architekten behaut. Das Herausschneiden eines Steins und das Behauen waren harte Arbeit. Zuerst wurde der Stein mit Hilfe einer Säge aus der Felswand geschnitten. War es harter Stein, wie beispielsweise *macigno*, wurde ständig eine Mischung aus Sand und Eisenspänen unter die Sägezähne gestreut, die als Schleifmittel diente und die relative Weichheit des Metalls wettmachte. Nachdem der Stein mit Hilfe von Brechstangen und Holzkeilen aus dem Fels gesprengt worden war, wurde er mit einer Spitzhacke grob in die gewünschte Größe gehauen und anschließend mit einem leichteren Hammer nachbearbeitet. Schließlich wurde die Qualität des Steins am Klang geprüft, indem man ihm leichte Hammerschläge versetzte. Klang er hell wie eine Glocke, so war der Stein einwandfrei, während ein dumpfes Geräusch auf Risse oder andere Fehler hindeutete. In einem solchen Fall wurde der Stein als unbrauchbar aussortiert. Ein anderer Qualitätstest basierte auf dem Geruch. Frisch im Steinbruch geschnitten, rochen Kalk- und Sandstein nach faulen Eiern; je stärker dieser beißende, schwefelige Gestank war, umso besser war die Qualität des Steines.

Die Maße und Formen der Steine, die Filippo für die Konstruktion der Sandsteinketten benötigte, waren sehr ungewöhnlich. Sämtliche Sandsteinbalken, die in Längsrichtung gelegt wurden, waren 2,30 Meter lang und besaßen einen quadratischen Querschnitt von 44 Zentimetern. Außerdem musste jeder Stein an der Unterseite zwei rechtwinklige Aussparungen aufweisen, damit er mit den darunter ausgelegten, kürzeren Querbalken zusammengefügt werden konnte. Bei der ersten Sandsteinkette wurden mehr als einhundert Längsbalken und fast ebenso viele Querbalken verbaut.

Schablonen, auf Pergament gezeichnet oder aus Holz geschnitten, wurden als Messvorrichtungen verwendet, um zu bestimmen, an welchen Stellen die Balken behauen werden mussten, damit sie sich auch passgenau ineinander fügen ließen. Doch Filippos Entwurf war so kompliziert, dass die Steinmetzen nicht genau verstanden, wie sie die Balken behauen und zusammenfügen sollten. Also überlegte sich der einfallsreiche *capomaestro* eine Möglichkeit, Modelle anzufertigen, an denen die Steinmetzen sich orientieren konnten: Eine Anzahl Balken wurde in Wachs oder Ton nachgebildet; einige wurden sogar aus *rape grandi* geschnitzt, großen Rüben, die im Winter von den Florentinern gegessen wurden.

Damit die Ketten ihren Zweck erfüllten, mussten die einzelnen Balken, die in Winkeln von 40 Grad aufeinander trafen, an den Enden fest verbunden werden. Dafür brauchte man eiserne Klammern. Filippo reiste eigens nach Pistoia, um die Herstellung dieser Klammern zu beaufsichtigen, denn den Schmieden erging es so wie zuvor den Steinmetzen: Sie begriffen kaum, was von ihnen verlangt wurde. Nach dem Schmieden wurden die Klammern verbleit, um das Eisen vor dem Rosten zu schützen und auf diese Weise der Gefahr vorzubeugen, dass der steinerne Ring riss und Schäden im Mauerwerk der Kuppel entstanden. Viele tausend Kilo Blei wurden benutzt, um nicht nur die Klammern, sondern sämtliche eisernen Bolzen und Stangen im gesamten Dom vor Rost zu schützen. Im Mittelalter wurden in den Kathedralen Bleiarbeiter beschäftigt, deren Aufgabe darin bestand, Eisenteile mit Rostschutz zu versehen oder Bleiplatten für den Kirchturm zu gießen. Für die Arbeiter an der Santa Maria del Fiore stellte der Einsatz von Blei eine weitere Gefahrenquelle dar, denn man wusste seit der Römerzeit, als der Baumeister Faventinus die «körperlichen Missbildungen» und die «schreckliche, auf Blutarmut zurückzuführende Blässe» der Bleiarbeiter beobachtete[46], dass Blei giftig war.

Die Sandsteinkette von 1421 war die erste von insgesamt vier Ringen oder Gürteln, die jeweils in einem Abstand von

10,50 Metern die gesamte Kuppel innerhalb des Mauerwerks umspannten. Im Frühjahr 1425 entwarf Filippo das Modell für die zweite Kette, die noch komplizierter war als die erste, weil die Querbalken geneigt und radial ausgerichtet sein mussten wie das gesamte Mauerwerk, und zwar in Richtung der vertikalen Mittelachse der Kuppel – so wie Speichen in Richtung der Radnabe verlaufen. Die Neigung von Mauerwerk und *macigno*-Balken machte den Bau eines neuen *castello* sowie ein äußerst präzises Messsystem erforderlich.

Aus den Dokumenten der Domopera geht hervor, dass auf den Ringen aus Sandstein Eisenketten ausgelegt werden sollten. Eisen besitzt eine viel höhere Dehnfestigkeit als Sandstein, so dass diese um die Kuppel herum verlaufenden Eisenketten dem Seitendruck den größten Widerstand entgegengesetzt hätten. Doch diese für die Festigkeit der Kuppel so wichtigen Ketten sind eines ihrer weiteren Geheimnisse: Man kann unmöglich sagen, wie sie angebracht wurden, und zwar aus dem einfachen Grund, weil auch sie im Mauerwerk eingebettet und deshalb nicht zu sehen sind. Es gibt keinen Grund zu der Annahme, dass die Eisenketten gar nicht angebracht wurden; aber eine magnetische Untersuchung, die in den siebziger Jahren des 20. Jahrhunderts durchgeführt wurde, erbrachte keinen Beweis, dass diese Ketten tatsächlich existieren.

Die vier Sandsteinketten werden durch eine fünfte Kette verstärkt. Diese aus Holz gefertigte, im Jahre 1424 installierte Kette umspannt die Kuppel gut siebeneinhalb Meter über der untersten Steinkette. Ursprünglich war der Einbau vier solcher Holzketten oder -ringe vorgesehen, doch als Beispiel dafür, wie «beim Bauen allein die praktische Erfahrung lehrt, welcher Methode man folgen soll», wurde nur die erste vollendet.

Die Holzkette bereitete Filippo von Anfang an Schwierigkeiten. Im Bauprogramm von 1420 wurde festgelegt, dass dieser Ring aus Eichenbalken gefertigt werden sollte, jeder sechs Meter lang und etwa 30 × 30 Zentimeter stark. Doch ein Jahr später, als sich erwiesen hatte, dass derartige Mengen Eichenholz in einer solchen Stärke nur schwer zu finden waren, entschied man sich stattdessen für Kastanienholz. Für den ersten Ring wurden insgesamt vierundzwanzig Balken benötigt, drei auf jeder Seite des Oktogons; die Balken sollten mit Klammern aus Eiche verbunden werden. Wenngleich die Balken aus Kastanienholz im September 1421 bestellt wurden, als man die ersten Ketten aus Sandstein legte, wurden sie erst zwei Jahre später geliefert – ein zweifellos entmutigendes Zeichen für jeden, der zu diesem Zeitpunkt immer noch davon träumte, die Kuppel mit einem Lehrgerüst zu versehen.

Zunächst einmal ergab sich das Problem, Kastanienholz von ausreichender Dicke zu finden. Und hatte man einen geeigneten Baum entdeckt, durfte er nur gefällt werden, wenn man sich an bestimmte Regeln und Traditionen hielt; man musste auf den abnehmenden Mond warten, weil das Holz dann besser gegen den Holzwurm geschützt war. Und war der Baum gefällt, musste das Holz sorgfältig abgelagert werden – eine naturgemäß zeitraubende Angelegenheit. Die Säfte wurden aus dem Holz geschwemmt, indem man es bis zu einem Monat lang in Wasser legte. Die andere Möglichkeit bestand darin, das Holz mehrere Wochen in Rindermist einzugraben, ganz ähnlich wie beim Gerben von Leder mit Hilfe tierischer Gerbstoffe. Dann wurde das Holz auf eine Unterlage aus Asche oder Adlerfarn gelegt und der Luft ausgesetzt, aber vor Sonne und Regen geschützt – ein Vorgang, der mehrere Jahre in Anspruch nehmen konnte. In Anbetracht dieser Prozeduren verwundert es nicht, dass Filippo so lange auf die vierundzwanzig Balken warten musste.

Wie die vier Ketten aus Stein und Eisen gehörte auch der hölzerne Ring zweifellos zu Filippos System unsichtbarer Stützvorrichtungen, das dazu dienen sollte, den Seitendruck der Kuppel aufzufangen, denn wie Eisen besitzt auch Holz eine höhere Dehnfestigkeit als Sandstein. Es besteht sogar die Möglichkeit, dass der Holzring deshalb angebracht wurde, um einer besonders zerstörerischen Art von Kräften entgegenzuwirken: Erdbeben. An der Basis der Kuppel der Hagia Sophia in Konstantinopel wurde ein ähnliches System aus Holzringen angebracht, und zwar an dem Punkt, wo die stärksten Spannungskräfte wirken; nach dem Erdbeben des Jahres 557 n. Chr. wurden weitere Holzringe in das Mauerwerk eingebettet.[47] Auf gleiche Weise wird in Sultaniya die Kuppel des Grabmals des Ilkhan Öljeitü aus dem 14. Jahrhundert durch ein doppeltes Ringsystem aus Pappelholz-Balken geschützt, um Schäden entgegenzuwirken, die durch die Erdbeben auf der persischen Hochebene entstehen können.

Hatte Filippo eine ähnliche Art von Schutzvorrichtung vor Augen, als er den hölzernen Ring entwarf? Manetti macht Anspielungen auf «verborgene Vorrichtungen», die im Inneren der *cupola* angebracht wurden, um sie vor Sturm und Erdbeben zu schützen. Der Winddruck (die Kraft, die vom Wind auf die Kuppel ausgeübt wird) spielte wegen der schieren Größe der Konstruktion kaum eine Rolle.[48] Bei Erdbeben jedoch sah die Sache anders aus. Florenz wurde in den Jahren 1510, 1675 und 1895 von Beben heimgesucht. Die Schockwellen des Bebens von 1510 waren so groß, dass viele Menschen die darauf folgenden Nächte unter freiem Himmel auf den Piazzas verbrachten, statt in den Häusern. Aber keines dieser Beben fügte der *cupola* Schäden zu.

Doch es könnte noch einen anderen Grund gegeben haben, dass der Holzring angebracht wurde – ein eher persönlicher als baulich motivierter Grund: Es hat den Anschein, dass diese Angelegenheit, zumindest teilweise, eine raffinierte Intrige seitens des *capomaestro* Brunelleschi gewesen ist; der Versuch, die Autorität seines «Amtskollegen» Lorenzo Ghiberti dadurch zu untergraben, dass Filippo die fachliche Unwissenheit seines Rivalen auf den Gebieten der Architektur und der Ingenieurkunst offen legte. Denn mehrere Jahre nach Baubeginn der *cupola* sollte nun eine offene Schlacht zwischen den beiden *capomaestri* entbrennen.

9. KAPITEL

Die Geschichte vom dicken Tischler

Die Rivalität zwischen Filippo und Lorenzo schwelte nun schon viele Jahre lang. Wenngleich die Domopera beide Männer in den gleichen Rang erhoben hatte, wurde Lorenzo von seinem Widersacher Filippo rasch überflügelt. Nachdem Filippo den Lastenaufzug gebaut und die erste Kette aus Stein gelegt hatte, wurde er in den Dokumenten als *inventor et ghubernator maior cupolae* («Erfinder und oberster Bauleiter der Kuppel») bezeichnet – ein Titel, der erkennen lässt, wie hoch er über seine Mitarbeiter aufgestiegen war. Nach Aussage der «Operai» bestand Filippos Aufgabe darin, «alles, was erforderlich und wünschenswert ist für den Beginn der Arbeiten, deren Fortgang und für die Fertigstellung der Kuppel, zu beschaffen, zu regeln und zusammenzustellen oder dafür zu sorgen, dass die Beschaffung, Regelung und Zusammenstellung übernommen werden». Im Unterschied dazu beschränkte sich Lorenzos Aufgabenbereich lediglich auf das «Beschaffen». Umso mehr wird es Filippo geärgert haben, dass sein alter Widersacher nicht nur denselben Lohn erhielt wie er – drei Florinen im Monat –, sondern dass unweigerlich auch ein Teil seines Glanzes als Ingenieur und Erfinder auf Lorenzo fiel.

Die Konstruktion der hölzernen Kette verschaffte Filippo nun endlich die Gelegenheit, seinen Kollegen bloßzustellen und in Misskredit zu bringen. Modelle für die Kette waren von Filippo und zwei Konkurrenten angefertigt worden; einer der beiden war Giovanni da Prato. Dem Sieger winkte eine Belohnung von 100 Goldflorinen. Im August 1423 entschieden die «Operai» sich für Filippos Entwurf – ein weiterer Sieg für den *capomaestro*, dessen Ruhm immer heller strahlte. Doch als die Kastanienholzstämme schließlich in Florenz eintrafen, schien sich ein Unglück anzubahnen: Filippo klagte über Schmerzen in der Seite und musste das Bett hüten. Seine Krankheit währte mehrere Tage. Als man ihn endlich dazu bringen konnte, auf die Baustelle zurückzukehren, erschien er mit verbundenem Kopf und einem Wickel um die Brust. Dieser theatralische Auftritt überzeugte viele Florentiner, dass der *capomaestro* nicht mehr lange zu leben hatte. Andere glaubten, dass Filippo bloß simulierte. Jedenfalls kursierten bald Gerüchte in Florenz, Filippos rätselhafte «Krankheit» sei nichts anderes als fehlender Mut; man hielt ihn für unfähig, seinen großartigen Plan (den viele immer noch für undurchführbar hielten) bis zum Ende zu verfolgen. Filippo reagierte darauf, indem er sich wieder ins Krankenbett legte.

Die Verantwortung für die Montage der hölzernen Kette – und für sämtliche anderen Arbeiten an der Kuppel – fiel nun dem Goldschmied Lorenzo zu, der angesichts dieser gewaltigen Aufgabe vermutlich schlaflose Nächte durchlitt, zumal Filippo, seinem Naturell entsprechend, weder seinen *capomaestro*-Kollegen noch sonst jemanden in die Konstruktion der hölzernen Kette eingeweiht hatte (von Details seines Kuppelentwurfs ganz zu schweigen). Und so sah der arme Lorenzo sich plötzlich mit der Aufgabe konfrontiert, die Kette aus Kastanienholz nach den Vorgaben von Filippos Modell zu montieren, das so kompliziert und verwirrend war wie alle Modelle des *capomaestro*.

Die Maurer und Steinmetzen warteten vergebens auf Lorenzos Anweisungen. Die Arbeiten auf der Baustelle kamen zum Stillstand. Filippo wurde gebeten, doch wieder zur Baustelle zurückzukehren, um Lorenzo und den Arbeitern mit Rat und Tat zur Seite zu stehen. Doch der Zustand des offenbar todgeweihten *capomaestro* verschlechterte sich so rapide, dass bei der Domopera helle Aufregung herrschte. Aus Furcht, seine Unwissenheit preiszugeben, bat Lorenzo die Männer schließlich, die Arbeit auch ohne Filippo wieder aufzunehmen, und unter Leitung des Goldschmieds machte man sich daran, die Kastanienholzbalken auf den acht Mauerseiten des Oktogons so gut es ging auszulegen und miteinander zu verbinden.

Die Balken zusammenzufügen war eine wichtige und komplizierte Aufgabe, und Lorenzo gab sein Bestes; bei seiner eigenen Konstruktion des hölzernen Ringes orientierte er sich allerdings am Entwurf der Holzkette, von der die Kuppel des Baptisteriums umschlossen wurde. Doch Filippos Modell verlangte eine weitaus kompliziertere Montage; beispielsweise wurden die einzelnen Balken des Ringes mit Spezialkonstruktionen zusammengefügt, die aus Eiche gefertigt waren und an den Verbindungsstellen an der Ober- und Unterseite jeden Balkens mit eisernen Bolzen befestigt wurden. Anschließend wurden die Balken an diesen Verbindungsstellen mit Blechstreifen straff umspannt, um zu verhindern, dass die Bolzen das Holz sprengten.

Kaum waren drei Balken an einer Seite des Oktogons miteinander verbunden, erlebte Filippo eine wundersame Heilung. Er erhob sich vom Sterbebett, kletterte schwungvoll bis zur Kuppel hinauf, besah sich Lorenzos Arbeit und begann eine Verleumdungskampagne gegen seinen alten Rivalen, indem er verkündete, Lorenzos Befestigungen aus Eiche seien nutzlos, und überhaupt müssten die drei Balken entfernt und durch eine bessere Konstruktion ersetzt werden, die natürlich unter seiner, Filippos, Oberaufsicht errichtet werden müsse. So wurde die Kette aus Kastanienholz, was immer ihre bauliche Funktion gewesen sein mochte, zu einem Instrument, mit dem Filippo die Unfähigkeit Lorenzos nicht nur den «Operai», sondern allen Bürgern von Florenz vor Augen führen konnte.

Kurz darauf wurde Filippo für seine Intrige belohnt: Sein

Gehalt wurde beinahe verdreifacht, auf 100 Florinen jährlich, während Lorenzo sich weiterhin mit 36 Florinen begnügen musste, bis im Sommer 1425 die Lohnzahlungen an ihn plötzlich eingestellt wurden. Es wurden keine weiteren Holzketten gebaut. Doch wenn Filippo glaubte, Lorenzo und dessen Stellvertreter, Giovanni da Prato, aus dem Weg geräumt zu haben, so hatte er sich gründlich getäuscht.

Falls Filippos Krankheit tatsächlich vorgetäuscht gewesen sein sollte, wäre es nicht das erste Mal gewesen, dass er ein ahnungsloses Publikum mit einem raffinierten Trick hereinzulegen versuchte. In Florenz war er für seine Begabung bekannt, zu täuschen und zu schwindeln, anderen etwas vorzumachen und Illusionen zu wecken. Sein bekanntester Schwindel war ein ausgefeilter und phantasievoller Streich, den er einem Tischlermeister namens Manetto di Jacopo spielte. Dieser Vorfall, der als «Die Geschichte vom dicken Tischler» bekannt ist, wird von Filippos Biograph Antonio Manetti[49] erzählt und ist ein Beispiel für eine *beffa*, einen grausamen und demütigenden Schwindel, der aus der Feder eines Boccaccio stammen könnte und die wirre, beinahe chaotische Traumwelt vorwegnimmt, in die Shakespeare seine Figuren in *Ein Mittsommernachtstraum* versetzt.

Der Schwindel ereignete sich um das Jahr 1409, als Filippo von einer seiner Rom-Reisen zurückkehrte. Wie gesagt, war ein Tischler namens Manetto das Opfer, der als *Il Grasso* bekannt war, «der Dicke». Manetto war Spezialist für Elfenbeinschnitzereien und besaß einen Laden an der Piazza San Giovanni, unweit von Filippos Zuhause. Er war ein wohlhabender und gutmütiger Mann, dem eines Tages jedoch das Unglück widerfuhr, Filippos Zorn zu erregen, weil er eine Verabredung nicht eingehalten hatte. Filippo war darüber so erzürnt, dass er sich eine teuflische Vergeltung ausdachte. Um diese zu verwirklichen, benötigte er allerdings die Unterstützung zahlreicher Mitbürger.

Als Manetto eines Abends seinen Laden schloss, ging Filippo zum Haus des Ahnungslosen, das unweit des Domes stand, knackte das Schloss der Eingangstür, schlüpfte ins Innere und schloss die Tür hinter sich. Ein paar Minuten später traf Manetto ein und rüttelte an der Tür. Zu seiner grenzenlosen Verwunderung hörte er plötzlich eine Stimme, die wie die seine klang (aber natürlich Filippo gehörte, der den Tischler nachahmte) und ihm befahl, zu verschwinden. Filippo ahmte Manettos Stimme so überzeugend nach, dass der Tischler entsetzt zur Piazza San Giovanni flüchtete. Dort begegnete er Donatello, der ihn unerklärlicherweise als «Matteo» begrüßte; kurz darauf lief Manetto ein Gerichtsbeamter über den Weg, der ihn ebenfalls mit «Matteo» anredete und ihn prompt wegen unbezahlter Schulden verhaftete. Manetto wurde ins Gefängnis der Stinche gebracht, hinter Gitter geworfen und als «Matteo» ins Haftbuch eingetragen. Selbst seine Mitgefangenen – die allesamt an Filippos üblem Streich beteiligt waren – redeten ihn mit «Matteo» an. Brunelleschi war es gelungen, sie alle zur Mitarbeit an seiner Rache zu bewegen.

Der Tischler verbrachte eine schlaflose Nacht voller Ängste und Sorgen, tröstete sich aber mit dem Gedanken, dass er sicherlich bloß das Opfer einer Verwechslung sei. Diese Hoffnung zerschlug sich jedoch am nächsten Morgen, als zwei Fremde – die Brüder des richtigen Matteo – im Gefängnis erschienen und erklärten, der Verhaftete gehöre zur Familie. Sie bezahlten «Matteos» angebliche Schulden, so dass er auf freien Fuß gesetzt wurde, allerdings erst, nachdem er eine Standpauke über seine angebliche Spielsucht und seinen lockeren Lebenswandel über sich ergehen lassen musste. Dann wurde Manetto, der vermutlich längst an seinem Verstand zweifelte, von «seinen Brüdern» zum Haus Matteos geführt, das sich auf der anderen Seite der Stadt befand, in der Nähe von Santa Felicità, wobei die jammervollen Proteste des Tischlers, er sei nicht Matteo, sondern *Manetto*, auf taube Ohren stießen. Im Verlauf des Abends gelangte der arme Kerl mehr und mehr zu der Überzeugung, dass er eine geheimnisvolle Verwandlung in einen anderen Menschen durchlebt haben musste. Schließlich wurde er mit einem Schlafmittel, das Filippo besorgt hatte, ins Reich der Träume geschickt; anschließend trugen die Matteo-Brüder den Bewusstlosen über den Arno zur anderen Seite der Stadt in sein Haus und legten ihn verkehrt herum in sein Bett, die Füße ans Kopfbrett und den Kopf ans Fußbrett.

Als er Stunden später erwachte, fragte der arme Tischler sich verwirrt, weshalb er verkehrt herum im Bett lag und vor allem, wieso ein solches Chaos im seinem Haus herrschte, denn seine Werkzeuge waren völlig durcheinander. Seine Verwunderung dürfte sich in namenloses Entsetzen verwandelt haben, als die Matteo-Brüder wieder auftauchten, die ihn nun aber ganz anders behandelten als zuvor. Sie begrüßten ihn als Manetto und erzählten ihm die seltsame Geschichte von ihrem Bruder Matteo, der am Abend zuvor unter der wirren Phantasievorstellung gelitten habe, er sei jemand anders – eine Geschichte, die kurz darauf von Matteo (dem *richtigen* Matteo) bestätigt wurde, der ebenfalls in Manettos Haus erschien und erzählte, er habe den verrückten Traum gehabt, sich in einen Tischler verwandelt zu haben. Die Unordnung im Haus wurde damit erklärt, dass Matteo in seinem Traum bemerkt habe, die Werkzeuge seien durcheinander gewesen und müssten «neu geordnet» werden. Im Lichte dieser Aussagen glaubte Manetto nun vollends, zumindest eine Zeit lang *tatsächlich* seine Persönlichkeit mit der Matteos getauscht zu haben – genauso wie ihre Namen, die ja ganz ähnlich klangen, verwechselt und durcheinander geworfen werden konnten.

Bei diesem Streich wurden Kunst und Realität, Schein und Sein auf die gleiche Weise vermischt wie bei dem perspektivischen Bild, das Filippo ein paar Jahre später malte. So wie er mit diesem Bild den Betrachter so täuschte, dass dieser die Illusion für die Wirklichkeit hielt, schuf er auch für Manetto eine einzigartige Perspektive, indem er dessen Wahrnehmung nach seinem Willen lenkte und manipulierte. Ähnlich wie der Betrachter des perspektivischen Bildes, der durch das Guckloch im Fluchtpunkt blickte, konnte Manetto nicht wissen, ob er ein tatsächliches Geschehen verfolgte und eine wirkliche Szenerie vor Augen hatte oder lediglich ein zwar überzeugendes, aber dennoch verzerrtes Spiegelbild der Realität sah. Der Zufall mag es gewollt haben, dass Manettos Laden vielleicht sogar auf Filippos perspektivischem Bild zu sehen war, das ja die Piazza San Giovanni zeigte. Doch als Filippo das Gemälde schuf, hatte der unglückliche Manetto Florenz längst verlassen – ein gedemütigter und verwirrter Mann. Denn nachdem er erfahren hatte, wie man ihn hinters Licht geführt hatte, war Manetto nach Ungarn ausgewandert, wo er sein Handwerk erfolgreich wieder aufnahm und zu einem reichen Mann wurde, was der Geschichte doch noch ein glückliches Ende verleiht.

10. KAPITEL

Das spitze Fünftel

Im Jahre 148 n. Chr. wurde der römische Wasserbauingenieur Nonius Datus in die Stadt Saldae im heutigen Algerien geschickt und vom dortigen Statthalter angewiesen, ein Aquädukt mitten durch einen Berg zu bauen. Pflichtgetreu vermaß Nonius den fraglichen Berg, entwarf Pläne, fertigte Querschnittzeichnungen an und berechnete die Achse des Tunnels. Dann nahmen zwei Mannschaften erfahrener Tunnelbauer unter Nonius' Aufsicht die Grabungsarbeiten zu beiden Seiten des Berges auf. Im Inneren des Berges sollten sie dann auf halber Strecke aufeinander treffen. Nonius kehrte noch vor Abschluss der Arbeiten nach Rom zurück, zufrieden, dass alles so reibungslos vonstatten zu gehen schien. Doch vier Jahre später wurde er wieder nach Saldae gerufen. Als Nonius dort eintraf, war die Stadt fast ohne Wasser und die Bevölkerung verzweifelt, denn die beiden Mannschaften, die den Tunnel graben sollten, waren versehentlich zur rechten Seite abgewichen und deshalb nicht in der Mitte des Berges zusammengetroffen. Nonius konnte den Fehler beheben, doch wäre er nur um weniges später eingetroffen, «hätte der Berg zwei Tunnel statt einem besessen», erklärte er.

Diese Anekdote ist in der Schrift *Über Aquädukte* überliefert, die von Sextus Julius Frontinus stammt, dem Verwalter der stadtrömischen Wasserleitungen und zeitweiligen Statthalter der römischen Provinz Britannien. Dieses Werk, das jahrhundertelang verschollen war, wurde um 1420 von Poggio Bracciolini in Monte Cassino entdeckt.

Die Geschichte von Nonius und seinen verirrten Tunnelgräbern muss für die Erbauer der *cupola* eine Art ständiger Ermahnung gewesen sein, denn sie sahen sich vor ein ähnliches Problem gestellt: Wie konnten acht Maurermannschaften, von denen jede an einer der acht Seiten des Oktogons arbeitete, ihre Mauern so aufeinander abstimmen, dass sie an der Spitze der Kuppel exakt zusammentrafen?

Einer der Schlüssel für den Bau der *cupola* war die genaue Berechnung und Vermessung jeder Lage aus Ziegeln oder Stein, die aufeinander geschichtet wurden. Aber wie nahm man die entsprechenden Vermessungen vor? Wie konnte die Krümmung der acht Kuppelwände während der Bauphase kontrolliert werden? Die Aufgabe wurde zusätzlich dadurch erschwert, dass jede der acht Kuppelwände aufgrund der Doppelschalen-Bauweise aus einer inneren und äußeren Wandung sowie aus den tragenden Eckpfeilern bestand. Eine Abweichung von wenigen Zentimetern bei diesen Pfeilern, von denen jeder mehr als dreißig Meter lang war, hätte zur Folge gehabt, dass kein Zusammentreffen, keine Verbindung zustande gekommen wäre – wie beim Tunnel in Saldae.

Den Maurermannschaften, die an der Kuppel arbeiteten, standen relativ einfache Messvorrichtungen zur Verfügung; die meisten dieser Apparaturen hatten sich seit tausend Jahren nicht verändert. Um die senkrechte Richtung der Wandungen zu überprüfen, wurde beispielsweise ein Senkblei benützt: ein Strick, an dem ein Gewicht befestigt war, üblicherweise eine Bleikugel. Das Seil war wie eine Angelschnur geflochten, um zu verhindern, dass das Gewicht vom Wind in eine Drehbewegung versetzt wurde. Und um dafür zu sorgen, dass die Ziegel in perfekten horizontalen Lagen oder Schichten gelegt wurden, benutzte man eine Setzwaage. Dieses Instrument war wie der Buchstabe A geformt; vom Scheitelpunkt oder der Spitze dieses «A» hing ein Senkblei herunter, während der horizontale Querbalken des «A» mit einer Skala mit Gradeinteilung versehen war. Befand der Stein oder der Ziegel sich in der Waagerechten, pendelte das Senkblei sich genau in der Senkrechten ein, also in der Mitte des Querbalkens, nachdem man die Setzwaage auf den Ziegel oder den Stein aufgesetzt hatte.

Da Gewölbedecken oder Kuppeln weder lotrecht noch horizontal sind, ist bei ihnen ein komplizierteres Vermessungssystem erforderlich. Die Baumeister der gotischen Kathedralen bestimmten die Krümmung solcher Konstruktionen, indem sie zuerst Zeichnungen im Maßstab 1:1 auf speziellen «Zeichenböden» anfertigten, wie gigantische Blaupausen. Diese Zeichenböden wurden mit feinem Gipsmörtel oder einem ähnlichen Material bedeckt, in das anschließend die maßstabgetreuen Entwürfe von Bauteilen gezeichnet wurden, beispielsweise von Gewölberippen. Die fertigen Zeichnungen wurden von den Zimmerleuten als Vorlage für die Anfertigung der hölzernen Schablonen benutzt, nach denen dann der Stein für die Gewölberippen bereits im Steinbruch in die gewünschte Form und Größe gehauen wurde. Anschließend wurde der Zeichenboden geebnet, um das nächste Bauteil im Maßstab 1:1 in die Gipsoberfläche ritzen zu können. Gab es keine Möglichkeit, einen Zeichenboden anzulegen, wurden eine freie, ebene Bodenfläche entsprechend präpariert und die Zeichnungen in die Erde geritzt. Auf diese Weise zeichnete man im Jahr 1395 den Plan der Balkenkonstruktion für das Dach der Westminster Hall auf eine freie Fläche in der Nähe von Farnharm in Surrey in den Boden.

Auch Brunelleschi musste im Sommer 1420 auf diese Methode zurückgreifen. Ein Stück flussabwärts von Florenz ließ er einen großen Uferbereich des Arno ebnen, eine Fläche von ungefähr 800 Quadratmetern, um dort anschließend einen Plan der Kuppel im Maßstab 1:1 in den Sand zu ritzen.[50] Höchstwahrscheinlich wurden die Vorlagen für die acht Eckpfeiler anhand dieses riesigen geometrischen Entwurfs angefertigt. Diese Schablonen bestanden aus Fichtenholz und waren etwa 2,60 Meter lang und 60 Zentimeter breit; sie wurden mit Blechplatten versteift, so dass sie sich nicht verbiegen oder verziehen konnten. Man befestigte sie außen am Mauerwerk der inneren Kuppel, so dass sie als Richtmaße für beide Kuppelschalen dienen konnten, die ja im gleichen Neigungswinkel erbaut wurden. Diese Schablonen wurden nach und nach in die Höhe geschoben, während die Kuppelschalen wuchsen, und sorgten so dafür, dass die acht Eckpfeiler schließlich auf der Höhe des vierten Steinringes zusammentrafen. Damit von dort aus die Eckpfeiler selbst als Richtmaße für vertikale Krümmung im oberen Teil der Kuppel dienen konnten, mussten sie zuerst errichtet werden, das heißt, es wurden stets mehrere Ziegelschichten der Eckpfeiler gelegt; dann wurden die Kuppelwände bis zur jeweils erreichten Höhe der Pfeiler gemauert.

Für den richtigen Neigungswinkel der Eckpfeiler zu sorgen, war nicht die einzige Schwierigkeit, die Filippo und seine Leute zu bewältigen hatten. Die Ziegel der Kuppelwände wurden in den einzelnen Schichten nicht horizontal vermauert, sondern in einem Winkel zur Horizontalebene nach innen «gekippt», wobei dieser Winkel allmählich größer wurde; die höchsten Ziegelschichten der *cupola* neigten sich in einem steilen 60-Grad-Winkel nach innen. Brunelleschi musste sich also eine Methode ausdenken, diesen zunehmenden Winkel ständig zu kontrollieren und eine Messvorrichtung zu installieren, die als Richtmaß für die wachsende Neigung der Kuppelwände dienen konnte. Ein Problem, das damit zusammenhing, war die Berechnung der radialen Ausrichtung nicht nur der Ziegel, sondern auch der Querbalken der dritten und vierten Sandsteinketten; diese Ketten und das gesamte Mauerwerk mussten zum einen nach innen geneigt sein, zum anderen radial zur Mittelachse der Kuppel verlaufen. Unter solchen Umständen waren traditionelle Werkzeuge wie das Senkblei und die Setzwaage praktisch nutzlos.

In der *Historia florentinorum*, die im letzten Jahrzehnt des 15. Jahrhunderts verfasst wurde, gibt der Dichter, Historiker und Humanist Bartolomeo Scala einen Hinweis darauf, wie Filippo sein Ziel erreicht haben könnte: «Als die Mitte (der Kuppel) bestimmt und markiert worden war», schreibt Scala, «spannte Filippo ein Seil von der Mitte bis zur Kuppelwandung, um mit diesem Seil dann einen vollständigen Kreis zu ziehen und auf diese Weise zu bestimmen, in welcher Anordnung und Neigung die Ziegel und der Mörtel von den Arbeitern vermauert werden mussten.»

Stimmt es tatsächlich, dass der Baumeister, um die Lage und Neigung der Ziegelschichten festzulegen, ein Seil (in den Dokumenten als *corda di murare* oder «Mauerstrick» bezeichnet) von der Mitte der Kuppel bis zur Kuppelwandung spannte? Dieses Seil, das um 360 Grad um das Innere der *cupola* geschwenkt werden konnte, wäre mit jeder Ziegelschicht kürzer geworden und der Radius der Kuppel hätte sich von 22 Metern an der Basis auf 2,50 Meter an der Spitze verringert, wobei Neigungswinkel und radiale Ausrichtung der Ziegel sorgfältig hätten überwacht werden können.

Scalas Aussage wird von Manetti gestützt, der behauptet, dass Filippo die gleiche Messmethode beim Bau der Kuppel der Ridolfi-Kapelle angewendet habe. Bei diesem «Experiment» für die Riesenkuppel hatte der *capomaestro* als Messinstrument für die radiale Ausrichtung der Ziegel und für die Kreislinien der Ziegelschichten einen Messstab benutzt, der an einem Ende befestigt war und «in Kreisen nach oben bewegt wurde, wobei er nach und nach verkürzt wurde, je nachdem, wie er mit der unbefestigten Seite gegen das Mauerwerk der Kuppel drückte». Dieser Messstab wäre ein Vorläufer des «Stangenzirkels» gewesen, wie er heutzutage beim Mauern kreisförmiger Wände benutzt wird. Der Stangenzirkel besteht aus einem hölzernen Stab, der um einen statischen Drehfuß geschwenkt wird, eine Achse, die sich im geometrischen Zentrum der Wandkrümmung befindet. Während der Stab einen Kreis um diese Achse beschreibt, zeigt er an, wo genau jeder Ziegel gemauert werden muss.

Doch die Vorrichtung, mit der die Wandkrümmung in der Santa Maria del Fiore gemessen wurde, war offensichtlich ein sehr viel größeres Instrument: Wenn die *corda di murare* sich von der Mitte der Kuppel bis zur Wandung erstrecken sollte, musste sie, wie bereits erwähnt, ungefähr zweiundzwanzig Meter lang sein. Wie aber hätte man dann verhindern können, dass ein Seil von dieser Länge durchhängt und nur noch ungenaue Messergebnisse erbringt? Benutzte Filippo ein System aus Flaschenzügen? Oder wurde das Seil gespannt und dann mit einer Schicht Wachs überzogen, so wie die Seile, die von mittelalterlichen Vermessern verwendet wurden?

Das größte Rätsel aber ist, wie das Seil in der Mitte der Kuppel befestigt wurde. Ein Mastbaum in der Mittelachse hätte ungefähr 52 Meter hoch sein müssen, um vom Boden des Oktogons lediglich bis zur Basis der *cupola* zu reichen, und bis zur Spitze waren es knapp 90 Meter. Die durchschnittliche Höhe des Hauptmasts eines Schiffes der britischen Marine im achtzehnten Jahrhundert betrug 35 Meter; solch gewaltige Masten konnten nur aus den Stämmen von Bäumen aus den Wäldern der Neuen Welt gefertigt werden – in Quebec, Maine und New Hampshire –, weil es in Europa nirgends Bäume gab, die eine solche Höhe erreichten.[51] Wie ein Wissenschaftler im Hinblick auf die *cupola* anmerkte, «müsste man sich den riesigen Stamm eines kalifornischen Mammutbaums vorstellen, der auf einen zentralen Turm oder auf angehängte Plattformen gehoben wurde».[52]

Welche Methode Filippo auch angewandt haben mag, um die Krümmung der Kuppelwandung zu bestimmen – sie rief die Kritiker auf den Plan. Die schärfsten Angriffe kamen von Lorenzo Ghiberti, was nicht weiter verwundern dürfte. Ende 1425 hatte Lorenzos Stellvertreter, Giovanni da Prato, bei den «Operai» protestiert, Filippo hielte sich nicht an die bindenden Vorgaben des 1367 von Neri di Fioravanti präsentierten Modells. Als *capomaestro* hatte Filippo natürlich einen Eid auf dieses altehrwürdige Modell abgelegt, genauso wie alle *capo-*

maestri vor ihm. Giovanni aber war unzufrieden und beklagte sich mehrere Male, wobei der schlimmste Vorwurf gegen Filippo darauf zielte, er würde die *cupola* nicht nach dem Maß errichten, das Neri di Fioravanti vorgegeben hatte: die Krümmung nach dem Maß des *quinto acuto* oder dem «spitzen Fünftel».

Dieses spitze bzw. steile Profil war für die Kuppel sowohl in baulicher wie auch in ästhetischer Hinsicht sehr wichtig. Natürlich war in der Gotik der Spitzbogen die bevorzugte Methode, Räume zu überspannen; auch im Langhaus der Santa Maria del Fiore, wie in den Mittelschiffen der meisten gotischen Kathedralen, befinden sich Spitzbögen. Gegenüber dem runden oder halbkreisförmigen Bogen, der die Architektur der Renaissance beherrscht, hat der Spitzbogen zwei Vorteile. Der eine hat mit den Proportionen zu tun, denn ein Spitzbogen ragt höher empor als ein Rundbogen von gleicher Spanne. Im Jahre 1367 hatte diese Tatsache zweifellos erheblichen Einfluss auf die Entscheidung der Domopera, was die zukünftige Kuppel der Santa Maria del Fiore betraf, denn eine *cupola* mit steilem Profil konnte höher aufragen als eine halbkugelförmige Kuppel, die über einem Tambour von gleichem Durchmesser erbaut wurde. Mit anderen Worten: Nur mit steiler Mauerkrümmung konnte der Dom die gewünschte Höhe von 144 *braccia* (ca. 85 Meter) erreichen.

Der zweite Vorteil einer Kuppel mit steiler Wandung ist statischer Natur. Der Seitendruck eines Bogens oder einer Kuppel hängt von der Steilheit seiner Neigungskurve ab; da ein Spitzbogen steiler und höher ist als ein Rundbogen, erzeugt er naturgemäß einen geringeren Seitendruck. Die Baumeister des Mailänder Domes waren sogar der Meinung, dass Spitzbögen gar keinen Seitendruck hervorriefen. Natürlich irrten sie sich, wenngleich ein nach dem Profil des *quinto acuto* errichteter Bogen einen um nicht weniger als 50 Prozent geringeren Seitendruck erzeugt als ein flacherer, halbkreisförmiger Bogen. Aus diesem Grund erfordert ein Spitzbogen

14. Ansicht von Dom und Baptisterium, Gemälde 17. Jh.

eine geringere Abstützung und ist weniger anfällig für Risse oder Bruchstellen.

Das *quinto-acuto*-Profil, wie es im Entwurf von 1367 verlangt wird, ist eine geometrische Figur, die entsteht, wenn der Krümmungsradius der sich schneidenden Bögen vier Fünftel der sich daraus ergebenden Spanne beträgt. Der Krümmungsradius bei einem halbkreisförmigen Gewölbe beträgt nur die Hälfte des Durchmessers und führt zu sehr viel niedrigeren und gerundeteren Profilen. Deshalb war es diese Kuppelgestalt, die Giovanni da Prato Ende 1425, als die *cupola* sich bereits gut 20 Meter über den Tambour erhob, zu seiner Warnung veranlasste. In seinem Schreiben an die Opera del Duomo behauptete Giovanni, die Kuppel sei «verkehrt gebaut» worden, weil Filippo sie «halbrund» und nicht im Profil des *quinto acuto* errichten lasse. Stattdessen baue er sie nach dem Maß des *mezzo acuto*, sozusagen auf halbem Wege zwischen einem halbkreisförmigen Bogen und dem «spitzen Fünftel», was zur Folge habe, dass die Kuppel unmöglich die geforderte Höhe erreichen könne. Und Giovanni führte diesen Irrtum nicht auf einen Fehler bei der Messung der Mauerkrümmung zurück, sondern auf Filippos Unwissenheit.

«Deshalb erkläre ich, der vorgenannte Giovanni», schrieb er entrüstet, «dass es mir nicht geraten erscheint, den Winkel (gemeint ist die Mauerkrümmung der Kuppel), den man schon vor Jahrzehnten vorgeschlagen und für den man sich entschieden hat, zu verändern, indem man – aus welchen Gründen auch immer – einen flacheren Winkel wählt.» Anderenfalls würde der Dom nach ästhetischen Gesichtspunkten entstellt, führte Giovanni weiter aus, ganz zu schweigen von der Unsicherheit der baulichen Struktur. Kurzum, Filippos Irrtum, von der vorgegebenen Mauerkrümmung abzuweichen, würde die Kirche «auf ungeheuerliche Weise verunstalten und in Gefahr bringen». Es wird kaum verwundern, dass dieses Dokument mit einem heftigen persönlichen Angriff auf Filippo endet:

Die Gründe dafür sind die Unwissenheit und der Dünkel derjenigen, denen der Bauauftrag erteilt wurde und die sehr gut dafür bezahlt und entschädigt werden. Ich schrieb dies hier, damit ich frei von Schuld dastehe und mir keine Vorwürfe gemacht werden können, wenn das geschieht, was unweigerlich geschehen muss, wie der gesunde Menschenverstand mir sagt: dass nämlich das Bauwerk verunstaltet und der Gefahr des Einsturzes ausgesetzt sein wird. Doch ich bin zuversichtlich, dass Ihr zur Vernunft kommt, was ich um des Herrgotts willen hoffe. Denkt daran, dass auch die Kathedrale in Siena in Gefahr gewesen ist, weil man einem Träumer vertraut hat, der nicht zu vernünftigem Denken fähig war.

Das ist der Tonfall eines biblischen Sehers, der zukünftige Katastrophen prophezeit, falls seine Worte ungehört verhallen. Die Erweiterung der Kathedrale von Siena, auf die Giovanni sich hier bezieht, war ein riesiger und unsinniger Prachtbau, der 1357 teilweise abgerissen wurde, nachdem die Pest ausgebrochen und das Geld ebenso zur Neige gegangen war wie die Begeisterung – eine Katastrophe, die den Erbauern der Santa Maria del Fiore aus nahe liegenden Gründen immer noch durch die Köpfe spukte.

Doch es waren keine hehren Beweggründe, die Giovanni veranlasst hatten, sich an die Domopera zu wenden. Seine Behauptungen entbehrten jeder Grundlage. Die Kuppelschalen entsprachen genau dem Profil des *quinto acuto*, und während der Bauphase scheint es zu keinem Zeitpunkt erforderlich gewesen zu sein, konstruktive Änderungen vorzunehmen.[53] Dass Giovanni zum einen so sehr auf seinen Ruf bedacht war («damit ich frei von Schuld dastehe und mir keine Vorwürfe gemacht werden können») und es der Domopera zum anderen so offensichtlich übel nahm, dass Filippo für seine Arbeit «sehr gut bezahlt und entschädigt» wurde, lässt eher darauf schließen, dass er schlichtweg neidisch war.

Und 1425 hatte er tatsächlich allen Grund, neidisch auf Filippo zu sein, auch wenn er ein vielseitig gebildeter Mann und ein geachteter Humanist war, der eine berühmte philosophische Abhandlung geschrieben hatte, das *Paradiso degli Alberti*. Genau wie Lorenzo Ghiberti hatte Giovanni auf dem Gebiet der Architektur bislang noch keinen Eindruck machen können. Mit seinem Modell war er Filippo beim Wettbewerb um die Holzkette unterlegen, was dem *capomaestro* die beträchtliche Summe von 100 Goldflorinen eingebracht hatte. Im gleichen Jahr siegte Filippo mit seinem Entwurf für den *castello* beim Wettbewerb um den Kran. Und in der Zwischenzeit hatte ihm sein mit Ochsenkraft betriebener Materialaufzug großen Ruhm eingebracht und erfüllte ebenso wie die Sandsteinketten, von denen die zweite im Jahre 1425 gelegt wurde, voll und ganz seinen Zweck. Nie zuvor hatte der Stern Filippos heller gestrahlt. Um seinen Triumph vollständig zu machen, war Lorenzo Ghiberti ein paar Monate zuvor von seinen Pflichten als *capomaestro* entbunden worden, wobei möglicherweise die Intrige Filippos eine Rolle spielte, als er Lorenzo allein vor dem Problem mit der Holzkette stehen gelassen hatte. Kurz darauf erhielt Lorenzo zwar Amt und Würden zurück, allerdings mit noch enger eingegrenztem Verantwortungsbereich und weniger Macht als zuvor. Die «Ghiberti-Partei» war am Tiefpunkt angelangt.

Giovanni da Pratos Eingabe bei der Domopera erschöpfte

sich keineswegs in den Klagen über die «fehlerhafte» Mauerkrümmung der Kuppel. In seinem Schreiben kam er auch wieder auf eine Frage zurück, die ihn bereits einige Jahre zuvor beschäftigt hatte: das Licht im Dom; damals hatte er sich darüber beklagt, dass die Kathedrale nur von acht Fenstern im Tambour und dem Oculus an der Spitze erhellt würde, wodurch das Innere der Kirche «dunkel und trist» wirke. Um dies zu beweisen, zeichnete er einen Teil des Domes und zeigte, dass die Helligkeit eines Sonnenstrahls, der durch eines der Fenster im Tambour fiel, nicht ausreichte, um die *cupola* darüber oder das Oktogon darunter zu erleuchten.

Das Licht spielte in den Planungen für den Bau einer Kathedrale immer eine große Rolle. Gotische Baumeister hatten riesige Fenster aus farbigem Glas errichtet, damit die Sonnenstrahlen das Innere ihrer Gotteshäuser mit einer wahren Lichtflut erfüllten. Aber die Vorzüge «heller» oder «dunkler» Kirchen waren ein Thema, das in der Renaissance neu diskutiert wurde. Alberti zum Beispiel erklärte, eine Kirche müsse innen dunkel sein und dürfe nur von Kerzen und Lampen beleuchtet werden. Doch Giovannis Klagen über die finstere Santa Maria del Fiore hallten ein Jahrhundert später in Rom wider, als Michelangelo, nachdem er die Bauleitung des Petersdomes übernommen hatte, seinem Vorgänger im Amt des *capomaestro*, Antonio da Sangallo, vorwarf, eine Kuppel entworfen zu haben, die das Gotteshaus so dunkel werden ließe, dass sich dort Verbrecher verstecken und Nonnen vergewaltigt werden könnten.

Nach Giovannis Ansicht gab es nur eine Möglichkeit, die Santa Maria del Fiore vor dem Schicksal zu bewahren, in Düsternis zu versinken: Er drängte die Verantwortlichen der Opera, seinen alten, bereits abgelehnten Plan, vierundzwanzig Fenster an der Basis der *cupola* anzubringen, wieder aus der Vergessenheit zu holen und neu zu überdenken. Giovannis Tonfall wurde düster und apokalyptisch: «*Per dio uogliate pro uederui*», flehte er die «Operai» an («Um Gottes willen, kümmert euch darum!»). Auch bei diesem Vorstoß ging es ihm wieder darum, sich selbst von aller Verantwortung freizusprechen, falls etwas schief ging: «Ich habe dies geschrieben, um frei von Schuld zu sein, falls nichts unternommen wird, dieses Problem zu lösen.»

Erneut trafen Giovannis Bitten auf taube Ohren. In den Änderungs- und Ergänzungsvorschlägen zum Kuppelprojekt vom Januar 1426 (nachdem bereits 1422 ein erstes Änderungs- und Verbesserungsprogramm vorgelegt worden war) schrieb Filippo: «Was die Lichtverhältnisse angeht, so haben wir keinen speziellen Vorschlag gemacht, weil wir der Meinung sind, dass die Ausleuchtung durch die acht Fenster [im Tambour] reicht.» Sollte man feststellen, dass *doch* mehr Licht benötigt würde, fügte er hinzu, könnten an der Decke der Kuppel weitere Fenster eingesetzt werden – ein Vorschlag, über den Giovanni bereits wütend erklärt hatte, «nur ein Narr mit beschränktem Verstand» könne ihn unterbreiten. Es war offensichtlich, dass die Opera eher für Filippo Partei ergriff als für seinen Kritiker, da die *cupola* weiterhin ohne irgendwelche Änderungen errichtet wurde, mit der gleichen Wölbung der Kuppelschalen und ohne Fenster an der Basis; außerdem erhielt Filippo einige Wochen später eine Gehaltserhöhung. Giovanni wurden derweil zehn Goldflorinen für seinen Vorschlag bezahlt – und von nun an spielte er beim Bau der Kuppel bloß noch eine Nebenrolle.

Doch diese Auseinandersetzung sollte nicht die letzte zwischen Filippo und Giovanni da Prato bleiben. Kurz darauf nahm der *capomaestro* die Arbeit an einer weiteren Erfindung auf, die ihm jedoch erheblich weniger Erfolg und Wertschätzung einbrachte als die vorhergegangenen – und Giovanni witterte eine neue Gelegenheit, seinen Rachedurst zu stillen.

11. KAPITEL

Ziegel und Mörtel

TROTZ SEINES ERFOLGES in den frühen Jahren des Kuppelbaus dürfte es Filippo zu schaffen gemacht haben, dass die «Operai» noch einmal zur Beratung zusammentrafen, sobald die Kuppel eine Höhe von 30 *braccia* erreicht hatte, um darüber zu entscheiden, ob die *cupola* weiterhin ohne Lehrgerüst gebaut werden sollte. Diese Entscheidung fiel Anfang 1426, nachdem die zweite Sandsteinkette gelegt worden war. Die Kuppel erhob sich inzwischen gut 20 Meter über den Tambour, und die nach innen geneigte Kuppelwandung hatte den kritischen Winkel von 30 Grad erreicht; sobald dieser Winkel überschritten war, würden die Reibungskräfte allein das Mauerwerk nicht mehr halten können, bis der Mörtel getrocknet war.

Im Unterschied zu der hitzigen Debatte, die entbrannt war, als Filippo seinen Bauplan zum ersten Mal vorlegte, verliefen die Diskussionen, ob die Errichtung der *cupola* weiterhin ohne Lehrgerüst fortgeführt werden sollte, im Jahre 1426 offenbar sachlich. Der *capomaestro*, nun auf der Höhe seiner Macht, trug den Sieg davon: «Wir empfehlen immer noch kein Lehrgerüst», heißt es im verbesserten Bauprogramm, das auch die Schwierigkeiten schildert, die erforderlichen Standgerüste zu bauen. Also würden die Maurer die Ziegelschichten weiterhin ohne Lehrgerüst legen, obwohl der Winkel der beiden Kuppelschalen zunehmend steiler wurde. Doch es blieb abzuwarten, ob dieses Meisterstück tatsächlich vollbracht werden konnte.

Die Dokumente vom Februar 1426 geben nicht den geringsten Hinweis darauf, wie Filippo seinen Plan in die Tat umsetzen wollte. Zur gleichen Zeit, da die Entscheidung fiel, auch den letzten Teil der Kuppel ohne Lehrgerüst zu bauen, wurde ein weiterer Zusatzantrag angenommen: In bestimmten Teilen der *cupola* sollten speziell geformte Ziegel in einem besonderen Verbund gemauert werden. Beide Kuppelschalen wurden inzwischen vorrangig aus Ziegeln errichtet und nicht mehr aus Sandstein, wie er noch am Fuß der *cupola* verwendet worden war. Das Zwölfpunkteprogramm von 1420 hatte festgelegt, dass nach Erreichen einer Höhe von 24 *braccia* (etwa 14 Meter) aus Gründen der Gewichtsersparnis entweder Ziegel oder Tuffstein benutzt werden sollten. Die Wahl fiel letztlich auf Ziegel, weil Tuffstein in der Gegend um Florenz nicht vorkam und deshalb hätte importiert werden müssen. So schloss die Domopera Lieferverträge für Hunderttausende von Ziegeln ab, und Filippo machte sich daran, für die Ziegel spezielle Schablonen aus Holz zu entwerfen.

Die Größe von Ziegeln war in Florenz genau festgelegt.[54] Das «Basismodell», das vom Bauhandwerk benutzt wurde, war der etwa 25 Zentimeter lange und 12,5 Zentimeter breite *mattone*. Sämtliche Ziegeleien mussten die Schablonen für ihre Ziegel, die mit einem offiziellen Siegel versehen waren, Beamten der Stadt vorzeigen; die Formen wurden auch von den Kunden und den Inspektoren der Maurerzunft begutachtet, die mit ihren typischen blauen Mützen und den silbernen Abzeichen bei den Ziegelfabrikanten erschienen.

Doch für die *cupola* wurden andere, außergewöhnliche Formen benötigt: dreieckige oder rechteckige Ziegel, Ziegel mit Verzahnungen oder mit hervorstehendem Rand und Ziegel, die so geformt waren, dass sie in die Ecken des Oktogons passten. Die Größe dieser Ziegel war sehr unterschiedlich und die Schablonen, die als Vorlagen dienten, so zahlreich, dass Filippo bald das Pergament ausging und er zum Improvisieren gezwungen war: Er griff auf Palimpseste – Schriftstücke, deren ursprünglicher Text getilgt wurde, damit man sie neu beschriften konnte – zurück und zeichnete seine Entwürfe auf Seiten, die er aus alten Büchern herausriss, die speziell zu diesem Zweck gekauft worden waren.

Die Entwürfe und Schablonen wurden dann zu einem Fassbinder geschickt, der nach diesen Vorgaben die hölzernen Formen anfertigte, die anschließend zur Herstellung der Ziegel verwendet wurden. Sobald eine Gussform fertig war, wurde sie zu einer der Ziegeleien gebracht, die sich normalerweise in der ländlichen Umgebung der Stadt befanden, vor allem aus zwei Gründen: zum einen sollte Florenz die Belästigung durch Feuer und Rauch erspart bleiben, zum anderen sollten sich die Brennöfen in der Nähe der Tongruben befinden und auch problemlos mit Holz und Reisig versorgt werden. Nachdem der Ton aus den Gruben gewonnen war, wurde er von barfüßigen Männern, die ihn wie Trauben in einem Weinbottich traten, sorgfältig und gleichmäßig durchmischt. Das Ergebnis war ein «gekneteter Mörtel», der dann in die Holzformen kam. Sobald der Mörtel vorgehärtet war, wurde er im letzten Arbeitsgang gebrannt. Dieser Brennvorgang dauerte mehrere Tage, doch weil die Temperatur im Ofen 1000 Grad Celsius betrug, mussten die Ziegelbrenner fast zwei Wochen warten, bis die Ziegel sich so weit abgekühlt hatten, dass sie zur Baustelle transportiert werden konnten. Ein Brennofen konnte im Durchschnitt 20 000 Ziegel aufnehmen; wurde er alle drei Wochen befeuert, ergab dies eine jährliche Kapazität von mehr als 300 000 Ziegeln. Doch selbst bei dieser gewaltigen Leistung hätte es mit nur einem Brennofen mehr als dreizehn Jahre gedauert, die für den Bau der *cupola* erforderlichen Ziegel herzustellen.

Manetti behauptet, Filippo habe jeden Ziegel, der in der Kuppel vermauert werden sollte, persönlich begutachtet. In Anbetracht der Tatsache, dass vier Millionen Ziegel benötigt wurden, ist das mit Sicherheit übertrieben. Doch die Qualitätskontrolle besaß für den *capomaestro* offenbar eine herausragende Bedeutung. War der Mörtel nicht gut genug durchmischt, konnten beim Brennen Risse im Material entstehen, oder der Ziegel schrumpfte; ganze Lieferungen wurden zurückgeschickt, wenn die Ziegel Filippos strengen Qualitätsanforderungen nicht entsprachen. Idealerweise wurde der Ton im Herbst gewonnen und nach dem Vermischen und Formen in Sand vergraben, um winterliche Frostschäden zu vermeiden. Im Sommer wurden die ungebrannten Ziegel dann ausgegraben und in Lagen aus feuchtem Stroh gebettet, um zu verhindern, dass sie in der Hitze zersprangen. Alberti weist darauf hin, dass ein Ziegel zwei Jahre lang trocknen müsse, bevor er gebrannt werden könne – ein Vorgang also, der ebenso zeitaufwendig war wie die bereits angesprochene Behandlung des Holzes, das zur Herstellung der Ketten benutzt wurde. Das Brennen von Ziegeln war überdies eine sehr schmutzige Arbeit: In Florenz scherzte man darüber, dass nur die Ziegelbrenner sich die Hände wuschen, *bevor* sie das stille Örtchen aufsuchten.

Von gleicher Wichtigkeit für den Bau der Kuppel war die Qualität des Mörtels; auch in diesem Zusammenhang behauptet Manetti, Filippo habe sich persönlich darum gekümmert. Im Mittelalter wurde Mörtel hergestellt, indem Sand, Wasser und ungelöschter Kalk (Kalziumoxyd) vermischt wurden, wobei man Letzteren durch das Brennen von Kalkstein in einem Kalkbrennofen gewann.[54a] Für ein so riesiges Bauwerk wie die Kuppel wurden natürlich gewaltige Mengen Mörtel benötigt. Die meisten Ziegelhersteller brannten sowohl Ziegel als auch Kalkstein, wobei sie für das Brennen des Kalksteins einen gesonderten Ofen benutzten, denn der Vorgang dauerte etwa drei bis vier Tage. Beim Kalkbrennen wurden mit dem Rauch gesundheitsgefährdende Giftstoffe freigesetzt. Doch da war noch eine viel größere Gefahr: Luftblasen im Kalkstein konnten zu Explosionen im Brennofen führen. Diese Lufteinschlüsse waren häufig durch Fossilien entstanden; ein Phänomen, über das Steinmetzen aus nahe liegenden

Gründen mehr wussten als sonst jemand. Diese versteinerten Überreste erregten großes Interesse: Fasziniert beschreibt Alberti, im Inneren eines solchen Sandsteinblocks vielbeinige Würmer mit haarigen Rücken beobachtet zu haben.

Wie bereits angesprochen, beeinflusst die Zeitspanne, die der Mörtel zum Härten benötigt, auch die Wahl der bei einem Bau angewandten Techniken. Mittelalterlicher Mörtel härtete in zwei Phasen. Die erste war nach wenigen Stunden beendet, sobald der Mörtel seine Plastizität bzw. Formbarkeit verlor, während die zweite Phase sehr viel länger währte. In dieser zweiten Stufe musste das Kohlendioxyd von der Atmosphäre absorbiert werden, um das Kalziumhydroxyd in der Mörtelmasse wieder in Kalziumkarbonat zurückzuverwandeln, den Grundstoff des Kalksteins; dies ist derselbe chemische Prozess, der – wenn auch in viel längeren Zeiträumen – die Stalaktiten an den Decken von Kalksteinhöhlen entstehen lässt, indem das Kohlendioxyd die kalkhaltige Substanz im Tropfwasser wieder in ihren «Urzustand», den Kalkstein, verwandelt.

Alberti behauptet nun, dass eine Bestimmung möglich sei, wann diese zweite Phase der Mörtelhärtung einsetzt, weil der Mörtel dann «eine Art Moos oder kleine Blume sprießen lässt, die jeder Maurer sehr gut kennt.» Es ist schwer zu sagen, auf welche Pflanze Alberti sich hier bezieht, wenngleich die wahrscheinlichsten Kandidaten aus den Familien der *Bryum*, der *Tortula (T. muralis)* und der *Grimmia (G. pulvinata)* stammen – allesamt Moospflanzen, die auch an Kalksteinwänden gedeihen und die mehrere Monate, nachdem der Mörtel aufgetragen wurde, zu wachsen beginnen. Verschiedentlich wurde die Vermutung geäußert, Filippo habe den Prozess der Mörtelhärtung vielleicht beschleunigt, indem er einen schnellbindenden Mörtel benutzte, möglicherweise sogar *pozzolana*, was in der Tat eine bemerkenswerte (Wieder-)Entdeckung gewesen wäre; dann nämlich hätte Filippo diesen «römischen» Mörtel nach tausend Jahren als Erster wieder benutzt. Doch mineralogische Untersuchungen, die vor etwa dreißig Jahren vorgenommen worden sind, haben das Ergebnis erbracht, dass beim Bau der *cupola* der gleiche Mörtel verwendet wurde wie beim Bau des Domgebäudes. Auf jeden Fall aber konnte Natriumkarbonat – oder Sodaasche – nachgewiesen werden, ein Mineral, das bei der Glasherstellung verwendet wird. Und dieses Mineral hätte, ob es nun rein zufällig oder mit Absicht gebraucht wurde, dazu geführt, dass der Mörtel ziemlich schnell gehärtet hätte.[55]

Mörtel wurde stets auf der Baustelle angerührt. Dieser Arbeitsvorgang dauerte ungefähr einen Tag; der ungelöschte Kalk musste gut angerührt, also gründlich mit Wasser vermischt werden, andernfalls stürzte das Mauerwerk unweigerlich ein. In Florenz wurden der ungelöschte Kalk und das Wasser hoch oben an der *cupola* angerührt, weil die Mischung breiig und formbar sein musste, wenn sie aufgetragen wurde. Kalk, Sand und Wasser wurden also zur Kuppel hinaufgehievt; dort wurde der Kalk gelöscht und anschließend mit dem Sand vermischt. Beim Löschen des Kalks entstand eine gewaltige Hitze: Er dehnte sich aus und zerfiel dann zu Pulver. Eine der Gefahren beim Anrühren des Mörtels bestand darin, sich die Hände am ungelöschten Kalk zu verätzen, denn es handelte sich dabei um eine korrodierende Substanz, die unter anderem dazu benutzt wurde, den Zerfall von Leichen zu beschleunigen und auf diese Weise den üblen Geruch und die Gefahr der Ausbreitung von Krankheitserregern auf Friedhöfen einzudämmen. Außerdem wurde ungelöschter Kalk von Gerbern verwendet, um das Fell von Tierhäuten zu ätzen.

War der Mörtel angerührt, wurde er von den Maurern auf ihre Mörtelbretter gegossen und auf althergebrachte Weise mit Kellen über das Mauerwerk verteilt. Jede der acht Maurermannschaften legte die Ziegel vom inneren Kuppelrand zum äußeren, wobei die Horizontalschichten des Mauerwerks sich mit zunehmender Höhe der Kuppelwandungen immer mehr nach innen neigten. Beide Kuppelschalen wurden gleichzeitig errichtet, wobei die innere Schale eine Dicke von über 1,80 Metern erreichte, was mehr als zehn Ziegeln in der Breite entsprach. Die äußere, viel dünnere Schale war nur ein Drittel so stark.

Die Arbeiten gingen langsam voran, weil die acht Maurermannschaften stets warten mussten, bis der Mörtel des zuletzt gemauerten Horizontalringes die erforderliche Festigkeit erreicht hatte, bevor der nächste Ring gemauert werden konnte. Die durchschnittliche Geschwindigkeit wurde auf weniger als einen fertig gemauerten Ring in der Woche geschätzt,[56] was bedeuten würde, dass die *cupola* jeden Monat um ungefähr 30 Zentimeter in die Höhe wuchs. Hätte man die Kuppel mit einem Lehrgerüst gebaut, wäre ein viel höheres Arbeitstempo erforderlich gewesen, denn das Holz hätte sich unter dem gewaltigen Gewicht mit der Zeit verzogen. Eine Konstruktion wie die *cupola* hätte vermutlich gar nicht schnell genug erbaut werden können, um die Deformation des Holzes zu verhindern – ein Grund mehr also, die Kuppel ohne Lehrgerüst zu bauen.

Für die Maurer brachen gefährliche Zeiten an, da sie nun an Wänden arbeiten mussten, die sich auf beängstigende Weise nach innen neigten. Wäre ein Lehr- oder Standgerüst errichtet worden, hätten die Arbeiter stets ein beruhigendes Gefüge aus Balken unter sich gewusst, an dem sie sich bei einem Sturz hätten festhalten können und das den Blick in die Tiefe verwehrt hätte. Doch ohne Standgerüst gab es nichts dergleichen: Die Maurer bewegten sich auf dünnen *ponti* – schmale Arbeitsplattformen aus Weidengeflecht, das durch Holzstäbe verstärkt wurde, die man ins Mauerwerk steckte – um den Rand der *cupola* herum. Unter ihnen gähnte ein tiefer Abgrund. Um die Nerven der Männer zu beruhigen, ließ Brunelleschi an der Innenseite der Kuppel einen *parapetto* bauen, eine Art Arbeitsbühne, die aus mehreren Brettern bestand, die über Hängegerüste gelegt waren, die innen an der Kuppelwandung hingen. Diese Bühne war um vieles größer als die *ponti* und diente sowohl als «Sicherheitsnetz» wie auch (und vor allem) als Sichtschirm, der den Arbeitern den Schwindel erregenden Blick in den Abgrund verwehrte. In den Dokumenten heißt es, der *parapetto* diene dazu, «die Meister vom Blick in die Tiefe abzuhalten».

Doch gab es noch weitere Sicherheitsvorkehrungen. Die Maurer, die hoch oben an den Kuppelwandungen arbeiteten, trugen lederne Sicherheitsgeschirre, und ihr Wein war zu einem Drittel mit Wasser verdünnt – eine Mischung, die üblicherweise nur schwangeren Frauen vorbehalten war. Jeder, der gegen diese Regel verstieß, musste eine Geldstrafe von zehn Lire zahlen, was dem Lohn für elf Tage Arbeit entsprach. Außerdem war den Männern untersagt, ihre Werkzeuge, ihr Essen und – schlimmer noch – sich selbst im Tragekorb des Lastenaufzugs in die Höhe ziehen zu lassen. Überdies durften sie in den Lastkörben nicht bis an die Wände der Kuppel pendeln, um dort Tauben zu fangen, die im Mauerwerk der *cupola* nisteten. Nistende Tauben waren für Maurer ein ständiges Ärgernis. Beim Bau der Westminster Abbey mussten Segeltuchplanen ausgespannt werden, um die Vögel daran zu hindern, sich zwischen den Steinen und Balken des halb fertigen Bauwerks niederzulassen. Die Tauben, die von den Maurern der Santa Maria del Fiore so wagemutig und ausdauernd gefangen wurden, bevor das Verbot ihnen einen Riegel vorschob, waren allerdings wohl auch für die Kochtöpfe vorgesehen, ein Schicksal, das ebenso Amseln traf, denn Fleisch war für die Arbeiter ein seltener Luxus und wurde fast nur an Sonntagen genossen.

Diese unterschiedlichen Sicherheitsvorkehrungen zeigten offenbar Wirkung: Nach den beiden Todesstürzen an der südlichen Apsis im Sommer 1420 ist nur noch ein weiterer tödlicher Unfall überliefert, bei dem ein Maurer namens Nenno di Chello im Februar 1422 abstürzte. Insgesamt eine beinahe unglaublich niedrige Unfallrate, wenn man die große Zahl der beschäftigten Männer berücksichtigt, die Arbeitsumstände und die vielen Jahre Bauzeit bis zur Fertigstellung der Kuppel.

Die Kuppelschalen wuchsen in die Höhe, und ihr Durchmesser verringerte sich allmählich, da die *cupola* sich mehr und mehr nach oben verjüngte. Folglich wurden immer weniger Ziegel benötigt – und zunehmend weniger Maurer. Im April 1426 wurden gleich fünfundzwanzig Mann entlassen, allerdings könnten in diesem Fall auch heftige Diskussionen über die Arbeitsverhältnisse der Grund gewesen sein. Manetti behauptet, die Maurer hätten sich «in selbstsüchtiger Absicht zusammengetan» – was gegen die florentinischen Gesetze verstieß – und für höhere Löhne gestreikt. Solche Streiks waren in Florenz nicht unbekannt, denn die allmächtigen Zünfte sperrten sich dagegen, den Arbeitern – obwohl ihr eigenes Wohlergehen von diesen Männern abhing – größere Freiheiten einzuräumen. Schon im Jahrhundert zuvor hatte es Streiks gegeben, konspirative Treffen, ja steinewerfende Menschenmengen, wie auch die ersten Ansätze zu gewerkschaftsähnlichen Arbeitervereinigungen. Regelrechte Aufstände waren die Folge gewesen.[57] Das berühmteste Beispiel einer solchen Arbeitererhebung war der so genannte Ciompi- oder Wollkrempler-Aufstand von 1378, als die vielfach unterdrückten und benachteiligten Tuchmacher sich gegen ihre Herren erhoben, bei gewalttätigen Massenaufständen die Paläste der aristokratischen Familien in Brand setzten und zeitweise die Macht in der Republik an sich rissen.

Zu einem solchen Aufstand durfte es beim Bau der Santa Maria del Fiore auf gar keinen Fall kommen. Filippo reagierte entschlossen und rücksichtslos, entließ die Maurer auf der Stelle und ersetzte sie durch lombardische Arbeiter, womit er jene Streikbrecher-Technik benutzte, die in späteren Jahrhunderten immer wieder von Gewerkschaftsgegnern angewandt wurde. Plötzlich ohne Lohn und Brot, erbaten die entlassenen Maurer bei Filippo kleinlaut ihre Wiedereinstellung. Vasari, der diese Geschichte ebenfalls überliefert, berichtet voller

Schadenfreude, Filippo habe die Männer tatsächlich wieder eingestellt, allerdings für einen geringeren Lohn, «so dass sie Einbußen hinnehmen mussten, statt mehr Geld zu bekommen, wie sie geglaubt hatten. Indem sie ihrem Zorn auf Filippo Luft machten, schadeten sie sich nur selbst und brachten Schande über sich».[58]

Auch wenn alles, was Brunelleschi anpackte, immer ungewöhnlich einfallsreich und schwierig war, darf man doch davon ausgehen, dass die Maurer, Steinmetzen und Hilfsarbeiter zu Anfang verwundert darüber waren, was der *capomaestro* nun von ihnen verlangte. Die Ziegel wurden nicht bloß in Horizontalschichten gemauert; in regelmäßigen Abständen sollten diese Schichten – in beiden Kuppelschalen – auch von größeren Ziegeln unterbrochen werden, die am Ende einer jeden Horizontalschicht im rechten Winkel zu den anderen Ziegeln, also aufrecht stehend, vermauert wurden. Dieses Mauerwerk nach dem Prinzip des *spina di pesce* (Fischgrätverbund) wird im geänderten und ergänzten Bauprogramm von 1426 erwähnt. Die vertikalen Ziegel, von denen jeder durch vier oder fünf Horizontalschichten führte, stiegen in quer verlaufenden Bändern bis zur Spitze der Kuppel an und bildeten das erwähnte Zickzack- oder Fischgrätmuster. Filippo muss gewusst haben, dass die spiralig verlaufenden Bänder aufrecht stehender Ziegel statische Schwachpunkte bildeten, denn sie konnten keinem so hohen Seitendruck standhalten wie eine auf herkömmlichere Weise gemauerte Kuppelwandung. Die Gefahr, dass sich Risse bildeten, wuchs somit.[59] Warum hat Filippo Brunelleschi sich dennoch für den Fischgrätverbund entschieden?

Der Grund ist in den besonderen statischen Eigenschaften von Bögen und Kuppeln zu suchen. Eine Kuppel wird nach dem Prinzip eines Bogens errichtet, dessen Ziegel, wie wir gesehen haben, durch die Reibung gehalten werden, die durch das Eigengewicht jedes Ziegels entsteht. Sobald die Rundung

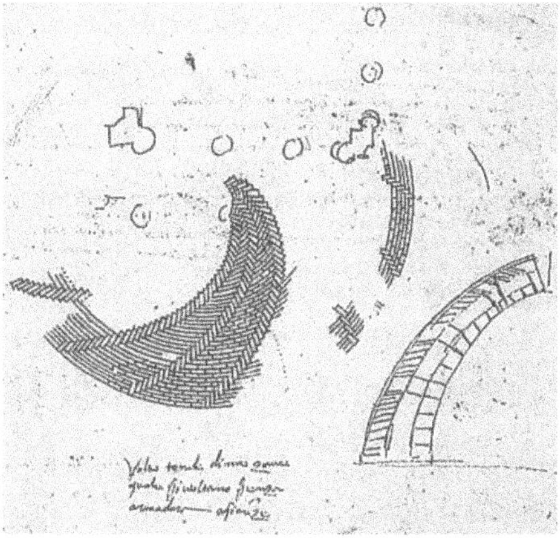

15. Das Mauerwerk im Fischgrätmuster

eines Bogens abgeschlossen ist, stehen sämtliche Ziegel unter Außendruck, und der Bogen wird zu einer selbsttragenden Konstruktion. Doch Probleme beim Bau einer Riesenkuppel wie der des Domes zu Florenz entstehen auch dadurch, dass die horizontalen Ziegellagen zeitlich nicht unmittelbar nacheinander gemauert werden können. Deshalb wurde eine Art vorübergehender Abstützung benötigt, bis sämtliche Ziegelschichten gemauert und der Mörtel gehärtet war, denn solange die Horizontalschichten nicht vollständig waren, neigten die Kuppelwandungen dazu, aufgrund ihres Eigengewichts nach innen zu brechen.

Filippo benutzte den Fischgrätverbund, um dieser Tendenz entgegenzuwirken, indem er durch die senkrecht gemauerten Ziegel ein Abrutschen der horizontalen Lagen verhinderte und die Kuppelwandung auf diese Weise zu einer selbsttragenden Konstruktion machte; nach den Worten von Giovanni Battista Nelli, der mehr als zweihundert Jahre später *capomaestro* des Domes war, dienten die aufrecht stehenden Ziegel in den Horizontalschichten als *morse* (Zangengriffe) oder «Klammern». Bei seinen Beobachtungen erkannte Nelli überdies, dass Filippo in Höhe der zweiten Sandsteinkette – wo die Innenneigung der Kuppelwandungen begann – ein verändertes Ziegelmuster mauern ließ und dass eben dieses Muster als Stützhilfe für die Horizontalschichten diente, während der Mörtel härtete. Die Horizontalschichten werden in Abständen von ungefähr einem Meter von den aufrecht stehenden Ziegeln unterbrochen, wodurch die typischen, schräg verlaufenden «Ziegelbänder» entstehen, die jede neue Horizontalschicht in kürzere, ungefähr fünf Ziegel lange Sektionen unterteilen. Während der Bauphase waren diese Sektionen durch die vertikal geschichteten Ziegel mit mehreren darunter liegenden, *fertig* gemauerten horizontalen Ziegellagen verbunden. Mit anderen Worten: Die vertikalen Ziegel drückten die frisch gemauerten horizontalen Sektionen von beiden Seiten wie Bücherstützen zusammen und verbanden sie auf diese Weise mit den bereits gemauerten, selbsttragenden Horizontalschichten darunter.

Die noch unvollständigen Horizontalschichten wurden also nicht durch eine innere Stützvorrichtung wie etwa ein Lehrgerüst getragen, sondern durch Druckkräfte, die durch die senkrecht stehenden Ziegel von beiden Seiten auf die horizontalen Sektionen wirkten. Noch bevor ein Horizontalring fertig gestellt und der Mörtel gehärtet war, wurden die kurzen Ziegelsektionen in selbsttragende horizontale Bögen umgewandelt, die der nach innen wirkenden Schwerkraft standhalten konnten. Insofern ist das Fischgrätmuster von essentieller Bedeutung für die Konstruktion der Kuppel – ein geniales System, das jedes Gerüst überflüssig machte. In seinem Werk *Über die Architektur* bezeichnet Alberti diese Technik später als unerlässlich, um ein Gewölbe ohne Stützgerüst zu errichten, «weil verbindende Glieder die schwächeren Teile mit den stärkeren verknüpfen». Er vergleicht das Ergebnis mit dem menschlichen Körper, bei dem die Natur «die Knochen mit den Knochen zusammenfügt und das Fleisch mit den Sehnen verbindet, indem sie Verknüpfungen in sämtlichen Richtungen herstellt: in der Länge, der Breite, der Tiefe und in der Schräge».

Wann und wo Filippo den Fischgrätverbund zum ersten Mal gesehen hat, lässt sich nicht genau bestimmen. Natürlich war die *spina di pesce*-Technik den Baumeistern und Maurern schon seit Jahrhunderten bekannt. Die Römer machten ausgiebig Gebrauch von dieser Ziegelanordnung, die sie als *opus spicatum* bezeichneten; dieses Muster findet man auch in den Fachwerkmauern englischer Gebäude im Tudor-Stil. Doch in beiden Fällen ist der Fischgrätverbund eher dekorativer als bautechnischer bzw. statischer Natur; die Römer benutzten diese Technik lediglich bei den ornamentalen Verzierungen der Fußböden ihrer Villen.[60]

Auch außerhalb Europas, bei bestimmten persischen und byzantinischen Kuppelbauten, sind Strukturen aus ineinander verschachteltem Mauerwerk ähnlich dem der *cupola* zu beobachten, was einige Gelehrte zu der Vermutung veranlasste, Filippo könnte diese fernen Länder bereist haben. Die Theorie ist nicht gänzlich von der Hand zu weisen, berücksichtigt man zum einen die Handelsbeziehungen mit Kleinasien (das man in Italien bereits im dreizehnten Jahrhundert so gut kannte, dass Marco Polo es nicht für der Mühe wert erachtete, diese Länder in seine Reisebeschreibungen aufzunehmen), zum anderen die vielen «verlorenen» Jahre Filippos zwischen 1401 und 1418. Es ist auch möglich, dass er vom Hörensagen von diesen Kuppeln wusste, etwa aus den Erzählungen von Kaufleuten, die aus Asien heimkehrten; vielleicht berichteten ihm sogar einige der vielen muslimischen Sklaven in Florenz darüber. Es gab keine wohlhabende Familie in der Stadt, die nicht mindestens ein Paar dieser «häuslichen Feinde» beschäftigte (wie Petrarca sie nannte); darunter waren Türken, Parther und Chaldäer, allesamt aus dem Nahen Osten.[61] Doch die Mehrheit dieser Sklaven waren junge Frauen, deren Wissen über morgenländische Kuppel- und Gewölbebautechniken äußerst bescheiden gewesen sein dürfte.

Nachdem Giovanni Nelli sich das Mauerwerk der Kuppel genau angeschaut hatte, gelangte er zu der Ansicht, diese Methode könne überall angewendet werden, und stellte sich ungeheure Bauwerke vor. «Wenn man auf diese Weise vorgeht», schreibt er, «kann jedes gewölbte Gebäude in jeder Größe und bis in jede nur erdenkliche Höhe errichtet werden, ohne dass Lehr- oder Stützgerüste benutzt werden müssten.» Die Kuppel einer anderen Florentiner Kirche, die Filippo entworfen hat, die Santo Spirito, wurde später ebenfalls auf diese Weise errichtet, und auch Antonio da Sangallo der Jüngere machte im darauf folgenden Jahrhundert Gebrauch von dieser Technik. Doch die Behauptung Nellis wurde in ihrer ganzen Tragweite niemals in der Praxis erprobt – nur bei der Santa Maria del Fiore, aus dem einfachen Grund, weil niemals eine größere gemauerte Kuppel als die *cupola* Filippos erbaut wurde.

12. KAPITEL

Kreis um Kreis

Im Buch Genesis heißt es, dass nach der Sintflut, als alle Menschen noch die gleiche Sprache sprachen und dieselben Worte gebrauchten, einige Nachkommen Noahs nach Osten reisten, in die Wüsten Babyloniens, dem heutigen Irak. In der Hoffnung, sich einen Namen zu machen, gründeten diese neuen Bewohner von Babylonien eine riesige Stadt mit Namen Babel oder «das Tor Gottes»: «Und sie sagten: Auf, bauen wir uns eine Stadt und einen Turm, dessen Spitze bis in den Himmel reicht, und machen wir uns damit einen Namen ...» (Genesis 11, 5)

Der Rest der Geschichte ist wohl bekannt. Sie ist eine Parabel über den ehrgeizigen Stolz der Menschheit und besonders der Baumeister. Aus gebrannten «Lehmziegeln» und «Erdpech» (Genesis 11, 4), das sie anstelle von Mörtel benutzten, begannen die Babylonier einen Turm zu bauen, der bis in unglaubliche Höhen emporragen sollte. Doch dieser Turm wurde nie vollendet. Erzürnt über den Menschen, der es wagte, bis in den Himmel vorzudringen – weit über den Ort hinaus, der ihm auf Erden zugewiesen war –, verwirrte Gott die Zungen der Arbeiter, so dass keiner mehr die Sprache des anderen verstehen konnte. So kann es nicht verwundern, dass dieses ehrgeizige Bauvorhaben vorzeitig und auf eine so unglückselige Weise endete.

Einige Wissenschaftler haben die Vermutung geäußert, dass die Geschichte vom Turmbau zu Babel ein Versuch der Hebräer gewesen sei, die Existenz der gewaltigen, halb verfallenen Zikkurat[61a], der terrassenförmigen Tempeltürme, zu erklären, die von den Sumerern, der ältesten Zivilisation der Welt, seit dem dritten vorchristlichen Jahrtausend erbaut worden waren. Außerdem, so die Wissenschaftler, soll die Geschichte vom Turmbau die Vielfalt der Sprachen erklären, denn in der Bibel heißt es, dass die Einwohner Babels, die nun in Myriaden verschiedener Zungen redeten, von Gott über das Antlitz der Erde verstreut wurden, nachdem sie den Turmbau aufgegeben hatten, wobei neue Königreiche entstanden, und in jedem Reich wurde eine andere Sprache gesprochen. Zugleich ist die Geschichte vom Turmbau zu Babel eine «architektonische Variation» der Geschichte vom menschlichen Sündenfall. Der Ehrgeiz, bis in den Himmel vorzudringen – und dadurch mit Gott zu wetteifern –, erinnert an Adam und Eva, die von der Schlange verführt wurden, im Garten Eden verbotenes Wissen zu erlangen, indem sie den Apfel vom Baum des Lebens aßen. Der große Turm als Brücke zwischen Gott und den Menschen wird zu einem architektonischen Äquivalent des Lebensbaumes, der ebenfalls die Unterschiede zwischen dem Schöpfer und seinen Geschöpfen aufhebt.

Überdies hatten Bauwerke von gewaltigen Ausmaßen viele Völker der Antike vor moralische Probleme gestellt.[62] Eine Reihe römischer Autoren missbilligte den Bau großer Gebäude, sei es aufgrund der Nutzlosigkeit solcher Bauwerke oder wegen des ungeheuren Aufwands, den ihre Errichtung mit sich brachte. Plutarch beispielsweise verurteilte die riesigen Thermen und Paläste des Kaisers Domitian, und sowohl Plinius als auch Frontinus übten scharfe Kritik an den sieben Weltwundern; Plinius betrachtete sie abschätzig als närrische Zurschaustellung immensen königlichen Reichtums. Im Unterschied dazu dienten die ebenfalls riesigen Aquädukte, die Frontinus erbauen ließ, dem wichtigen Zweck, die Bürger von Rom mit frischem Wasser zu versorgen.

Doch nicht nur in der Antike, auch im Mittelalter und in der Gegenwart haben große Bauwerke moralische Probleme aufgeworfen. Im zwölften Jahrhundert wetterte Bernhard von Clairvaux gegen die gewaltige Höhe der neuen gotischen Kathedralen, die überall in Frankreich errichtet wurden. Eine ähnliche Auffassung findet sich in den Schriften von Leon Battista Alberti, der die Pyramiden ebenso scharf kritisiert wie in der Antike Plinius und Frontinus; Alberti schreibt, die «monströsen» Werke der Ägypter wären ein «verrückter Einfall» gewesen. In Anbetracht dessen ist sein überaus positives Urteil über die Kuppel der Santa Maria del Fiore (deren schiere Größe eine ihrer Tugenden ist, wie er schreibt) eine gelinde Überraschung:

Welcher Mensch, wie verhärtet und neidisch sein Herz auch sein mag, würde nicht Pippo [Filippo Brunelleschi], den Architekten, loben, wenn er dieses gewaltige Bauwerk erblickt, das sich über alle Himmelshöhen erhebt und riesig genug ist, um sämtliche Bewohner der Toskana mit seinem Schatten zu bedecken, und das ohne die Hilfe von Balken oder komplizierter Stützgerüste aus Holz erbaut wurde?

Die Erwähnung des «riesigen Schattens» mag eine Anspielung auf die ägyptischen Pyramiden sein, von denen man sagte, sie würden Schatten von mehreren Tagesreisen Länge werfen.[63] Doch im Unterschied zu den Pyramiden wird die *cupola* ihrer riesigen Ausmaße wegen nicht kritisiert, sondern gelobt – in diesem Fall hält Alberti die gewaltigen Dimensionen für gerechtfertigt, zum einen weil sie die dem Menschen von Gott verliehene Kraft zeigen, erfinderisch tätig zu sein, zum anderen, weil sie die Überlegenheit der florentinischen Kultur und Wirtschaft zur Geltung bringen. Filippo und seine Maurermannschaften scheinen sogar erfolgreich gewesen zu sein, wo die Baumeister des antiken Babylon versagt hatten, denn die Kuppel rage *über* die Himmel empor. Dadurch wiederum werden – zumindest für Alberti – die gottähnlichen Schöpferkräfte des Renaissance-Menschen bewiesen, der

16. Ausschnitt von Biagio d'Antonios Bild «Erzengel in einer Toskanischen Landschaft». Im Hintergrund der noch im Bau befindliche Dom.

durch Genies wie Brunelleschi seine Überlegenheit gegenüber den Alten, den Menschen der Antike, demonstriert.

Alberti verfasste diese berühmte Beschreibung der Kuppel, kurz nachdem er das halbfertige Bauwerk im Jahre 1428 das erste Mal zu sehen bekam, unmittelbar nach seiner Rückkehr aus dem Exil nach Florenz. Der wohlhabende Alberti-Klan war siebzehn Jahre zuvor aus der Stadt verbannt worden, als Leon Battista erst vier Jahre alt gewesen war; er war in Padua und Bologna aufgewachsen und sollte später mit seinen Schriften über Malerei und Architektur Berühmtheit erlangen. 1428 hingegen gründete sein Ruhm noch vorrangig auf einigen spektakulären Kunststücken, die von großen körperlichen Fähigkeiten zeugten. Er hatte eine eiserne Brustplatte mit einem Pfeil durchbohrt, er war mit geschlossenen Beinen über die Schultern von zehn Mann gesprungen, die sich in einer Reihe aufgestellt hatten. Er konnte Volten reiten, ohne dass eine auf der Fußspitze balancierte Gerte zu Boden fiel. Er hatte gelehrte Traktate über die Kunst der Navigation und das Verhalten seines Schoßhundes verfasst. Er erfand eine Scheibe, mit der sich Texte verschlüsseln ließen (eine Art Prototyp des Enigma-Dechiffriergeräts), sowie ein Astrolabium, ein astronomisches Instrument zur Winkelmessung an der Himmelssphäre, um damit die Ruinen Roms zu vermessen. Alberti war ein Universalgelehrter, den fast alles interessierte: Griechisch, Latein, Recht, Mathematik, Geometrie, Musik. Doch sein größtes Interesse galt der Architektur, insbesondere Filippos neunzig Meter hoher Kuppel, über die er einen Apfel werfen konnte, wie die Legende berichtet.

Zu beobachten, wie die *cupola* nach und nach über die Stadt emporwuchs, war für Alberti – wie für jeden Florentiner – ein grandioses und atemberaubendes Schauspiel. Wahrscheinlich war Alberti der aufgeschlossenste und bestinformierte Beobachter seines Zeitalters; ein zuverlässiger Augenzeuge jener Vorgänge und Tatsachen, die von Schriftstellern aus späterer Zeit angezweifelt wurden, vor allem der, dass die Kuppel ohne Lehrgerüst errichtet wurde. Außerdem traf er eine faszinierende theoretische Feststellung über diese architektonische Meisterleistung, von der er schreibt, dass «die Leute sie nicht für möglich halten»: Alberti behauptet, ein polygonales Gewölbe könne nur dann ohne Hilfe einer hölzernen Stützkonstruktion erbaut werden, wenn «in seiner Dicke ein Rundgewölbe enthalten ist».

Ein Jahrhundert nach Vollendung der *cupola* schrieb der Florentiner Dichter Giovanni Battista Strozzi über die Kuppel der Santa Maria del Fiore, sie sei «Kreis um Kreis» erbaut worden – *di giro in giro*. Dies bezieht sich zweifellos auf die Maurertechnik; auf das Wartenmüssen, bis der Mörtel einer Ziegelschicht gehärtet war, bevor die nächste in Angriff genommen werden konnte. Doch selbst wenn man Strozzi metaphorische und dichterische Freiheiten einräumt, sind die

Worte «Kreis um Kreis» eine immer noch ziemlich seltsame Beschreibung, zieht man in Betracht, dass die Kuppel nicht rund, sondern oktogonal ist – eine Tatsache, die sich jedem Betrachter offenbart. Die Probleme, die Kuppel zu errichten, sie «hochzumauern», waren eben darin zu suchen, dass sie *nicht* rund ist. Was also meint Alberti, wenn er schreibt, dass in der Dicke eines polygonalen Gewölbes ein Rundgewölbe enthalten ist? Und was meint Strozzi, wenn er sagt, die Kuppel sei «Kreis um Kreis» errichtet worden?

Der Fischgrätverbund des Mauerwerks, so genial er auch ist, hätte allein nicht verhindern können, dass die Kuppel nach innen einbricht. Filippos eigentlicher Geniestreich bestand darin, dass er eine Art kuppelförmiges Skelett errichten ließ – das Rippengewölbe –, auf dem die äußere, oktogonale Struktur der Kuppel Gestalt annahm. Wie bereits erwähnt, ist die innere Schale der *cupola* dicker und massiver als die äußere; die Wandung hat eine Stärke von fast drei Metern am Fuß und mehr als anderthalb Metern an der dünnsten Stelle – Dimensionen, die ausreichten, um im Inneren des Mauerwerks ein vollständiges Rundgewölbe von etwa 75 Zentimetern Dicke aufzunehmen. Rowland Mainstone, der britische Bauingenieur, der diese Werte im Rahmen einer Vermessung der Kuppel Mitte der 70er Jahre des 20. Jahrhunderts bestimmt hat, schreibt dazu: «[Die innere Schale] ist so konstruiert, als wäre sie eine Rundkuppel … von der jedoch innen und außen Teile weggeschnitten wurden, um die oktogonale Form des Klostergewölbes zu vermeiden».[64]

Die äußere Schale stellte ein Problem anderer Art dar. Mit einer Dicke von knapp einem Meter am Fuß und etwa 40 Zentimetern an der höchsten Stelle war die Wandung zu dünn, um eine Rundkuppel «in sich aufzunehmen». Wie aber konnte man es dann bewerkstelligen, dass auch die Außenschale – wie die innere – selbsttragend wurde? Sicher wäre es möglich gewesen, die Wandung der äußeren Kuppelschale durch einen Verbund aus Wölbgerüsten zu stützen, der zwischen den beiden Schalen angebracht wurde. Doch Filippo entschied sich für eine andere Lösung.

Ein Hinweis darauf, welche Methode beim Bau der äußeren Kuppelschale angewendet wurde, findet sich im 1426 vereinbarten Ergänzungs- und Änderungsprogramm zum Kuppelbau. In diesem Dokument – in dem auch der Fischgrätverbund zum ersten Mal Erwähnung findet – wird auf ein anderes Bauteil verwiesen, einen horizontalen Bogen, der an der Innenseite der äußeren Kuppelschale gemauert werden sollte: «Es müssen Ziegel in Form eines Bogens hergestellt werden, um den Ring vervollkommnen zu können, der die äußere Kuppelschale umfasst, damit dieser Ring umlaufend und ohne Lücken ist.» Der Zweck dieses Ringes, heißt es weiter, bestehe darin, die Möglichkeit zu schaffen, «die Kuppel mit einem höheren Maß an Sicherheit fertig zu stellen».

Dieser Ring aus horizontalen Bögen hat seinen Zweck offenbar gut erfüllt, denn kaum war er fertig gestellt, wurden gleich acht weitere Horizontalbögen erbaut – allesamt geschlossene Ringe, die einen Bestandteil der oktogonalen Struktur der äußeren Kuppelschale bilden (Abb. 17). Die Horizontalbögen wurden bereits von Giovanni Battista Nelli als solche wahrgenommen, dem ersten Vermesser der *cupola*, doch ihre volle Bedeutung sollte erst Mainstone bei seinen Forschungen fünf Jahrhunderte später erkennen. Jeder Bogen ist ungefähr 90 Zentimeter breit und 60 Zentimeter hoch; sie führen in Abständen von etwa 2,40 Meter um die Kuppel herum. Der erste Ring aus horizontalen Bögen befindet sich unmittelbar über der zweiten Sandsteinkette. An einigen Stellen sind die Bögen in den Gängen zu sehen, die zwischen den Kuppelschalen verlaufen; sie stehen in rechten Winkeln zur Innenwand der äußeren Schale und verbinden die Eckpfeiler mit den sechzehn Zwischenpfeilern[65] des Rippenskeletts der Kuppel. Im Unterschied zu den Stein-und-Eisen-Ketten, die ebenfalls die Kuppel umspannen, waren diese Ringe nicht dafür vorgesehen, den Seitendruck aufzufangen, wenngleich sie

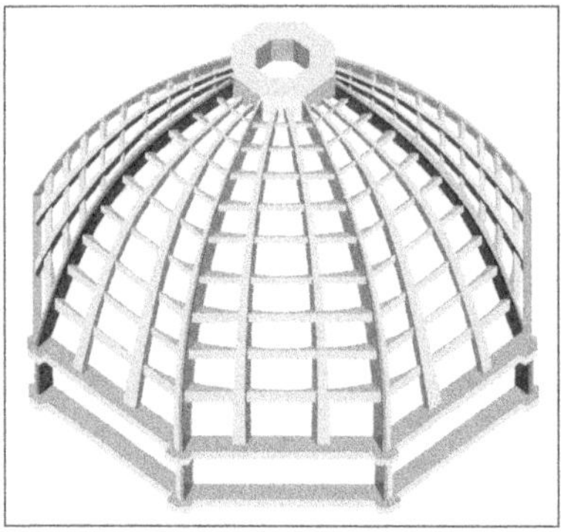

17. Die neun horizontalen Ringe des Rippenskeletts der Kuppel

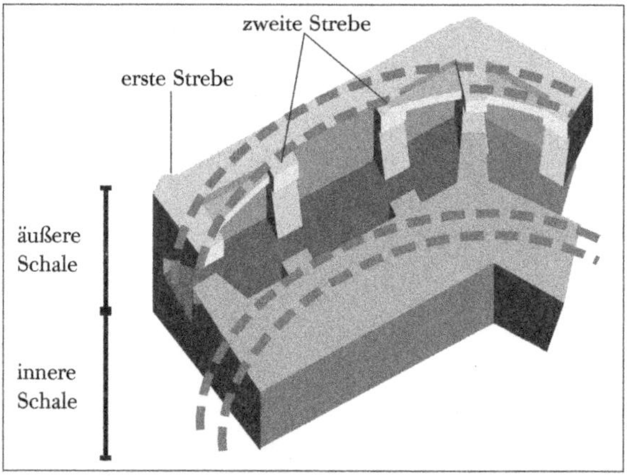

18. Darstellung der Doppelschale

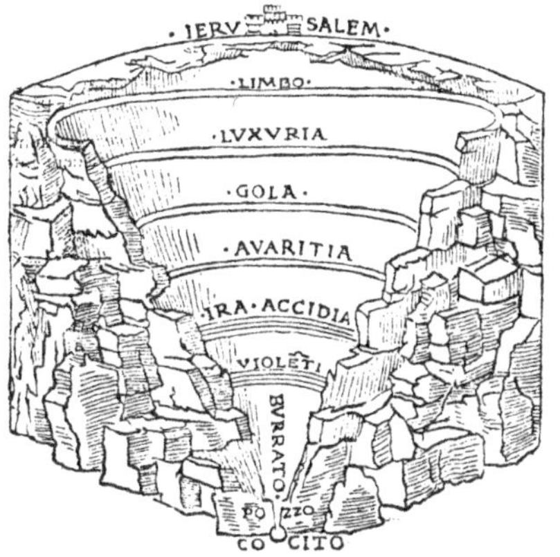

19. Dantes Höllenkreise

möglicherweise Gewicht von der Außenschale auf die Innenschale leiten.[66] Sie waren lediglich als stützende bauliche Elemente konzipiert, die vorübergehend in der Kuppel belassen werden sollten; falls sie plump erschienen oder hinderlich waren, sollten sie nach Fertigstellung der *cupola* abgerissen und entfernt werden.

Die neun Ringe, die von den Horizontalbögen gebildet wurden, spielten beim Bau der Kuppel eine entscheidende Rolle. Sie beginnen in einer Höhe von 36 *braccia* (etwa 21 Metern) über dem Tambour – eine Höhe, in der die nach innen gekrümmte Wandung der Kuppelschale den kritischen Winkel von 30 Grad überschritten hat. Dies erklärt, weshalb die Horizontalbögen (wie auch das Mauerwerk im Fischgrätverbund, das einem ähnlichen Zweck dient) erst hier und nicht schon tiefer beginnen, wo der Innen- bzw. Seitendruck viel größer ist. Die Horizontalbögen sind auf eine Weise ringförmig um die äußere Kuppelschale angelegt, dass sie diese an den Eckpfeilern verdicken, um zu vermeiden, dass «der Ring, der die äußere Kuppelschale umfasst, unterbrochen wird» (wie es im Ergänzungs- und Änderungsprogramm von 1426 heißt); stattdessen sorgen die Horizontalbögen dafür, dass dieser Ring «umlaufend und ohne Lücken» ist. Die Ringe sind nahezu vollständig verborgen und nur an wenigen Stellen zwischen den beiden Kuppelschalen zu sehen. Von außen betrachtet, ist die *cupola* oktogonal, wie im Modell aus dem Jahre 1367 gefordert wurde. Wieder hatte Filippo, der Meister der Illusion, sich den Unterschied zwischen äußerer Erscheinung und innerer Wirklichkeit zunutze gemacht.

Giovanni Battista Strozzis Formulierung, die Kuppel sei «Kreis um Kreis» erbaut worden, bezieht sich nicht nur auf die Methode der Maurerarbeiten oder die Reihen übereinander liegender Ringe oder «Kreise», aus denen die beiden Kuppelschalen bestehen. Strozzis Worte sind überdies eine Anspielung auf die *Göttliche Komödie*, in der Dante genau diese Wendung benutzt – *di giro in giro* –, um das Paradies zu schildern, das der Dichter sich als eine Aufeinanderfolge von neun konzentrischen Kreisen bzw. Sphären vorstellt: die Sphären der sieben Planeten, darüber der Fixsternhimmel, über dem sich als neunte Sphäre schließlich der Kristallhimmel wölbt.

Der Vergleich zwischen der Kuppel und Dantes Paradies ist aus mehreren Gründen treffend. Filippo war sehr bewandert, was Dantes Schriften betraf, und hatte die 1307–21 geschriebene *Göttliche Komödie* intensiv studiert. Das Werk regte seine Phantasie als Architekt so sehr an, dass er die genauen Ausmaße des Paradieses auf geometrischer Grundlage zu berechnen versuchte. Der Vergleich zwischen der *cupola* und Dantes Dichtung ist auch deshalb angebracht, weil Kuppeln immer schon Symbole für das Himmelreich gewesen sind. So werden in der Kunst des Okzidents und des Orients die Decken der meistverehrten Bauwerke mit dem Himmel in Verbindung gebracht, der in diesen Gebäuden deshalb häufig als Mosaik oder als Deckengemälde dargestellt wurde. Und von persischen Kuppeln hieß es, sie versinnbildlichten den Flug der Seele des Menschen zu Gott.[67]

Doch die neun Ringe oder «Kreise» aus Horizontalbögen, die Filippo in das Rippenskelett der Kuppel einfügte, erinnern auch an andere berühmte Kreise: die des Danteschen Inferno (Abb. 19), dem trichterförmigen Schlund der «Hölle», der ebenfalls in neun Kreise eingeteilt ist. Dieser Höllentrichter führt konisch ins Innere der Erde, wie eine auf den Kopf gestellte Kuppel. Auch dieser Vergleich mit dem «Höllenschlund» ist angebracht, denn 1428, kurz nachdem der erste Ring aus Horizontalbögen fertig gestellt war, begann Filippos eigener Abstieg in das Inferno.

13. KAPITEL

Das Ungeheuer vom Arno

Im Frühjahr 1428 schienen die Arbeiten an der Kuppel reibungslos voranzugehen. In weniger als acht Jahren hatte die *cupola* sich mehr als 20 Meter über den Tambour erhoben, und weil der Durchmesser nun geringer wurde, konnte man damit rechnen, dass die Kuppel in den kommenden Jahren noch schneller wuchs. Doch 1428 wurde das Jahr, in dem Filippo seinen ersten wirklichen Rückschlag erlitt, seit er die Arbeit an der *cupola* übernommen hatte. Doch der Grund für das Unglück, das Filippo ereilte, war ein Missgeschick, das im Vergleich zu den Problemen, die er beim Bau der Kuppel bereits gelöst hatte, unbedeutend erschien.

Mehr als hundert Jahre zuvor hatte man beschlossen, jeden Quadratzentimeter der Außenflächen der Santa Maria del Fiore – die mit Ziegeln bedeckten Teile natürlich ausgenommen – mit Marmorplatten zu verkleiden. Marmor war das charakteristische Baumaterial der Antike; doch in Florenz hatte man es nur in geringem Maße benutzt, weil die Gebäude der Stadt, wie bereits erwähnt, vorwiegend aus Sandstein errichtet wurden. So verzichtete auch Filippo bei den Gebäuden, für die er als Architekt verantwortlich zeichnete, auf die Verwendung von Marmor; nur Teile der Kuppel der Santa Maria del Fiore bildeten hier eine Ausnahme. Überdies kommt Marmor im Unterschied zu Sandstein in der Gegend um Florenz selten vor, und den Marmor über große Entfernungen heranzuschaffen, ohne den Stein zu beschädigen, war schwierig und kostspielig. Doch unbeeindruckt von diesen

Problemen hatten die Baumeister, die im Jahrhundert zuvor die Kirche entworfen hatten, eine Verkleidung des Domes mit Stein in drei verschiedenen Farben vorgegeben: mit dem schwarzgrünen *verde di Prato*, dem roten *marmum rubeum* und schließlich einem spröden weißen Marmor, der als *bianchi marmi* bezeichnet wurde. Mit dem *bianchi marmi* wurden später die acht gewaltigen Rippen der *cupola* bedeckt; es sind die weißen Marmorrippen vor dem Hintergrund der roten Ziegel, die sich bis hinauf zur ebenfalls marmornen Laterne emporschwingen. Im Juni 1425 unterschrieb die Opera del Duomo einen Liefervertrag über 560 Tonnen weißen Marmor.

Der *bianchi marmi* stammte aus den Steinbrüchen von Carrara, ungefähr 100 Kilometer nordwestlich von Florenz. Der Marmor aus dieser Gegend hat eine lange und ruhmreiche Geschichte. Zuerst wurde er von den antiken Römern gewonnen, die ihn beispielsweise für den Apollo von Belvedere (der 1455 in Frascati ausgegraben wurde) oder beim Triumphbogen des Konstantin benutzt hatten. Später schuf Michelangelo einige seiner berühmtesten Statuen aus diesem weißen Marmor, darunter den *David* und die *Pietà*. Der Künstler verbrachte sogar mehrere Monate in den steilen weißen Bergen in der Gegend um Carrara, drang in alte römische Stollen ein, schaute sich antike Steinbrüche an und stellte sich vor, riesige Skulpturen in die Berghänge zu meißeln.

Carrara-Marmor war zu Recht der begehrteste in ganz Europa: hart, gut zu bearbeiten und von einem strahlenden, reinen Weiß, war er wie geschaffen für die Bildhauerei und für Verzierungen. Allerdings war er außerordentlich teuer. Dennoch hatte die Opera diesen Marmor seit mehr als hundert Jahren nach Florenz bringen lassen und ihn beispielsweise bei der Außenverkleidung von Giottos Campanile benutzt. Bei diesem Unternehmen waren die Bürger der Republik sozusagen dienstverpflichtet worden: 1319 hatte die Opera verfügt, dass die Florentiner immer zur Hand gehen mussten, wenn eine Lieferung Marmor für den neuen Dom per Schiff über den Arno in die Stadt gebracht wurde. Alle, die Schiffe oder Boote besaßen, Fischer, aber auch *renaiuoli* – die sich einen kümmerlichen Lebensunterhalt verdienten, indem sie an den zahlreichen Sandbänken des Arno Kies für die Baufirmen gewannen –, mussten Marmor transportieren. Mit dem Erlass von 1319 hatte die Opera offenbar versucht, eine ähnliche Hilfsbereitschaft zu entfachen wie im Frankreich des zwölften Jahrhunderts, als die von religiöser Hysterie angetriebene Bevölkerung half, die Karren mit den Steinen für die Errichtung der Kathedralen von den Steinbrüchen zu den Baustellen zu ziehen.

Die Gewinnung und Bearbeitung des Carrara-Marmors war eine schwierige und manchmal auch gefährliche Angelegenheit. Der Abbau der Steine ging auf ähnliche Weise vonstatten wie beim Sandstein in den Steinbrüchen von Trassinaia. Die Marmorblöcke wurden zuerst aus ihrem steinernen Bett geschlagen, wobei die Männer zu diesem Zweck ein ganzes Arsenal verschiedener Werkzeuge benutzten: Spitzhacken, Hämmer, Brechstangen, Keile, sogar schwere Äxte. Die Männer, die diese Arbeit erledigten, benötigten nicht nur Körperkraft, sondern auch Kenntnisse über die Körnung und die Schichtenlage des Gesteins; überdies mussten sie in der Lage sein, den Marmor sowohl in Körnungsrichtung als auch gegen die Körnung zu behauen. Nachdem ein Block von den Hauern grob in Form gebracht war, wurde er von einem geschickteren Handwerker in die erwünschte Größe und Gestalt gemeißelt, die durch Schablonen vorgegeben war. Anschließend kam ein noch größeres Sortiment von Werkzeugen – allesamt aus gehärtetem Eisen – zum Einsatz, um dem weißen Marmor, der bekanntermaßen schwer zu bearbeiten war, den Feinschliff zu geben. Mit einem sehr scharfen und spitzen Werkzeug, der *subbia*, wurde der Block bis auf wenige Zentimeter Abweichung von der *penultima pelle*, der «vorletzten Haut», zurechtgemeißelt. Schließlich wurden mit einem Meißel, der in der Mitte der Schneide eingekerbt war, und zum

Schluss mit der *lima raspa*, der Schrupppfeile, die es in verschiedenen Größen und Stärken gab, die letzten gröberen Arbeiten geleistet.

Nachdem der Block mit Hilfe dieser Werkzeuge in die gewünschte geometrische Form gebracht worden war, wurde die Oberfläche drei- oder viermal geschliffen. Beim ersten Schleifvorgang benutzte der Arbeiter eine eiserne Platte, mit deren Hilfe er groben, scharfkantigen Sand über den Marmor rieb, um auf diese Weise die gröbsten Unregelmäßigkeiten von der Oberfläche zu entfernen. Beim zweiten Schleifvorgang wurde feinerer Sand benutzt, manchmal auch der Staub eines Wetzsteins; beim dritten und letzten Feinschliff schließlich verwendete man als Schmirgel ein spezielles rotes Kalksteinpulver, das als *tripoli* bezeichnet wurde. Abschließend polierte ein Arbeiter den Marmorstein mit Zinnasche. Nach diesen Schleif- und Poliervorgängen war der Marmor so glatt wie Glas.

Die Marmorblöcke bereits im Steinbruch behauen, schleifen und polieren zu lassen, senkte die Transportkosten, weil auf diese Weise ausschließlich fertige Steine nach Florenz verschifft wurden und nicht die unhandlicheren und schwereren, grob behauenen Blöcke. Dennoch stellte es eine erhebliche Schwierigkeit dar, die Steine unversehrt über große Entfernungen und unebenes Gelände zu transportieren. Nachdem die Blöcke noch im Steinbruch überprüft worden waren, wurden sie mit Hilfe von Flaschenzügen auf Karren geladen und über gewundene, oft mangelhaft befestigte Straßen gefahren – beides heikle Unternehmungen –, bis sie die geschäftige Stadt Carrara erreichten, deren bedeutendste Gebäude wie die Kathedrale im Glanz des *bianchi marmi* erstrahlten. Nachdem die Ausfuhrsteuern bezahlt waren, wurden die Karren mit den Marmorblöcken weiter ins mehrere Kilometer entfernte Luni gefahren, eine alte römische Hafenstadt an der malariaverseuchten Küste. Hier wurden die Blöcke mittels hölzernen Rollen von den Karren geladen und über den Strand bis an das Ufer gerollt, wo sie von Kränen, die durch Tretwerke betrieben wurden, an Bord der Schaluppen gehoben wurden, die sie übers Ligurische Meer transportierten. Dieser Abschnitt der Reise war besonders gefährlich, wie man beispielsweise im Jahre 1421 feststellen musste, als eines dieser Schiffe bei einem Unwetter mitsamt seiner Fracht sank, einer Ladung *bianchi marmi*, die für das Gesims an der Regenabflussrinne der Kuppel vorgesehen war. Nach einer vierzig Kilometer langen Seereise fuhren die Schiffe schließlich in die Mündung des Arno ein; dann ging es flussaufwärts an Sandbänken und Untiefen vorbei in Richtung Florenz.

Die Domopera finanzierte den Transport des Marmors von Carrara zur Dombaustelle, indem sie einige Blöcke als Grabsteine an die wohlhabenden Florentiner Familien verkaufte. Manchmal aber geschah es, dass der Marmor, der ursprünglich für edle Grabsteine vorgesehen war, die den Ruhm verstorbener Magistraten und Wollhändler noch heller erstrahlen lassen sollten, stattdessen Teil der Kuppel wurde. Im Juli 1426 kam es aufgrund der immensen Transportkosten zu einer Marmorknappheit, so dass die Domopera befahl, als Baumaterial jenen Marmor zu verwenden, der bereits zu Grabsteinen gehauen war, angeblich aber noch im Vorratslager ruhte und nicht schon die Gräber zierte. Doch zu dieser Zeit war längst deutlich geworden, dass eine billigere und effektivere Möglichkeit gefunden werden musste, die kostbaren Steinblöcke nach Florenz zu schaffen. Und Filippo, ehrgeizig und einfallsreich wie eh und je, hatte bereits einen Plan.

Der Transport zu Wasser war weitaus kostengünstiger als die Fahrt über Land, die überdies den Unwägbarkeiten von Gelände und Wetter ausgesetzt war und vom Geschick und der Ausdauer der Zugtiere und der Robustheit der Frachtwagen abhing. Ein Beispiel: Es war zwölfmal so teuer, Getreide über Land als mit Frachtschiffen über den Arno nach Florenz zu transportieren.[68] Doch der Schiffstransport war ein schwieriges Unterfangen, denn der Wasserstand, die Strömungsgeschwindigkeit und der Pegel des Flusses waren unberechenbar und schwankend und hingen von Jahreszeit und Wetter ab. Überdies war der achtzig Kilometer lange Abschnitt des Arno von Florenz nach Pisa stark versandet; in heißen Sommermonaten war der Fluss auf diesem Stück kaum mehr als ein Rinnsal. Und anders als beispielsweise auf der Themse gab es im Arno praktisch keinen Gezeitenstrom, der ein Schiff hätte tragen können, so dass Galeonen, die von Pisa kamen oder dorthin wollten, sich mitunter an den Bäumen am Ufer voranziehen mussten. Nach schweren Regenfällen war der Arno praktisch unbefahrbar. Während der *piena*, der Springflut, wurde der Fluss zu einem reißenden Strom. Das Wasser toste von den Hängen des Apennin, spülte die Ufer fort, riss Brücken ein und überflutete Pisa und Florenz mit schicksalhafter, monotoner Regelmäßigkeit. Selbst bei idealen Bedingungen konnten Transportschiffe mit flachem Kiel flussaufwärts nur bis zum Hafen von Signa fahren, 15 Kilometer vor den Toren von Florenz, weil der Flusslauf seicht und von zahlreichen Sandbänken durchsetzt war – mit dem Ergebnis, dass sämtliche Waren, die für Florenz vorgesehen waren, das letzte Wegstück mit Mauleseln oder auf Karren befördert werden mussten. Deshalb wurde der Marmor für die Kuppel des Doms in Signa von Bord gebracht, in Säcke verpackt, die mit Stroh gepolstert waren, und auf einen Spezialwagen verladen, der die Steine dann nach Florenz karrte – eine kostspielige und zeitraubende Angelegenheit.

Es wurden verschiedene Versuche unternommen, das Problem zu lösen, das die launischen Strömungen des Arno darstellten, beispielsweise, indem man das Flussbett mit baggerähnlichen Vorrichtungen aushob, die auf Transportschiffen installiert wurden: Tretwerke, die Eimer oder Schaufeln antrieben, die an den Enden langer Holzstangen befestigt waren. Doch mit jedem Hochwasser verschlammte der Grund wieder. Abschnitte des Flussufers, die die Flut davongerissen hatte, wurden mit den Wrackteilen alter Galeeren abgestützt, nur um beim nächsten Hochwasser erneut davongespült zu werden. Im Jahre 1444 ließ Filippo – es war eines seiner letzten Projekte als Bauingenieur – das Ufer des Arno unweit des Porto San Marco in Pisa befestigen. Jahrzehnte später schmiedete Leonardo da Vinci den ehrgeizigen Plan, die verstopfte Arterie des Arno zu umgehen, indem er einen 15 Meter breiten Kanal graben lassen wollte, der unweit von Florenz vom Arno abzweigte und durch Prato und Pistoia verlief, 40 Kilometer im Nordosten, bevor er nach Süden schwenkte und bei Vicopisano wieder in den Fluss mündete, ein paar Kilometer stromauf von Pisa. Wie die meisten Pläne Leonardos, wurde dieses Vorhaben nie verwirklicht.

Doch Filippo schwebte im Jahre 1426 eine andere Lösung des Problems vor, wie man Lasten auf dem Arno transportieren könnte. Als Erfinder, der auf vielen Gebieten tätig war, hatte er 1421 das erste Patent erhalten, das jemals vergeben worden war;[69] in diesem Dokument, das ihn als einen «Mann mit sehr scharfem Verstand, großem Fleiß und Erfindungsgabe» bezeichnete, wurde Brunelleschi das Monopol erteilt für eine «Maschine oder eine Art Schiff, mit dem er problemlos und zu jeder Zeit sämtliche Handelswaren und Güter für weniger Geld als üblich über den Arno und jeden anderen Fluss oder jedes andere Gewässer befördern zu können glaubt».[70] Bis zu diesem Zeitpunkt hatte es kein Patentrecht gegeben, welches einen Erfinder davor geschützt hätte, dass seine Entwürfe von anderen nachgeahmt oder sein geistiges Eigentum auf andere Weise gestohlen wurde. Deshalb war bei Wissenschaftlern und Gelehrten die Benutzung verschlüsselter Schriften so weit verbreitet – und das ist auch der Grund dafür, dass Filippo die Geheimnisse seiner Erfindungen anderen gegenüber so ungern offenbarte. In einer bitteren Schmähschrift gegen die «unwissende Menge» beklagte Filippo sich bei seinem Freund Mariano Taccola über diesen Diebstahl geistigen Eigentums. Es scheint, als wollte er noch einmal auf die Ereignisse im Jahre 1418 zurückkommen, als man seine Pläne für die *cupola* so verächtlich angegriffen hatte:

Wenn sie dem Erfinder lauschen, neigen viele Leute dazu, seine Errungenschaften herabzusetzen und zu verleugnen, so dass man ihm höheren Ortes keine Beachtung mehr schenkt. Doch nach ein paar Monaten oder einem Jahr benutzen diese Leute genau die Worte des Erfinders, sei es in einer Rede, einer Schrift oder einem Entwurf. Dreist bezeichnen sie sich selbst als Urheber jener Dinge, die sie zuerst für unbrauchbar erklärt haben, und nehmen den Ruhm eines anderen für sich selbst in Anspruch.[71]

Das Patent[72] sollte diesen Mangel beheben. Möglicherweise hatte Filippo bereits eine billigere und effektivere Methode im Sinn, Marmor per Schiff den Arno hinauf zu transportieren; aber die Patentschrift macht deutlich, dass die Erfindung eine breite Anwendung finden würde, da sie «für Kaufleute und andere» von großem Nutzen sei. Nach seiner Fertigstellung wurde das Schiff mit dem eigenartigen Äußeren rasch als *Il Badalone* bekannt, was soviel bedeutet wie «der Tölpel». Nach den Bestimmungen der Patentschrift sollte jedes Schiff verbrannt werden, bei dem Filippos Entwurf nachgeahmt und somit sein Monopol verletzt wurde.

Über den genauen Entwurf von *Il Badalone* weiß man nicht viel, denn trotz des Patentschutzes hielt Filippo aus Furcht vor Nachahmern die Details seiner Konstruktion geheim. Seine Biographen, Manetti und Vasari, erwähnen diese Episode nicht einmal, die den Ruhm ihres Helden nicht gerade heller strahlen lässt. Dennoch muss *Il Badalone* eine kühne und aufregende technologische Neuheit gewesen sein, sonst hätte man dieses Schiff nicht eines Patents für würdig erachtet. Der Spitzname lässt auf eine gewaltige Größe und eine plumpe Gestalt schließen, die in ökonomischer Hinsicht allerdings die wichtigsten Vorteile des Schiffes gewesen wären – und möglicherweise die Gründe für sein Scheitern.

Die einzige Zeichnung, die von *Il Badalone* überliefert ist, stammt von Mariano Taccola, dem der *capomaestro* in einem seltenen Anflug von Offenheit die Konstruktion erklärt zu

20. Taccolas Zeichnung von Brunelleschis Schiff *Il Badalone*

haben scheint. In seiner Schrift *De ingeneis* zeigt Taccola, wie ein Wagen mit vierzehn Rädern, der den Marmor über Land transportiert, zu einem Floß umgebaut werden kann, das von einem Ruderboot gezogen wird. Wir wissen, dass Filippo sich im Jahre 1427 von der Domopera ein Seil borgte, das zum Schleppen von *Il Badalone* dienen sollte. Deshalb ist es sehr wahrscheinlich, dass das Schiff aus einer großen, floßähnlichen Plattform aus Holz bestand, die von mehreren Schwimmkörpern (Fässern) getragen und die von einem anderen Schiff oder von Ochsen, die sich einen Treidelpfad entlang bewegten, über den Fluss gezogen wurde. Doch selbst Taccola, ein fähiger Ingenieur, resigniert bei dem Versuch, *Il Badalone*, zu beschreiben. «Lassen wir es dabei bewenden, dass man nicht jede Einzelheit schildern kann», schreibt er mit offenkundiger Ratlosigkeit. «Der Einfallsreichtum wohnt im Verstand und in der Klugheit des Architekten, nicht in seinen Schriften und Zeichnungen.»

Wie das Schiff auch ausgesehen haben mag – sein erster

21. Zeichnung eines mit Schaufelrädern versehenen Bootes von Francesco di Giorgio aus Siena

und einzig bekannter Einsatz war der Transport von Marmor für die Rippen der Domkuppel. Ein Jahr nachdem die Opera gezwungen war, Grabsteine für den Bau der *cupola* zu verwenden, schloss Filippo einen Vertrag über den Transport von 50 Tonnen weißem Marmor aus Pisa. Er rechnete sich aus, die Kosten für die Verschiffung mit *Il Badalone* nahezu halbieren zu können: von sieben Lire und 10 Soldi auf vier Lire und 14 Soldi pro Tonne.

Nicht alle waren so optimistisch. *Der Tölpel* war offenbar von Anfang an ein Gegenstand des Spottes und der Erheiterung – gewissermaßen ein Knüppel, den Filippos Feinde, die wegen seiner erstaunlichen Erfolge beim Bau der Kuppel zeitweilig verstummt waren, nun ausgiebig dazu benutzten, auf den *capomaestro* einzuschlagen. Am schlimmsten und lautesten war Filippos alter Widersacher Giovanni da Prato, der ein Sonett reimte, in dem er Filippo und dessen neueste Erfindung attackierte, die er mit ätzendem Spott als *acqua vola* oder «Wasservogel» bezeichnete. Darf man aus diesem Vergleich schließen, dass *Il Badalone* möglicherweise über Schaufelräder verfügte wie später die Mississippi-Raddampfer? Der Anblick dieser Räder, die wie plumpe Flügel durchs Wasser pflügten, könnte Giovanni auf die Idee für den beleidigenden Spitznamen gebracht haben. Solche Schaufelräder, die von Tretwerken angetrieben wurden, waren ein paar Jahre später jedenfalls im Entwicklungsstadium: Eine Zeichnung von Francesco di Giorgio, einem Erfinder aus Siena, zeigt ein Schiff mit mehreren Tretrad betriebenen Schaufelrädern, von denen einige sich im Wasser drehen, andere in der Luft (Abb. 21).

Giovannis boshafte Spottverse lassen seine früheren beißenden Kommentare über das «falsche Profil» der Kuppel vergleichsweise harmlos erscheinen. Nicht nur, dass er sich über den berühmten *capomaestro* als «Hort der Unwissenheit» und als «jämmerliche Kreatur und Schwachsinnigen» lustig machte – Giovanni versprach überdies, Selbstmord zu begehen, sollte Filippo mit seinem Plan Erfolg haben. Filippo wiederum war nicht der Mann, der solche Beschimpfungen schweigend hinnahm. Auch wenn er vielleicht nicht so gebildet und belesen sein mochte wie Giovanni, war er doch auf dem Gebiet der Literatur durchaus bewandert, wie sein Studium Dantes beweist. Also verfasste er selbst ein Sonett, das nicht weniger bissig war wie das Giovannis. Er verhöhnte seinen berühmten Gegenspieler als «lächerlich aussehendes Scheusal», das unfähig sei, die Geheimnisse der Natur in seinen – Filippos – genialen Erfindungen zu begreifen. Der Austausch von Unverschämtheiten nahm so erbitterte Formen an, dass die Bürger von Florenz kurze Zeit später den Baumeister aufforderten, einen Schwur abzulegen. Brunelleschi verpflichtete sich, «Beleidigungen zu verzeihen, allen Hass zu vergessen, sich gänzlich von jeder Parteilichkeit und Voreingenommenheit zu befreien, allein zum Wohle, zur Ehre und zur Größe der Republik zu handeln und sämtliche Schmähungen zu vergessen, die er bis zu diesem Tag aufgrund von Zwietracht oder Leidenschaften oder aus welchen Gründen auch immer hinnehmen musste». Es war ein Schwur, den zu halten Filippo äußerst schwer fiel, wie sich in den Jahren darauf zeigte.

Giovanni da Prato aber kam nicht in die Verlegenheit, sein düsteres Versprechen, Selbstmord zu begehen, einlösen zu müssen. Filippos Unternehmen war von Anfang an von Schwierigkeiten überschattet. Wenngleich er bereits im Jahre 1421 das Patent erhielt, machte *Il Badalone* erst sieben Jahre später seine Jungfernfahrt, so dass jenes Patent, das ursprünglich für drei Jahre galt, mindestens einmal erneuert werden musste. Im Sommer 1426 reiste Filippo nach Pisa, um sich mit dem dortigen Konsul für Schifffahrtsangelegenheiten über die Verstärkung der städtischen Befestigungsanlagen zu besprechen. Wahrscheinlich nahm Filippo die Gelegenheit wahr, über *Il Badalone* zu verhandeln, denn der Konsul inspizierte Boote und ihre Waren, die durch Pisa transportiert wurden, und erteilte Lizenzen für sämtliche Wasserfahrzeuge, die den Arno befuhren. Wahrscheinlich wurde *Il Badalone* sogar in Pisa gebaut, das seit langer Zeit für seine Schiffsbauer berühmt war. Die Galeonen der neuen Florentiner Seestreitkräfte – das erste dieser Schiffe war 1422 nach Alexandria gesegelt – wurden um diese Zeit in den Werften von Pisa gebaut. Wie dem auch sei: An einem Tag Anfang Mai 1428 legte Filippos neues Schiff, seine bahnbrechende Erfindung, mit 100 Tonnen weißem Marmor beladen, von einer Anlegestelle in Pisa ab – im Schatten des schiefen Turmes, einem anderen Monument zweifelhafter Baukunst.

Man weiß nicht, ob ein Konstruktionsfehler für die Katastrophe verantwortlich war, die sich dann ereignete, oder ob die tückischen Sandbänke und Stromschnellen des Arno oder ein anderes Missgeschick die Schuld daran trugen; die genauen Einzelheiten des Schicksals von *Il Badalone* wurden nirgendwo verzeichnet. Aber wir wissen, dass das Schiff nicht bis nach Florenz, ja nicht einmal bis nach Signa kam. Es sank oder strandete in der Nähe von Empoli, 40 Kilometer von Pisa entfernt, wobei es seine gesamte Ladung verlor. Kurz darauf teilten die besorgten Offiziellen der Domopera Filippo mit, dass er «binnen acht Tagen ... der Opera nun mit kleineren Schiffen die benötigte Menge weißen Marmors liefern müsse, die er auf der *Badalone* von Pisa bis nach Empoli gebracht hat».

Innerhalb der festgesetzten Frist konnte Brunelleschi diesen Auftrag nicht erfüllen. Zwei Monate nach der abgebrochenen Reise erwarb er ein zwei Zentner schweres Seil, um entweder die in Not geratene *Il Badalone* oder ihre Ladung zu retten – ein in jedem Fall demütigendes Schauspiel, das Giovanni da Prato mit diebischer Freude verfolgt haben muss. Man weiß nicht, wie Filippo die Ladung vom Grund des Arno zu bergen versuchte, doch eine Skizze Taccolas zeigt zwei mit Steinen beladene Barken, die eine versunkene Marmorsäule heben. Solche Bergungsaktionen inspirierten natürlich die Phantasie der Ingenieure des fünfzehnten Jahrhunderts. Tauchanzüge wurden entworfen, und sowohl Mariano Taccola wie auch Francesco di Giorgio erfanden eine Reihe verschiedener Atemgeräte, Tauchermasken und aufpumpbarer Blasen, mit deren Hilfe Taucher sich unter Wasser höher und tiefer bewegen konnten. Im Jahre 1446 trugen die Arbeiten Taccolas, di Giorgios und anderer Früchte: Auf dem Gebiet des Ingenieurwesens wurde eine der meistgefeierten Taten des Jahrhunderts vollbracht, als Alberti mit Hilfe genuesischer Taucher Teile des Rumpfs eines Prunkschiffes des römischen Kaisers Caligula vom Grund des Nemi-Sees barg.

Filippo konnte am Arno keinen solchen Erfolg verzeichnen. Fast viereinhalb Jahre später pochte die Domopera noch immer auf Erfüllung des Vertrages und forderte den Baumeister auf, endlich die 100 Tonnen Marmor nach Florenz zu bringen, und zwar – ein frommer und sehr optimistischer Wunsch – auf der *Il Badalone.* War das Schiff nicht so schwer beschädigt oder inzwischen wieder repariert worden? Im März 1433 sah sich der Bauleiter der *cupola,* Battista d'Antonio, gezwungen, auf den alten und unbefriedigenden Notbehelf zurückzugreifen, marmorne Grabsteine an der Kuppel zu verbauen. Und in diesem Sommer verlor die Domopera endgültig das Vertrauen zu Filippo und zu seinem ungeratenen Wasserfahrzeug und verhandelte stattdessen mit drei anderen Lieferanten, die versprachen, 600 Tonnen Marmor zum Preis von sieben Lire und zehn Soldi die Tonne nach Florenz zu liefern – fast der doppelte Preis, den Filippo veranschlagt hatte.

Brunelleschi hatte *Il Badalone* aus eigener Tasche bezahlt, genauso, wie er die Marmorladung selbst finanziert hatte. Bei dem Unternehmen verlor er insgesamt 1000 Goldflorinen, was zehn Jahresgehältern als *capomaestro* und ungefähr einem Drittel seines gesamten Vermögens entsprach. Es muss ein grausamer Schlag für einen Mann gewesen sein, der damit gerechnet hatte, lukrative Gewinne für seine Erfindungen einzustreichen. Schlimmer noch: Filippos Ruf als moderner Archimedes war angekratzt – ein Ruf, der zehn Jahre später weiteren Schaden leiden sollte, als ein anderer seiner klugen Pläne sich ebenfalls als katastrophaler Fehlschlag erwies.

14. KAPITEL

Das Debakel von Lucca

EIN PAAR WOCHEN, bevor *Il Badalone* Anker lichtete, war Filippo in das nahe Hügelland geritten, um im Steinbruch von Trassinaia den Abbau weiterer Sandsteinblöcke zu beaufsichtigen. Inzwischen hatte die Kuppel eine Höhe von mehr als dreißig Metern erreicht, so dass die Maurermannschaften nun gut achtzig Meter über dem Boden arbeiteten, was zwanzig Stockwerken entspricht. Während die Kuppelschalen sich mehr und mehr nach innen neigten, begannen die Männer mit den Vorbereitungen zum Einbau der dritten Sandsteinkette. Zu Beginn des Jahres 1429 trafen die ersten Sandsteinbalken auf der Piazza del Duomo ein. Um die schweren Balken auslegen zu können, wurde der Kran, Filippos *castello*, mit einem neuen Satz Getriebezahnrädern versehen.

Trotz der peinlichen Katastrophe mit *Il Badalone* zeigte die Opera del Duomo noch immer Vertrauen in Filippos Erfindungen und Entwürfe. Die *rota magna*, die alte Tretmühle aus dem Jahre 1396, wurde demontiert und verkauft; der neuere, mit Ochsenkraft betriebene Lastenaufzug hatte die *rota magna* überflüssig gemacht. Ebenfalls verkauft wurde das Bauholz, das für die Standgerüste der Apsiden-Halbkuppeln benutzt worden war. Besonders der Verkauf dieses Bauholzes zeigte, welchen Kredit Filippo bei den Verantwortlichen der Domopera besaß. Ein Jahrzehnt zuvor hatte man seine Pläne mit großer Skepsis aufgenommen; inzwischen hatte man sich jedoch von ihm überzeugen lassen, dass man die Kuppel auch ohne hölzernes Lehrgerüst bauen könnte. Schließlich hatten die Florentiner den Beweis, dass so etwas möglich war, direkt vor Augen, in Gestalt der halb fertigen *cupola.* Die Zuversicht der «Operai» war so groß, dass Neri di Fioravantis Modell aus dem Jahre 1367 – einst wie eine Reliquie verehrt –, der Opera inzwischen als Toilette diente.

Doch die Arbeit an der dritten Sandsteinkette ging nicht so reibungslos voran wie erwartet; es verstrichen noch vier Jahre, bis die Kette vollendet war. Das Kuppelprojekt sollte seine erste ernsthafte Verzögerung erleben. Es begann damit, dass die Bauarbeiten langsamer voranschritten, als man im Sommer 1429 Risse in den Wänden an der Ostseite des Langhauses entdeckte, also auf jener Seite, die sich der Kuppel am nächsten befand. Kaum ein Jahr nach dem Fehlschlag mit *Il Badalone* sah Filippo sich plötzlich mit der Gefahr einer noch viel größeren Katastrophe konfrontiert: Es hatte den Anschein, als könnte die Santa Maria del Fiore so, wie sie konstruiert war, das gewaltige Gewicht der Kuppel nicht tragen.

Doch bei der Opera del Duomo gab es keine Anzeichen von Panik. Filippo wurde von den «Operai» zu dem Sachverhalt gehört und machte, unverfroren wie immer, einen seiner typischen kühnen Vorschläge: Er betrachte die Risse in den Wänden des Langhauses, erklärte er, als Möglichkeit für einen Umbau der gesamten Kathedrale. Filippo schwebte ein Kirchengebäude vor, das sich vom 1367er-Modell unterschied und auf einem anderen Entwurf Neri di Fioravantis beruhte, dem der Santa Trinità, einer gotischen Kirche am Ufer des Arno, die von Neri an einem Platz, wo zuvor ein viel älteres Bauwerk gestanden hatte, neu errichtet worden war. Filippo nahm Neris Entwurf als Grundlage und schlug vor, die Seitenschiffe des Domes durch eine Reihe von Kapellen zu stützen.

Brunelleschi hatte bereits verschiedentlich solche Kapellen konzipiert oder errichten lassen, so die Barbadori-Kapelle in San Felicità und die Ridolfi-Kapelle in San Jacopo. Und 1428 hatte er mit dem Umbau der augustinischen Kirche

Santo Spirito begonnen, die er mit einem Kranz von nicht weniger als sechsunddreißig Kapellen umgeben wollte, von der jede einer anderen Familie gehörte. Während die Knochen der Armen ins Beinhaus kamen, war es in Florenz Tradition, dass die sterblichen Überreste der Reichen prunkvoll in Kapellen im Inneren der Kirchen zur letzten Ruhe gebettet wurden (wohingegen die Kapellen der Santo Spirito als *äußere* bauliche Stütz- und Stilelemente dienen sollten; man muss sie sich als einen Kranz halbrunder, nach außen gewölbter Anbauten vorstellen). Die verstorbenen Angehörigen der Medici beispielsweise ruhen in der San Lorenzo, die der Pazzis in der Santa Croce, und so weiter. In den Kirchen von Florenz gab es eine so große Zahl von Gruften, dass im fünfzehnten Jahrhundert ein Bischof seine Besorgnis darüber äußerte, die Gotteshäuser könnten von zu vielen Leichen verunziert werden. Seine Besorgnis war vor allem im Hinblick auf die hygienischen Verhältnisse in der Stadt angebracht: In Zeiten der Pest waren es stets die Wohnhäuser in unmittelbarer Nähe der Kirchen, in denen die Krankheit zuerst ausbrach.

Aber die Kapellen, die Filippo für die Santa Maria del Fiore vorschlug, waren mehr als nur Grabdenkmäler für die Toten aus den vornehmsten Familien der Stadt. Diese Kapellen sollten einen *catene totius ecclesie* bilden, wie Filippo es nannte, einen «Kranz um die Kirche». Wie die Stützpfeiler und -bögen an den Flanken gotischer Kathedralen sollten auch die Kapellen als stützende Elemente dienen und die Wände der gesamten Kirche vor dem Außendruck schützen, den das Gewicht der Kuppel verursachte. Filippo versicherte den «Operai», die Santa Maria del Fiore würde durch den Kapellenkranz außerdem sehr an Schönheit gewinnen.

Im September 1429 wurde Filippo beauftragt, mit dem Bau eines Modells zu beginnen. Die «Operai» waren nicht nur daran interessiert, wie die Kapellen den Dom stützen könnten; sie wollten auch erfahren, wie die Kapellen in die bestehende

Konstruktion integriert werden konnten. Die Außenwände waren bereits mit Marmor verkleidet und mit Skulpturen verziert worden. Mussten all diese Kunstwerke und die sorgfältigen Marmorverkleidungen nun wieder entfernt werden? Und welche zusätzlichen Kosten würden der Zunft der Wollweber dadurch entstehen? Doch kaum hatte Filippo die Arbeit an seinem Modell begonnen, zog eine neue Gefahr herauf. Im November 1429 griffen Florentiner Söldner Lucca an, die 65 Kilometer weiter westlich gelegene Woll- und Seidenweberstadt. Es sollte ein unerwartet langer Feldzug mit verheerendem Ausgang werden.

Florenz, dessen Bevölkerung so lange Zeit Opfer von Pestepidemien und Kriegen gewesen war, hatte in den ersten Jahren des Kuppelbaus eine kurze Ruhepause erlebt. Ein Krieg mit dem Königreich Neapel war 1414 beendet worden, als Florenz eines der wundersamen Ereignisse erlebte, an die sich die Einwohner allmählich gewöhnten: Neapel war von einem Erdbeben heimgesucht worden und der feindliche Feldherr, König Ladislaus, starb an einem Fieber. Die nächsten zehn Jahre waren für Florenz eine Zeit des Friedens, bis die Florentiner im Sommer 1424 wieder in einen Krieg zogen. Diesmal hieß der Feind Filippo Maria Visconti, der neue Herzog von Mailand.

Filippo Maria war ein ebenso schrecklicher Gegner wie sein verstorbener Vater, der alte, grausame Feind von Florenz, Giangaleazzo. Vor allem aber war Filippo Maria geistesgestört, was sogar in der Familie Visconti schon einiges bedeutete. Er hatte schreckliche Angst vor Donner und kauerte sich bei Unwettern stets in einem geräuschdämmenden Zimmer zusammen, während er sich bei schönerem Wetter gern die Zeit damit vertrieb, sich nackt im Gras zu wälzen. Er war ein fetter Vielfraß, der nicht auf ein Pferd steigen, ja nicht einmal ohne fremde Hilfe gehen konnte. Was sein Äußeres betraf, war er dermaßen empfindlich, dass er sich weigerte, Porträts von sich malen zu lassen. Seine zweite Frau wurde in den Kerker geworfen, nachdem der abergläubische Herzog in der Hochzeitsnacht einen Hund heulen hörte. Dennoch war ihr Schicksal dem der ersten Gattin Filippo Marias vorzuziehen, die der Herzog enthaupten ließ.

Filippo Maria knüpfte dort an, wo sein verstorbener Vater zwanzig Jahre zuvor aufgehört hatte: 1422 eroberten die Mailänder Truppen Brescia und Genua, und ein Jahr später fiel die Stadt Forlì, nur 80 Kilometer von Florenz entfernt. Im Jahr darauf, als eine neuerliche Pestepidemie die Toskana heimsuchte, besiegten die Truppen Filippo Marias die Florentiner bei Zagonara in der Romagna, wobei nur drei Tote zu beklagen waren – Florentiner Soldaten, die von ihren Pferden gestürzt und in ihren schweren Plattenpanzerrüstungen auf dem morastigen Schlachtfeld ertrunken waren (in der Nacht zuvor hatte es in Zagonara heftig geregnet). Dass kein Soldat durch Waffengewalt ums Leben kam, zeigt, dass die Kriegführung im Mittelalter und der Renaissance im Gegensatz zur landläufigen Meinung durchaus «zivilisiert» sein konnte. Die meisten Schlachten ähnelten Schachpartien, bei denen die gegnerischen Befehlshaber versuchten, einander auszumanövrieren, wobei der Verlierer schließlich eingestand, dass seine Stellung nicht mehr zu halten war. Die Kriege wurden von Söldnern gefochten, die zuvor die Bestimmungen für die Kampfhandlungen, sozusagen die «Spielregeln», aushandelten, an die sie sich dann halten mussten wie heutige Sportler an das Reglement ihrer jeweiligen Sportart. Da Filippos Vater als Notar für die *Commune* arbeitete, war er häufig an solchen Verhandlungen beteiligt gewesen und hatte weite Reisen unternommen, um *condottieri* anzuwerben, Söldner wie den Engländer Sir John Hawkwood, der die florentinische Armee zwischen 1377 und 1394 befehligt hatte. In beiderseitigem Einvernehmen vereinbarten die feindlichen Heere, bei bestimmten Verhältnissen nicht zu kämpfen, zum Beispiel bei Nacht, im Winter, an steilen Hängen oder auf schlammigem

Untergrund. Doch die Schlachten verliefen nicht immer entsprechend glimpflich: Ein halbes Jahr nach der Schlacht bei Zagonara verloren die Florentiner bei Valdilamone eine gesamte Armee im Kampf gegen die Mailänder.

Noch katastrophaler als die Auseinandersetzungen mit Mailand endete für Florenz der Krieg mit Lucca. Im April 1428 war ein Waffenstillstandsabkommen mit Filippo Maria geschlossen worden; um dies zu feiern, wurden Fackeln auf den Mauern der Santa Maria del Fiore entfacht. Doch kaum war die Tinte auf dem Abkommen trocken, als die Florentiner ihre Blicke begehrlich auf die Nachbarn richteten. Wie viele mittelalterliche Städte hatte auch Lucca eine bewegte Vergangenheit und war von der Hand eines Krieg führenden Landes in die eines anderen weitergereicht worden. So war die Stadt in den vorausgegangenen einhundert Jahren von den Bayern besetzt worden; dann wurde sie an Genua verkauft, vom böhmischen König belagert, an Parma verpfändet, an Verona abgetreten und schließlich an Florenz verkauft. Und nun, im Jahre 1429, brachen die Florentiner einen Krieg vom Zaun – unter dem Vorwand, der Regent der Stadt Lucca, Paolo Guinigi, habe insgeheim den Herzog von Mailand unterstützt. Doch der Feldzug stand von Anfang an unter einem unglücklichen Stern und geriet rasch ins Stocken. Nach einer mehrmonatigen Pattsituation beschloss das *Dieci della Balìa* (das Kriegsministerium), seine Geheimwaffe zum Einsatz zu bringen, und im März 1430 wurde Filippo Brunelleschi ins Feld geschickt.

Im Mittelalter war es durchaus nicht ungewöhnlich, dass ein Architekt in einen militärischen Feldzug verstrickt wurde. Die Opera del Duomo war nicht nur für den Bau der Kathedrale zuständig, sie trug überdies auch die Verantwortung für die Errichtung sämtlicher militärischen Gebäude in Florenz und den florentinischen Besitzungen. So kam es, dass dieselben Männer, die an der Santa Maria del Fiore arbeiteten, Florenz und seine Nachbarn mit Wehrmauern, Wassergräben und Bastionen befestigten. Ungefähr zehn Jahre vor Beginn der

Bauarbeiten am Fundament der neuen Kathedrale waren von Arnolfo di Cambio um Florenz herum eine Reihe von Verteidigungsmauern errichtet worden; Giotto vollendete diese gewaltigen Befestigungen 1335. Zwei Jahrhunderte später wurden diese Mauern unter der Leitung Michelangelos erneuert; außerdem ließ er die Stadt San Miniato von einem Ring aus Bastionen umschließen, die aus ungebrannten Ziegeln, bestehend aus Stroh und Mist, errichtet wurden. Und Leonardo da Vinci zeichnete eine Vielzahl von Plänen für Kriegsmaschinen, darunter sichelbewehrte Streitwagen, mit Wasserdampf betriebene Kanonen und gigantische Armbrüste.

Nun erwartete man von Filippo – wie zuvor von Arnolfo di Cambio und Giotto –, dass er als regulären Bestandteil seiner Pflichten auch militärische Aufträge ausführte. Es waren anstrengende und aufreibende Zeiten für einen *capomaestro*, denn in den zwanziger Jahren des 15. Jahrhunderts wurden Städte in der gesamten Toskana zum Schutz gegen die Mörser und Belagerungsmaschinen der Mailänder befestigt. Bereits 1423 war Filippo damit beschäftigt, die Mauern der Stadt Pistoia zu verstärken; ein Jahr darauf nahm er in Malmantile, einer Festung im Tal des Arno, zwischen Pisa und Florenz, die Arbeit auf. Zwei Jahre später war die Festung vollendet, und die Arbeiten an den Brustwehren, Zinnen, Mauern, Türmen und dem Wassergraben wurden abgeschlossen. Im Unterschied zu vielen anderen Bauaufträgen Filippos besitzt die Festung Malmantile einen vergleichsweise herkömmlichen Entwurf, der sich auf das alte Prinzip gründete, jene Angreifer, die den Hagel von Pfeilen und Armbrustbolzen überlebten und sogar den Wassergraben überwanden, mit schweren Steinen zu zermalmen, die man von den Brustwehren auf sie hinunterrollte.

Das alles aber waren *defensive* Maßnahmen. Doch 1430, beim Feldzug gegen Lucca, wurde eine *Offensivwaffe* benötigt – ein Mittel, den Widerstand der hartnäckigen Bewohner von Lucca ein für allemal zu brechen. Aus 350 Metern Entfernung wurden Mörser auf die Stadtmauern abgefeuert, die schweren Schaden nahmen. Doch immer noch war der Widerstandswille der Einwohner ungebrochen.

Im fünfzehnten Jahrhundert erlebten Kriegsführung und Waffentechnik einen grundlegenden Wandel. Das Schießpulver, von vielen Menschen als Erfindung des Teufels betrachtet, war in Europa im Jahrhundert zuvor das erste Mal zum Einsatz gekommen; mittlerweile wurden großkalibrige Kanonen und Projektile von mehreren hundert Pfund Gewicht gegossen. Doch weil die bestmögliche Zusammensetzung für Schießpulver (eine Mischung aus Salpeter, Schwefel und Holzkohle) erst noch gefunden werden musste, waren antike, mittelalterliche Waffen und Geräte – Belagerungsmaschinen, Katapulte und Sturmböcke – noch immer weit verbreitet. Pläne für beide Arten von Waffen, antiquierte *und* neuartige, sind in einem Manuskript zu sehen, das den Titel *De machinis* trägt und von Filippos Freund Mariano Taccola um 1430 geschrieben wurde. In dieser Abhandlung finden sich Schaubilder und Beschreibungen herkömmlicher Kriegsgeräte, beispielsweise von einklappbaren Belagerungsleitern und einer verwirrenden Vielzahl verschiedener Katapulte zum Schleudern von Steinblöcken. Es sind aber auch Bombarden und mit Schießpulver gefüllte Fässer zu sehen, an denen Zündschnüre befestigt sind. Eine der berühmtesten Erfindungen Taccolas auf diesem Gebiet war ein mit Schießpulver gefülltes Fässchen, das in einem Stollen zur Explosion gebracht wurde, den man unter einer feindlichen Festung grub (was 1916 in der Schlacht an der Somme wieder praktiziert wurde). Es gibt keinen unmittelbaren Beweis dafür, dass Filippo an einer dieser Erfindungen mitgearbeitet hat, doch einige Gelehrte haben die Vermutung geäußert, dass zumindest mehrere Entwürfe vom *capomaestro* stammen.[73] Einige Katapulte jedenfalls, die mit Hilfe von Hebezügen gespannt und von Gegengewichten unter Zug gehalten wurden, entsprachen dem weithin anerkannten Spezialwissen Filippos auf den entsprechenden Gebieten der Mechanik. Doch seine Pläne, die Stadt Lucca in die Knie zu zwingen, beinhalteten ein sehr viel ehrgeizigeres Projekt.

Lucca war die erste Stadt in der Toskana gewesen, in der das Christentum Fuß gefasst hatte. Einer Legende zufolge waren die Einwohner vom heiligen Frediano bekehrt worden, einem irischen Mönch, der die Stadt vor einer Überschwemmung bewahrt hatte, indem er den gefährlich angeschwollenen Fluss Serchio teilte. Möglicherweise von dieser Legende inspiriert, machte Filippo den Vorschlag, das Wunder des Heiligen gewissermaßen umzukehren, indem man den Lauf des Serchio änderte, bis Lucca sich inmitten eines Sees befand, der dann durch einen Damm gestaut wurde. Vom Festland abgeschnitten, würden die Bewohner der Stadt früher oder später kapitulieren müssen.

Dieser Plan Filippos war im Grundsatz nicht neu, sondern in ähnlicher Form bereits in der Antike verwirklicht worden. So hatte im Jahre 510 v. Chr. der Herrscher von Kroton und Gönner des Pythagoras, Milon, den Fluss Crathis teilen und das gegnerische Sybaris überfluten lassen, eine uralte Stadt in Süditalien, die erst vor kurzem von Archäologen ausgegraben wurde. Ungefähr zweihundert Jahre später eroberte Sostratus für seinen Herrscher Ptolemaios I., den König von Ägypten, die Stadt Memphis, indem er den Lauf des Nil verändern ließ und die Stadt in zwei Hälften teilte. Und um ein Beispiel aus dem Italien des fünfzehnten Jahrhunderts zu nennen: Ein Florentiner Ingenieur namens Domenico di Benintendi hatte für den Mailänder Herrscher Giangaleazzo Visconti ein System gewaltiger Erdwälle konstruiert, um den Minacio umzuleiten und die Stadt Mantua sechs Meter unter Wasser zu setzen. Der Plan wurde zwar niemals in die Tat umgesetzt, doch die Überreste eines dieser Erdwälle sind noch heute in der Nähe von Valeggio zu sehen. Zum Glück konnte Herzog Giangaleazzo einen anderen seiner Pläne ebenfalls nicht verwirklichen: die Kanäle Venedigs leer laufen zu lassen und die Venezianer auf diese Weise verteidigungsunfähig zu machen.

Offenbar hat Filippo sich vor dem Feldzug gegen Lucca binnen kurzer Zeit erhebliches Wissen über den Wasserbau angeeignet. In den späten zwanziger Jahren reiste er nach Siena, um sich mit Taccola zu besprechen, dem führenden Fachmann auf diesem Gebiet. Die Wasserbautechnik hatte eine lange Tradition in Siena, wo man im Mittelalter der Wasserknappheit durch den Bau der *bottini* entgegengetreten war: fünfundzwanzig Kilometer lange unterirdische Stollen mit Filtern und Senkgruben, die Siena mit frischem Wasser versorgten. Zu Taccolas Zeiten wurden die Wasserzufuhr weiter erhöht und zahlreiche Brunnen gebaut. In Taccolas Werk *De ingeneis* wurde gezeigt, wie man Dämme, Brücken, Bauwerke für den Hochwasserschutz, Unterwasser-Fundamente, Aquädukte und andere Bauwerke auf dem Gebiet der Wasserbautechnik errichtet. Wie bereits erwähnt, wurde in Taccolas *De ingeneis* auch eine Abbildung von *Il Badalone* veröffentlicht und der Versuch unternommen, dieses Schiff zu beschreiben.

In einem Manuskript, das Ende des 19. Jahrhunderts entdeckt wurde, berichtet Taccola, sein Gespräch mit Filippo habe während dessen Besuch in Siena stattgefunden. Obwohl man nicht weiß, ob Filippo vor dem Feldzug gegen Lucca über praktische Erfahrungen in der Wasserbautechnik verfügte, äußerte er sich sehr fachkundig über dieses Thema und tauschte mit Taccola Gedanken über die besten Methoden zur Aufschüttung von Dämmen und den Bau von Brücken aus. Besondere Aufmerksamkeit widmete man den Fundamenten: Filippo warnte Taccola vor großen Einschlüssen von *tufa* im Flussbett – dem leichten, porösen Felsgestein, das der *capomaestro* aus Gründen der Gewichtsersparnis ursprünglich für den oberen Teil der Domkuppel verwenden wollte. Falls sich solche Einschlüsse fänden, erklärte Filippo, sollte man darauf verzichten, Pfeiler für eine Brücke oder einen Damm in den

Untergrund zu rammen, weil solche Pfeiler den *tufa* zersprengen würden – mit der Folge, dass das Wasser die Bruchstücke wegspülte, die Pfeiler freilegte und die Brücke oder den Damm davonschwemmte. Diese mahnenden Worte erwiesen sich als beklagenswerte Ironie. Trotz der theoretischen Vorbereitungen Filippos auf das Projekt, Lucca in einem See versinken zu lassen, war sein gewaltiger Damm ein Fehlschlag. Das Debakel von Lucca fügte Filippos Ruf einen noch größeren Schaden zu als das Desaster mit *Il Badalone*.

Aufgrund finanzieller Engpässe gingen die Arbeiten nur schleppend voran. Dann wurden Zweifel an der Stärke des Dammes laut, noch bevor er vollendet war. Im Mai 1430 schrieb der städtische Notar aus dem florentinischen Lager vor den Mauern Luccas an das heimische Kriegsministerium, er sei nach dem Studium von Filippos Entwurf noch immer nicht überzeugt davon, dass der Damm dem Druck der Wassermassen standhalten könne – eine Ansicht, der sich der redegewandte *capomaestro* jedoch widersetzte. «Ich kann keinem der Argumente Pippos widersprechen», schrieb der ratlose Notar. «Allerdings weiß ich nicht, ob es daran liegt, dass ich so wenig von diesen Dingen verstehe. Aber wir werden ja bald sehen, was aus der ganzen Sache wird.»

Andere Stimmen im florentinischen Lager waren sogar noch pessimistischer, was das Lucca-Projekt betraf. Anders als der Notar, der die Angelegenheit mit Filippo diskutiert hatte, schickte Neri Capponi, der Beauftragte der *Commune* für das florentinische Heer, seine Männer mit dem Befehl los, den Damm zu inspizieren und sich eine eigene Meinung über dessen Standfestigkeit zu bilden. Anscheinend musste man kein Experte für Wasserbautechnik sein, um zu erkennen, dass Filippos Plan sich zum Fehlschlag entwickelte.

Doch Filippo beachtete die Warnungen nicht und war offenbar unbeeindruckt von der demütigenden Katastrophe, die sich mit *Il Badalone* ereignet hatte, dessen Ladung er noch immer zu bergen versuchte, zwei Jahre nach dem Desaster. Seine Dickköpfigkeit in dieser Sache war darauf zurückzuführen, dass er gewohnt unempfänglich auf Kritik reagierte. Hatte man sich nicht auf gleiche Weise über seine Entwürfe für die Domkuppel lustig gemacht? Und war die Kuppel nicht nach allem, was man hörte, ein riesiger Erfolg? In seinem Gespräch mit Taccola hatte Filippo auf die *capoccis et ignorantibus* («Dummköpfe und Ignoranten») geschimpft, die nicht fähig seien, die Pläne von Erfindern, wie er selbst einer war, zu begreifen:

Jeder Mensch, ob gelehrt oder unwissend, will den Sinn und Zweck aller Dinge verstehen. Der gelehrte Mensch begreift wenn nicht das Ganze, so doch wenigstens einen Teil. Der Unwissende und Unerfahrene aber versteht nichts, nicht einmal dann, wenn ihm die Dinge erklärt werden. Die Unwissenheit solcher Menschen lässt sie stets reizbar reagieren. Und sie bleiben unwissend, weil sie sich gelehrt zeigen wollen, was sie aber nicht sind, und sie verspotten die Wissenden und verleiten die Heerscharen der Dummen dazu, an ihrer eigenen Unwissenheit festzuhalten.[74]

Solche Narren, erklärte Filippo, taugten nur dazu, in einen Krieg geführt zu werden. Diese Bemerkungen wurden vor dem Feldzug gegen Lucca niedergeschrieben; nachdem Filippos Pläne so katastrophal gescheitert waren, wären seine Vorschläge, was man mit seinen Kritikern anstellen solle, wahrscheinlich noch härter ausgefallen.

Wie die Florentiner müssen auch die Einwohner von Lucca erkannt haben, dass Filippos Projekt alles andere als narrensicher war. Zu Anfang begegneten sie dem Versuch, die Ebene zu überfluten, indem sie eigene Dämme bauten: Sie schütteten eine Reihe hoher Uferböschungen auf, die verhinderten, dass das Wasser in die vorgesehene Richtung strömte. Doch mit diesem Verteidigungsmanöver gaben sich die Einwohner von Lucca noch nicht zufrieden. Eines Nachts drang eine ihrer Einheiten in einem überraschenden militärischen Ausfall auf das Florentiner Territorium vor und grub eine Schneise in die Uferböschung des Kanals, den Filippo hatte anlegen lassen – an der Stelle, an der dieser Kanal vom Serchio abzweigte, so dass die Ebene um Lucca überflutet wurde, wie Filippo es vorhergesagt hatte. Doch das Ergebnis war (wie Niccolò Machiavelli in seiner *Geschichte von Florenz* zynisch anmerkte) «genau anders herum wie erwartet»: Mit vernichtender Gewalt rissen die Wassermassen des Serchio den Damm davon und, was noch schlimmer war, überschwemmten das Lager der Florentiner, die zu einem eiligen Rückzugsmanöver auf höheres Gelände gezwungen wurden, statt wie geplant Lucca anzugreifen. Auf der überfluteten Ebene bei Lucca verlor Filippo nicht nur seinen Ruf als Ingenieur, sondern mehr noch: Wie aus den Steuerunterlagen für das Jahr 1431 hervorgeht, verschwand auch sein Bett in den Fluten, das in seinem Zelt im Lager der Florentiner gestanden hatte.

Das Kriegsglück wendete sich nun endgültig gegen die Florentiner. Der Herzog von Mailand – stets darauf bedacht, Florenz zu schwächen – entsandte Truppen nach Lucca. Die Florentiner schlugen zurück, indem sie den Grafen Sforza bestachen, den Truppenführer des Herzogs, die Stadt zu verlassen. Tatsächlich rückte Sforza aus Lucca ab, doch in der darauf folgenden Schlacht erlitten die Florentiner eine verheerende Niederlage. Die Kampfmoral sank rapide.

Doch die Schuld an dieser Niederlage wurde nicht Filippo allein gegeben. Der übliche Sündenbock wurde bemüht, um die Schwächen der Florentiner in der Schlacht zu erklären: die Homosexualität. Jahrelang hatten Kirchenleute wie der franziskanische Unruhestifter Bernardino von Siena von der Kanzel gewettert, das Verbrechen der «Sodomie», wie Homosexualität damals genannt wurde, zerstöre die Stadt. Florenz war für seine homosexuellen Aktivitäten so berühmt, dass im vierzehnten Jahrhundert der umgangssprachliche Begriff für «Sodomit» bei den Deutschen *Florenzer* lautete. Im Jahre 1432 unternahm die Regierung Schritte, diese vermeintliche Wurzel ihrer offensichtlichen Schwierigkeiten auf dem Schlachtfeld auszureißen, indem ein Amt zur Ermittlung und Verfolgung Homosexueller eingerichtet wurde, das Ufficiali di Notte oder «Amt der Nacht» (ein Name, der dadurch noch mehr Farbe bekam, dass *notte* der umgangssprachliche Ausdruck für «Schwuler» war). Diese «Sondereinheit» arbeitete eng mit einem anderen Amt zusammen, dessen Name George Orwell geprägt haben könnte, dem Ufficiali dell' Onestà oder «Amt für Sitte und Anstand», das den Auftrag erhielt, die städtischen Bordelle, die in der Gegend um den Mercato Vecchio entstanden waren, behördlich zu beaufsichtigen und zu verwalten.[75] Das spezielle Ziel dieser öffentlichen Bordelle bestand darin, der Florentiner Männerwelt das «schlimmere Übel» der Sodomie abzugewöhnen. Prostituierte wurden zu einem alltäglichen Anblick in Florenz, nicht zuletzt deshalb, weil ihnen gesetzlich vorgeschrieben war, ganz bestimmte Kleidung zu tragen: Handschuhe, Schuhe mit hohen Absätzen und ein Glöckchen auf dem Kopf.

Trotz dieser Maßnahmen blieben die Leistungen der Florentiner auf dem Schlachtfeld eher bescheiden. Der Herzog von Mailand brachte Genua, Siena und Piombino dazu, einer Allianz gegen die angeschlagene Republik beizutreten. Florenz erkannte die Zeichen der Zeit und ersuchte um Einstellung der Kampfhandlungen. 1433 wurde ein Friedensvertrag geschlossen, wenngleich die Feindseligkeiten mit Mailand noch mehr als ein Jahrzehnt andauerten, bis zum Tod des Herzogs.

15. KAPITEL

Der Tiefpunkt

Der Krieg gegen Lucca forderte auch von den Baumeistern, Handwerkern und Arbeitern an der Santa Maria del Fiore einen hohen Tribut. Im Jahre 1429, zu Beginn des Feldzugs, wurden die Löhne der meisten Handwerker um die Hälfte gekürzt. Bei anderen waren die Einbußen noch drastischer; die Löhne sanken von einer Lira täglich auf die unfassbar geringe Summe von einer Lira im Monat. Selbst Filippo musste Einkommenseinbußen hinnehmen: Seine Bezüge sanken von jährlich 100 Florinen auf 50. Im Dezember 1430 kam es zu einer Massenentlassung von vierzig Maurern und Handwerkern an der Dombaustelle und in den Steinbrüchen von Trassinaia, was zum Teil am kalten Wetter lag, vor allem aber an der Notwendigkeit, Einsparungen vorzunehmen. Die Domopera erklärte, diese Kosten dämpfenden Maßnahmen müssten «für eine gute und gerechte Sache» vorgenommen werden, *pro bono et iusta causa*, mit anderen Worten: damit die frei werdenden Gelder in den Krieg investiert werden konnten. Für die Künstler brachen schwere Zeiten an. In ganz Florenz waren verschiedene öffentliche Bauvorhaben zum Stillstand gekommen (darunter das Oratorium der Santa Maria degli Angeli, ein anderes Projekt Filippos), weil das Geld in die Kriegskasse floss. Als die Aufträge ausblieben, verließen viele Künstler Florenz – darunter Donatello – und begaben sich in friedlichere und wohlhabendere Städte.

In Anbetracht der Tatsache, dass die Regierung den Gürtel so eng schnallte, hatte Filippo sich einen denkbar ungünstigen Zeitpunkt ausgesucht, den Plan für sein kostspieliges Vorhaben vorzubringen, die Kathedrale mit einem stützenden Ring aus Kapellen zu umgeben. Wie nicht anders zu erwarten, hatte sein Modell bei den «Operai» wenig Begeisterung hervorgerufen; sie hatten sich für eine billigere Lösung entschieden und beschlossen, das Langschiff des Domes durch – äußerlich sichtbare – eiserne Spannstangen verstärken zu lassen. Widerwillig akzeptierte Filippo diese Entscheidung der «Operai». Anfang des Jahres 1431 entwarf er im Rahmen eines Wettbewerbs ein Modell für diese Spannstangen, siegte und erhielt den Auftrag, die Stangen zu installieren. Einen Monat nach Vergabe dieses Auftrags fällten die «Operai» eine weitere bedeutsame Entscheidung: Sie befahlen die Zerstörung des Kuppelmodells von Neri di Fioravanti aus dem Jahre 1367. Die *cupola*, erklärten sie, sei mit Neris Modell mittlerweile «in keiner Weise mehr zu vergleichen». Das sollte nicht heißen, dass Filippo gegen die Vorgaben des Modells verstoßen hatte, denn beim Bau der Kuppel hatte er sich genau an die verlangten Maße und die Krümmung der Kuppelwandung gehalten. Doch die *cupola* stand nun so kurz vor der Vollendung, dass Neris Modell seinen Nutzen als Orientierungshilfe verloren hatte. Der Bau der *cupola* konnte nun abgeschlossen werden, ohne dass man immer wieder prüfen musste, ob Modell und Kuppel einander entsprachen.

Am Ende wurden sowohl eiserne als auch hölzerne Spannstangen verwendet, um zu verhindern, dass im Mauerwerk des Langschiffes weitere Risse entstanden. Da Filippo für diese Lösung des Problems von vornherein keine Begeisterung hatte aufbringen können, ließ er sich viel Zeit beim Einbau der Spannstangen, so dass die «Operai» ihn im Mai 1433 zur Eile drängen mussten. Ein Jahr darauf, nachdem diese Arbeit abgeschlossen war, beklagte Filippo sich in einem Schreiben an die Opera über die Hässlichkeit der Stangen. Diese Schandflecke, meinte er, könnten jedoch wieder entfernt werden, würde der von ihm vorgeschlagene Kapellenring um den Dom errichtet; deshalb drängte er die «Operai», seinen Vorschlag noch einmal zu überdenken. Wenngleich sie Filippo erlaubten, sein *Modell* des Domes mit einem Kapellenring abzuschließen, war ihre Aufforderung eindeutig: Filippo sollte sich darauf konzentrieren, die Kuppel zu vollenden. Verständlicherweise wollten die «Operai» dieses Projekt endlich abgeschlossen sehen; sie hatten gehofft, 1433 die ersten Gottesdienste unter der neuen *cupola* feiern zu können, doch dieser Zeitplan war äußerst optimistisch: Als die «Operai» achtzehn Monate später zusammenkamen, um über Filippos Modell des Kapellenringes zu diskutieren, war eine Fertigstellung der *cupola* immer noch nicht in Sicht.

Filippo, der sich gegenüber den «Operai» fast immer hatte durchsetzen können, musste sich diesmal geschlagen geben. Sein Zorn über diese Niederlage dürfte von anderen und drängenderen Sorgen in den Schatten gestellt worden sein, denn im August 1434 – nur wenige Tage nach dem Treffen der «Operai» mit den Konsuln der Wollweberzunft – wurde Filippo festgenommen und ins Gefängnis geworfen. Sein Vergehen bestand darin, dass er die jährlichen Beiträge an die Maurerzunft nicht bezahlt hatte. Für Filippo schien es immer weiter bergab zu gehen.

Die Arte dei Maestri di Pietra e di Legname, die «Zunft der Steinmetzen und Zimmerleute», zählte zu den größten in Florenz. Wie die anderen Zünfte auch, war sie weniger eine Interessenvertretung ihrer Mitglieder, der gemeinen Arbeiter und Maurer, sondern diente vielmehr dem Wohle der politischen Eliten der Stadt. Die Zünfte waren das eigentliche Fundament der republikanischen Verfassung, da die Mitgliedschaft in einer Zunft die Qualifikation für ein politisches Amt bedeutete. Die wahre Macht hatte sich in den Händen der 1309 gegründeten Mercanzia konzentriert, die von einem Netzwerk reicher, durch Heirat verwandter, doch oftmals rivalisierender Familien beherrscht wurde, darunter die Capponi, die

Medici, die Strozzi, die Bardi und die Spini. Durch die Mercanzia erweiterte diese wirtschaftliche Elite ihre Macht, indem sie die faktische Leitung anderer Zünfte übernahm und die Auswahl der Kandidaten kontrollierte, die für Ämter in den verschiedenen Zünften in Frage kamen.

Im Mittelalter waren die Maurerzünfte in Nordeuropa zu eifersüchtigen Wächtern der «Geheimnisse» ihres Berufs geworden. In einem berühmten Fall aus dem Jahre 1099 war der Bischof von Utrecht von einem Maurermeister ermordet worden, weil der Kirchenmann den Sohn des Meisters dazu gebracht hatte, ihm das Geheimnis zu offenbaren, wie man das Fundament einer Kirche legte. Natürlich gab es offensichtliche Gründe, sich das Monopol für ein solches Wissen zu wahren: Die Maurer hatten wirtschaftliches Interesse daran, dass ihre Berufsgeheimnisse nicht außerhalb der eigenen Zunft verbreitet wurden.

Doch in Florenz wachte die Maurerzunft niemals mit einer so besessenen Eifersucht über ihr Wissen. Maurer und Zimmerleute von außerhalb durften ihr Handwerk in der Stadt ausüben; es war sogar erlaubt, dass Handwerker aus anderen Zünften sich im Bauberuf betätigten. Offenbar war die Florentiner Maurerzunft auch nicht allzu streng darauf bedacht, dass solche Männer ihrer Zunft beitraten oder gar Mitgliedsbeiträge zahlten. Weder Giotto noch Andrea Pisano, zwei ehemalige *capomaestri*, waren jemals der Maurerzunft beigetreten. Auch Filippo hatte man eine Ausnahmegenehmigung erteilt, die es ihm erlaubte, als Architekt zu arbeiten, ohne der Zunft anzugehören, was die plötzliche Forderung nach Mitgliedsbeiträgen und seine Verhaftung umso eigenartiger erscheinen lassen.

Die Festnahme Filippos ist eine sehr obskure Geschichte. Die Mitgliedsbeiträge der Maurerzunft für ein Jahr hätten sich auf insgesamt 12 Soldi belaufen – in etwa der Betrag, den ein gewöhnlicher Arbeiter an der Baustelle der Santa Maria del Fiore an einem Tag verdienen konnte. Aus zeitgenössischen

Unterlagen geht hervor, dass viele Mitglieder der Zunft trotz dieser bescheidenen Summe mit der Bezahlung der Beiträge im Rückstand waren.[76] Doch Filippo war der Einzige, der jemals wegen dieses Versäumnisses verhaftet und ins Gefängnis geworfen worden war. Offensichtlich waren finstere Mächte am Werk, die das Ziel verfolgten, den *capomaestro* zu ruinieren.

In der langen Zeit, die er nun schon an der Kuppel arbeitete, war Filippo politisch aktiv gewesen und hatte mehrere Male Ausschüssen angehört, die über die Annahme oder Ablehnung von Gesetzesvorlagen der *Signoria* entschieden.[77] Nun aber verlor er binnen kürzester Zeit die Gunst der herrschenden gesellschaftlichen Schicht in Florenz. Noch folgenschwerer war, dass Filippos wohlhabender Gönner Cosimo de' Medici – der Mann, von dessen Familie er 1425 mit der Neugestaltung der Sakristei von San Lorenzo beauftragt worden war – sich im Exil aufhielt. Cosimos Verbannung war ein schwerer Schlag für die Florentiner Künstlerschaft. Nach dem Tod seines Vaters Giovanni di Bicci im Jahre 1429 war er zum führenden Mann des mächtigen Bankhauses der Medici geworden. Cosimo war ein gelehrter Mensch. Er studierte die griechische Philosophie, sammelte antike Schriften und Münzen, freundete sich mit humanistischen Gelehrten an und folgte dem Beispiel vornehmer Römer aus der Antike, indem er jeden Morgen in aller Frühe aufstand und sich um die Pflege seiner Obst- und Weingärten kümmerte. Doch seine politische Laufbahn war weniger idyllisch. Er zählte zu den Mitgliedern des Kriegsministeriums, die sich für den erfolglosen Feldzug gegen Lucca ausgesprochen hatten. Dieses militärischen Fehlschlags wegen konstruierten Cosimos Gegner eine Verschwörungsklage gegen ihn und warfen ihm vor, er habe den Sturz der Regierung herbeiführen wollen. Er wurde verhaftet, im September 1433 im Turm des Palazzo della Signoria eingekerkert und kurz darauf nach Venedig verbannt.

Doch auch Filippos Position war nach dem Desaster auf dem Schlachtfeld bei Lucca geschwächt. Sein Ruf war ruiniert, sein mächtigster Gönner verbannt, und die Arbeiten an der Kuppel – auch wenn sie erfolgreich weitergeführt wurden – gingen aufgrund der Knappheit an Geld und Arbeitskräften langsamer voran. Deshalb wählten Filippos Feinde diesen Zeitpunkt, um gegen ihn loszuschlagen. Der Mann, der bei der Verhaftung Filippos im Hintergrund die Fäden zog, war Rainaldo Silvestri, einer der Konsuln der Maurerzunft. Es ist eine sehr interessante Frage, ob Silvestri lediglich im Namen der Konsuln handelte oder ob noch jemand anders dahintersteckte. Welche Rolle, zum Beispiel, könnten Lorenzo Ghiberti oder Giovanni da Prato gespielt haben? Lorenzo jedenfalls konnte einer ähnlichen Anklage wegen nicht inhaftiert werden, denn er war der Maurerzunft 1426 beigetreten, acht Jahre zuvor, nachdem er fast ein Jahrzehnt in diesem Beruf gearbeitet hatte, wobei er die ganze Zeit über der Seidenzunft angehörte, der Arte della Seta, wie auch Filippo.[78] In späteren Jahren wurde er zu einer Stütze seiner neuen Zunft und hatte von 1449 bis 1453 das Amt eines Konsuls inne. Doch es gibt keine Indizien dafür, die auf eine Intrige Lorenzos gegen seinen alten Rivalen hindeuten. Wahrscheinlicher ist, dass Filippos Verhaftung auf das Betreiben derselben Personengruppe zurückzuführen war, die schon für die Verbannung Cosimo de' Medicis gesorgt hatte: der mächtige Familienklan der Albizzi.

Alles in allem hätten die Umstände der Einkerkerung Filippos viel schlimmer sein können. Er kam nicht wie ein gewöhnlicher Verbrecher in das Gefängnis der Stinche, das Florentiner Stadtgefängnis, oder gar in die künstlich angelegten unterirdischen Höhlen, die *burelle*, die in Florenz als Verliese dienten. In den Gefängnissen und Kerkern saßen vor allem die Armen, die man mit Geldstrafen belegt hatte, die sie nicht bezahlen konnten, aber auch Betrüger, Ehebrecher, Diebe und Spieler. In das Gefängnis der Stinche, das sich unweit der Piazza Santa Croce befand, war übrigens auch Manetto gebracht worden, der dicke Tischler, mit dem Filippo sein übles Spiel getrieben hatte. Doch im Gefängnis der Stinche saßen auch Schwerverbrecher ein – Ketzer, Zauberer, Hexen und Mörder –, die ein höchst unangenehmes Schicksal erwartete: die Enthauptung, der Tod auf dem Scheiterhaufen oder die Amputation von Körperteilen. Die Hinrichtungen wurden vor den Stadtmauern vollzogen, auf dem Prato della Giustizia oder «Feld der Gerechtigkeit». Exekutionen waren beliebte öffentliche Spektakel – so beliebt, dass häufig Verbrecher aus anderen Städten «importiert» werden mussten, um das Verlangen der Öffentlichkeit nach solch makabren Schauspielen zu befriedigen.

Filippo konnte sich sehr viel angenehmerer Umstände erfreuen. Er wurde ins Gefängnis der Mercanzia gebracht, das sich an der Piazza della Signoria befand, doch schon kurz nach seiner Inhaftierung eilten die «Operai» zu seiner Befreiung herbei. Zornentbrannt ob der unwürdigen Behandlung Filippos, bestanden sie darauf, dass der Capitano del Popolo, der Polizeichef von Florenz, Rainaldo Silvestri ins Gefängnis warf. Ein paar Tage später, am 31. August, wurde Filippo aus der Haft entlassen, nachdem er fast zwei Wochen hinter Gittern verbracht hatte. Am Tag darauf wurde eine Medici-freundliche Regierung gewählt, Cosimo aus der Verbannung zurückgerufen und Rinaldo Albizzi – das Oberhaupt der rivalisierenden Familie – seinerseits verbannt. Doch wenn Filippo geglaubt hatte, dass seine Probleme nun vorüber seien und er sich ungestört auf die Fertigstellung der *cupola* konzentrieren könne, sah er sich bitter getäuscht. Knapp zwei Monate später sah sich der Baumeister von seinem eigenen Adoptivsohn, Il Buggiano, schmählich betrogen.

Andrea Cavalcanti oder «Il Buggiano» lebte nun schon fünfzehn Jahre bei Filippo, seit er im Alter von sieben Jahren nach Florenz gebracht worden war. Wahrscheinlich hatte Brunelleschi den Jungen zum ersten Mal in dem toskanischen Dorf Buggiano in der Nähe von Pistoia zu Gesicht bekommen, wo Ser Brunellesco, Filippos Vater, ein Stück Land besaß, auf dem er Wein und Olivenbäume anbaute. 1434, mit zweiundzwanzig Jahren, hatte Buggiano sich in Florenz bereits einen Namen als Bildhauer gemacht. Filippo hatte ihn bei einer Reihe prestigeträchtiger Projekte eingespannt, darunter auch beim Dombau; Buggiano schuf ein Lavabo – ein Becken zur priesterlichen Handwaschung – aus Marmor, das sich noch heute in der südlichen Sakristei befindet. In der Kirche San Lorenzo unweit des Domes hatte Buggiano an einem Auftrag gearbeitet, der ihm noch größeres Ansehen verschaffte: dem Sarkophag für Giovanni de' Medici und dessen Frau Piccarda, den Eltern von Cosimo de' Medici.

Über Buggianos Kindheit und Jugend ist wenig bekannt, doch seine Erziehung und Ausbildung müssen ähnlich der Filippos gewesen sein. Mit einundzwanzig Jahren wurde er als Goldschmiedemeister in die Seidenzunft aufgenommen. In Florenz war es üblich, dass der Sohn in der Werkstatt des Vaters in die Lehre ging. Die Nachfolger Lorenzo Ghibertis beispielsweise, der ja selbst in der Bronzegießerei seines Stiefvaters Bartolucci ausgebildet wurde, waren seine beiden Söhne und später sein Enkel Buonaccorso. Ähnlich war es beim *capomaestro* Battista d'Antonio, dem beim Bau der Kuppel von Santa Maria del Fiore sein Sohn Antonio als Helfer zur Seite stand. Antonio sollte später sogar zum vierten *capomaestro* ernannt werden, neben seinem Vater, Filippo und Lorenzo. Seltsam daran ist allerdings – sieht man einmal davon ab, dass überhaupt ein weiterer *capomaestro* für nötig erachtet wurde –, dass Antonio di Battista im Jahr seiner Ernennung, 1430, erst elf Jahre alt war. In diesem zarten Alter hätte er noch nicht einmal bei einem Steinmetz in die Lehre gehen können. Wie konnte er dann als *capomaestro* beim größten Bauprojekt des Jahrhunderts an eine so verantwortliche Stelle gesetzt werden? Doch so eigenartig es erscheinen mag – es gab noch andere Beispiele dieser Art. Mitunter wurden in Florenz Minderjährige als «Chefs» von Industriebetrieben eingesetzt, obwohl sie keinerlei einschlägige Ausbildung erhalten hatten.

Beispielsweise wurde im Jahre 1402 der damals dreizehnjährige Cosimo de' Medici zum Direktor der Wollmanufaktur der Medicis ernannt. Es wird niemanden verwundern, dass die tatsächliche Leitung der Manufaktur einem erfahrenen Geschäftsführer überlassen wurde. Entsprechend wird es im Fall von Antonio di Battista gewesen sein, dem kindlichen *capomaestro*: Man hatte ihm sein Amt lediglich nominell übertragen, und sein wirklicher Anteil am Bau der Kuppel wird äußerst gering gewesen sein.

Buggianos berufliche Position hingegen – sei es am Dom oder in der Kirche San Lorenzo – war vermutlich alles andere als nominell. Indem er Aufträge wie die Gestaltung des Sarkophags für Giovanni de' Medici übernahm, verschaffte er Filippo den nötigen Freiraum, an seinen Entwürfen und Modellen für die *cupola* zu arbeiten und neue Aufträge zu akquirieren. Außerdem war Buggiano ein sehr begabter Bildhauer, dessen Arbeiten manchmal nicht von denen Filippos zu unterscheiden sind; mitunter übertrifft er sogar seinen Meister.[79]

Filippo dürfte ein schwieriger Lehrmeister und Chef gewesen sein, bedenkt man seine Dickköpfigkeit und seine sprunghafte, fordernde Art. Außerdem scheint er seinen Stiefsohn, aus welchen Gründen auch immer, mit einer gewissen Gleichgültigkeit behandelt zu haben. So versäumte er beispielsweise, Buggiano für die Arbeiten am Dom und in der Kirche San Lorenzo die beträchtliche Summe von 200 Florinen zu bezahlen – den Lohn für zwei Jahre. Deshalb nahm Buggiano sich das Geld und die Edelsteine für die ausstehende Bezahlung und flüchtete nach Neapel, wo er vermutlich ohne die Hilfe des *capomaestro* seinen Weg machen wollte.

Dabei hätte Filippo die 200 Florinen problemlos zahlen können, wenn man bedenkt, dass er im Jahre 1433 trotz der Verluste, die *Il Badalone* ihm eingebracht hatte, noch immer die gewaltige Summe von 5000 Florinen besaß. Doch der *capomaestro*, auf so vielen anderen Gebieten ein Genie, war bei der Handhabung seiner finanziellen Angelegenheiten nicht sonderlich geschickt, was jedoch auf seine von Natur aus sorglose, ja leichtsinnige Einstellung zum Geld zurückzuführen war, die er mit vielen der großen Florentiner Maler, Bildhauer und Baumeister teilte. Filippos Freund Masaccio verlieh Geld an Freunde und Bekannte, ohne sich die Mühe zu machen, es zurückzuverlangen, und von Donatello wird behauptet, dass er auf seinem Arbeitstisch einen Korb voller Geld stehen hatte, aus dem seine Lehrlinge sich bedienen durften. Filippo war nicht minder großzügig und verschenkte Geld an die Armen der Stadt, doch die lasche Haltung, was finanzielle Dinge betraf, war bei ihm eher auf Nachlässigkeit als auf Mildtätigkeit zurückzuführen. Im September 1418 beispielsweise hatte seine politische Karriere einen Rückschlag erlitten, weil Steuerschulden ihn daran hinderten, ein öffentliches Amt anzunehmen. Der Zeitpunkt hätte ungünstiger kaum sein können, wenn man bedenkt, dass der Wettbewerb um das Kuppelmodell erst einen Monat zuvor ausgeschrieben worden war.

Wie bereits erwähnt, war «Il Buggiano» zweiundzwanzig Jahre alt, als er sich mit Filippos Geld und den Edelsteinen nach Neapel absetzte. Wenngleich bereits ein meisterhafter Bildhauer, galt er nach florentinischem Gesetz noch als Halbwüchsiger; die Volljährigkeit – und damit die Befreiung von der väterlichen Autorität – erlangte man erst mit vierundzwanzig Jahren; so mancher «Halbwüchsige» blieb sogar bis zur Vollendung des achtundzwanzigsten Lebensjahres unter väterlicher Kontrolle. Kein Wunder, dass viele junge Männer sich gegen dieses System zu wehren versuchten: Franco Sacchetti, ein Dichter und Erzähler aus dem vierzehnten Jahrhundert, schrieb sogar, dass fünf von sechs Söhnen sich einen vorzeitigen Tod ihres Vaters wünschten, um endlich auf eigenen Füßen stehen zu können. Und in dieser Rolle – der eines Vaters, der vom undankbaren Sohn verraten wird – tritt Filippo uns nun für kurze Zeit entgegen.

Viele Einzelheiten dieses Zerwürfnisses bleiben im Dunkeln, weil es weder von Vasari noch von Manetti erwähnt wird – genauso wenig, wie sie von der Katastrophe mit *Il Badalone* oder von dem fehlgeschlagenen Plan berichten, die Stadt Lucca zu überfluten. Doch wie die Sachlage auch gewesen sein mag: Filippo wollte Buggiano *und* sein Eigentum zurückhaben. Anders als sein heißblütiger Freund Donatello, der – von Mordlust getrieben – einen seiner flüchtigen Lehrlinge bis nach Ferrara verfolgt hatte, hielt Filippo sich strikt an das Gesetz und wandte sich an die höchste Autorität auf Erden, an keinen Geringeren als Papst Eugenius IV. Deshalb wurden der Diebstahl des jungen Mannes und seine Flucht zu einem Vorfall von «internationalem» Ausmaß.

Papst Eugen war erst wenige Monate zuvor in Florenz eingetroffen, nachdem er vom Steine werfenden Pöbel aus dem Lateranpalast vertrieben worden war: zornige, unzufriedene Römer, die der unaufhörliche Krieg des Papstes gegen den Herzog von Mailand – der nun seinerseits Rom bedrängte – in Not und Verzweiflung getrieben hatte. Verkleidet war Eugen den Tiber hinuntergeflüchtet und von Ostia aus nach Norden gesegelt; nach einer gefahrvollen Reise war er in Livorno von Bord gegangen und am 23. Juni schließlich in Florenz eingetroffen. Das Oberhaupt der Kirche sollte mehrere Jahre in der Stadt verbringen und an einer Reihe historischer Feierlichkeiten in der Santa Maria del Fiore teilnehmen.

Der päpstliche Abbreviator war zu dieser Zeit Leon Battista Alberti. Er hatte Eugenius nach Florenz begleitet. 1434 schrieb Alberti sein dreibändiges Werk über die Malerei, *De Pictura*, dessen italienische Ausgabe (*Della pittura libri tre*) er zwei Jahre später Filippo widmete und mit der Lobeshymne über die erstaunliche Meisterleistung über «Pippo den Architekten» versah. Als Abbreviator bestand Albertis Aufgabe darin, sämtliche Briefe und päpstlichen Bullen Eugenius' in tadellosem, elegantem Latein abzufassen. Üblicherweise behandelten die päpstlichen Bullen Glaubensfragen und liturgische Themen, doch am 23. Oktober musste Alberti ein Schreiben verfassen, das ihm sehr seltsam erschienen sein muss: die Bitte des Papstes an Königin Giovanna von Neapel, sie möge Buggiano unverzüglich nach Florenz zurückschicken – mitsamt dem Geld und den Edelsteinen, die er aus Filippos Haus gestohlen hatte. Eine Bitte von so hoher Stelle musste natürlich sehr ernst genommen werden, und so wurde der entflohene Bildhauer prompt zurück nach Florenz und in die Obhut seines Herrn befördert. Damit war die peinliche Episode auch schon abgeschlossen. Buggiano nahm die Arbeit in Filippos Atelier wieder auf und erfüllte nunmehr pflichtgetreu die weiteren Aufträge seines Meisters. Offenbar kam es zu keinen neuerlichen Meinungsverschiedenheiten zwischen den beiden Männern, und kurze Zeit später setzte Filippo den Adoptivsohn zu seinem Erben ein.

16. KAPITEL

Die Einsegnung

Es gab zahlreiche kirchliche Feiertage in Florenz, im Durchschnitt fast jede Woche einen. Die Bevölkerung war es gewöhnt, dass ihr bei diesen Feierlichkeiten prächtige Schauspiele geboten wurden: Priester und Mönche in prunkvollen, golddurchwirkten seidenen Gewändern, die mit den Fahnen ihrer Orden und ihren kostbarsten Reliquien durch die Straßen zogen, begleitet vom Läuten der Glocken, dem Klang der Trompeten, frommen Gesängen und dem Plätschern von Weihwasser. Doch im Jahre 1436 war das Kirchenfest Mariä Verkündigung, das am 25. März gefeiert wird, Anlass zu einer Festlichkeit, die selbst für Florentiner Verhältnisse überwältigend war.

An diesem Tag zog Papst Eugen, der noch immer in der Stadt Zuflucht suchte und in der Santa Maria Novella residierte, in einer Prozession gen Osten in Richtung des Stadtzentrums. Er wurde von sieben Kardinälen, siebenunddreißig Bischöfen und neun Mitgliedern der Florentiner Regierung begleitet, darunter Cosimo de' Medici. Die Prozession zog über eine 250 Meter lange und fast zwei Meter hohe hölzerne Plattform, die mit duftenden Blumen und wohlriechenden Kräutern geschmückt war. Dieser Laufsteg war von Filippo entworfen worden, um dafür zu sorgen, dass der Papst wohlbehalten und sicher über den wimmelnden Menschenmengen in den Straßen einherschreiten konnte; eine neuartige Vorgehensweise, die Massen im Zaum zu halten, die man der herkömmlichen Methode vorgezogen hatte, die darin bestand, Münzen unters Volk zu werfen, um die Menschenmenge auf diese Weise zu zerstreuen und dafür zu sorgen, dass sie dem Heiligen Vater nicht zu dicht auf den Leib rückte. Als der Papst und sein Gefolge in die Via de' Cerretani einbogen und sich mit knarrenden Schritten über den Bohlenweg in Richtung der hoffnungslos verstopften Piazza San Giovanni bewegten, kam die neue Kathedrale plötzlich in Sicht. Nach 140 Jahren Bauzeit war endlich der Tag gekommen, die Santa Maria del Fiore einzusegnen.

Der Feiertag Mariä Verkündigung war eine überaus passende Gelegenheit für ein solches Fest, denn an diesem Tag wird das Erscheinen des Erzengels Gabriel vor der Jungfrau Maria gefeiert. Auf den meisten Gemälden, die Mariä Verkündigung zeigen, wird Gabriel mit einer Lilie in Händen dargestellt, das Symbol der Reinheit – und das der Republik Florenz. Der Engel überbringt Maria die Kunde vom bevorstehenden Wunder der unbefleckten Empfängnis: Das Göttliche erscheint leibhaftig auf Erden. Den Menschen im Florenz des Jahres 1436 muss der neue Dom wie ein ähnliches Wunder göttlichen Wirkens erschienen sein – wenngleich das Wunder in diesem Fall nicht von einem Engel bewirkt worden war, sondern von einem Menschen.

Die Santa Maria del Fiore war sorgfältig für die Feierlichkeiten vorbereitet worden. Die behelfsmäßige Wand zwischen Oktogon und Langhaus – ein Bretterzaun, der die Betenden von den Arbeitern trennte – war endlich entfernt worden; nach einem Entwurf Filippos hatte man einen hölzernen Chor errichtet und dessen zwölf geschnitzte Apostelstandbilder farbig bemalt. Die großen Fenster im Tambour waren mit Leinen verhängt, so dass der Wind nicht ins Innere des Domes wehen konnte. Und schließlich war der gewaltige, mit Ochsenkraft betriebene Materialaufzug aus dem Zentrum des achteckigen Gebäudes verschwunden, wo er fünfzehn Jahre in Betrieb gewesen war; nun war der Boden des Oktogons mit Ziegeln gepflastert.

Als die Zeremonie begann, schritt einer der Kardinäle durch den neuen Chor, ging dabei von einer Apostelstatue zur anderen und zündete vor jeder eine Kerze an. Eugen IV. stieg die Stufen zum Altar hinauf – für den Chor das Zeichen, die Motette zu singen:

Rosenblüten, des Papstes Geschenk
Zieren den Dom, dies großartige Bauwerk
Trotz der grausamen Kälte des Winters
Und sind in Ewigkeit Dir geweiht
Himmlische Jungfrau, gesegnet und heilig …

Derweil legte der Papst sämtliche Reliquien der Kathedrale auf den Altar. Die bedeutendsten waren ein Fingerknochen Johannes des Täufers sowie die sterblichen Überreste des Schutzpatrons der Santa Maria del Fiore, des heiligen Zenobius, dessen Schädel man 1331 entdeckt hatte und der sich nun in einem Reliquiar aus Silber befand, das wie der Kopf des Heiligen geformt war.[80] Während der Papst diese Kostbarkeiten auf dem Altar ausbreitete, segnete der Kardinal die roten Kreuze, die jeder der zwölf geschnitzten Apostel in Händen hielt. Durch diese Handlungen wurde das Innere des Domes mit der lebendigen Präsenz dieser Heiligen erfüllt, die nun – so glaubten die Florentiner – weitere Wunder wirken konnten.

Wenngleich die Arbeiten in den zwei Jahren seit Filippos Entlassung aus dem Gefängnis rasch vorangeschritten waren, war die Kuppel noch immer nicht ganz vollendet. Im Jahre 1434 hatte der Dom die geforderte Höhe von 144 *braccia* erreicht. Ein Jahr darauf hatten die Maurer die vierte und letzte Sandsteinkette gelegt, die praktisch als Schlussring diente, der sich an der Spitze der Kuppel befand. Doch es gab immer noch viel zu tun: Die äußere Kuppelschale musste mit Ziegeln aus Terrakotta gedeckt werden – eine Aufgabe, die weitere zwei Jahre in Anspruch nahm –, und es sollte mehr als eine Generation brauchen, bis die Arbeiten an den Inkrustationen mit farbigem Marmor abgeschlossen waren. Schließlich musste die marmorne *lanterna* (die, wie der Name schon sagt, einer riesigen Laterne gleicht) entworfen und auf der Spitze der Kuppel errichtet werden.

Doch 1436 war die Zeit erst einmal reif für Feierlichkeiten. Deshalb wurde am 30. August 1436, gut fünf Monate nach der Einsegnung des Domes durch Papst Eugen IV., die Kuppel selbst eingesegnet – genau sechzehn Jahre und zwei Wochen nach Beginn des Kuppelbaus und 140 Jahre nach der Grundsteinlegung. Die feierliche Zeremonie wurde um neun Uhr morgens vom Bischof von Fiesole vollzogen, der bis zur Spitze der Kuppel hinaufstieg und den Schlussstein legte. Trompeten und Pfeifen spielten auf, Kirchenglocken läuteten, und auf den Dächern der umliegenden Gebäude drängten sich die Zuschauer. Nachdem der letzte Stein gelegt war, stiegen der Bischof, die *capomaestri* und die «Operai» von der Kuppel hinunter und genossen eine Mahlzeit aus Brot, Wein, Fleisch, Früchten, Käse und Makkaroni.

Der weitaus größte Teil der gewaltigen Aufgabe war vollendet. Die Einwohner von Florenz hatten endlich die Kuppel bekommen, von der sie mehr als siebzig Jahre lang geträumt hatten, und Filippo hatte ein architektonisches Wunderwerk vollbracht, dessen bauliche Kühnheit seinesgleichen suchte. Ungeachtet sämtlicher Schwierigkeiten hatte er alles erreicht, was zu erreichen er gehofft hatte, seit er als Junge Tag für Tag am noch kuppellosen Dom vorübergegangen war und die knarrenden Tretwerke bei der Arbeit beobachtet hatte. Als er nun die Kuppel gleichsam über der Stadt schweben sah, wird ihn wohl das Gefühl überkommen haben, dass er es den antiken Römern – seinen Vorbildern, die er studiert hatte und bewunderte – gleichgetan, ja, sie übertroffen hatte. Und mehr noch: Alles was er in den zwei Jahrzehnten zuvor hatte erleiden müssen – den Spott, die Rivalitäten, die Intrigen seiner Feinde –, wurde von seinem phantastischen Erfolg fortgewischt.

17. KAPITEL

Die Laterne

SEIT DER RENAISSANCE werden die meisten Kuppelbauten von Laternen gekrönt, die auf der Spitze der Kuppel angebracht sind. Für gewöhnlich dienen sie sowohl dekorativen als auch praktischen Zwecken; durch sie dringen Licht und Luft ins Innere der Kuppel. Bereits das Kuppelmodell von Neri di Fioravanti aus dem Jahr 1367 besaß eine Laterne, wie auch Filippos Modell von 1418, doch nachdem beide Modelle vernichtet worden waren (das Ziegelsteinmodell Filippos wurde ein Jahr nach dem Modell Neris abgerissen), verfügten die «Operai» über keine Vorlage mehr, was das Aussehen der Laterne anging.

Filippo war der Überzeugung, dass er und niemand anders den Auftrag für den Entwurf der Laterne erhalten würde. Doch wie immer schrieb die Opera del Duomo auch diesmal einen Wettbewerb aus. Also machte Brunelleschi sich im Sommer 1436 daran, ein Modell der Laterne zu bauen – wie auch Lorenzo Ghiberti und drei andere Mitbewerber. Man kann sich Filippos Zorn unschwer vorstellen: Natürlich wusste er, dass Lorenzo, nachdem er die Arbeiten an den Türen des Baptisteriums San Giovanni im Jahre 1424 abgeschlossen hatte, von der Opera umgehend einen Anschlussauftrag für zwei weitere Bronzetüren am Baptisterium erhalten hatte – die «Pforten des Paradieses» –, nur dass Lorenzo sich zuvor *keinem* weiteren Wettbewerb hatte stellen müssen. Sicher wurden der Zorn, die Enttäuschung und das Gefühl der Beleidigung, die Filippo zweifellos empfand, dadurch noch größer, dass einer seiner

Mitkonkurrenten beim Entwurf der Laterne ein schlichter Bleigießer war. Ein anderer war – noch provokanter – eine Frau.

Über die Größe und Gestalt der Laterne war bereits seit mehreren Jahren diskutiert worden. Zu einem großen Teil hingen die Entscheidungen davon ab, wie der Unterbau der Laterne beschaffen war – also die vierte Sandsteinkette bzw. der Schlussring an der Spitze der Kuppel. Man hatte sich über diese Kette lange und gründlich Gedanken gemacht, bevor sie 1435 vollendet wurde. Bereits drei Jahre zuvor, im Juni 1432, war von der Domopera ein Holzmodell für den Schlussring in Auftrag gegeben worden; dieses Modell sollte bei der Lösung der beiden Hauptprobleme helfen, nämlich wie groß die Kette sein musste und ob sie oktogonal (wie die erste Sandsteinkette) oder rund (wie die Horizontalbögen) gestaltet werden sollte. Zwei Monate später konnten die «Operai» das bestellte Modell studieren. Sie entschieden sich für die oktogonale Form des Schlussringes, beschlossen aber auch, den Durchmesser des Ringes von zwölf *braccia* auf zehn (knapp sechs Meter) zu verringern. Ein Jahr später wurde der Durchmesser ein zweites Mal verringert, diesmal auf etwas weniger als zehn *braccia*. Giovanni da Prato wird mit diesen zunehmend kleineren Dimensionen nicht sehr glücklich gewesen sein, denn je kleiner der Schlussring, umso kleiner die Laterne, und umso weniger Licht fiel ins Innere der Kuppel.

Mit Hilfe eines einunddreißigjährigen Zimmermanns namens Antonio di Ciaccheri Manetti machte Filippo sich an den Bau seines Laternenmodells. Antonio (nicht mit Filippos Biograph Antonio di Tuccio Manetti zu verwechseln) war dem *capomaestro* bereits gut bekannt; er hatte 1432 beim Bau des Holzmodells für den Schlussring wie auch bei Filippos Entwurf für den Chor mitgearbeitet. Der *capomaestro* fertigte drei Skizzen der Laterne an und schickte sie in Antonios Schreinerwerkstatt unweit des Domes. Doch sehr bald schon sollte Filippo bereuen, sich gerade diesen Helfer ausgesucht zu haben. In Manettis *Leben des Brunelleschi* heißt es, Filippo sei ein besserer Architekt als Menschenkenner gewesen, was in diesem Fall zutraf, denn Antonio hinterging seinen Auftraggeber, indem er ein eigenes Modell konstruierte, wobei er sich, was seinen Entwurf anging, bedenkenlos bei Filippos Vorlagen bediente – ein Beispiel für genau jene Art von Diebstahl geistigen Eigentums, vor dem der *capomaestro* sich seit Beginn seiner Karriere gefürchtet hatte. Doch in diesem Fall konnte er nichts unternehmen. Antonios Modell wurde zusammen mit dem Filippos, dem Lorenzo Ghibertis und zwei weiteren Vorschlägen der Domopera zur Begutachtung vorgestellt.

Am letzten Tag des Jahres 1436 befanden die «Operai» über die fünf Laternenmodelle. Offensichtlich fiel ihnen die Entscheidung nicht leicht, denn sie holten sich bei den verschiedensten Gelehrten Rat. Magister der Theologie, Doktoren der Naturwissenschaften, Maurer, Goldschmiede, Maler, ein Mathematiker, einflussreiche Bürger der Stadt, darunter Cosimo de' Medici – sie alle wurden herbeigerufen, um ihre Meinung abzugeben. Sie sprachen sich schließlich für Filippos Entwurf aus und erklärten, die von ihm entworfene Laterne sei die stabilste und am besten ausgeleuchtete und auch besser als die anderen geeignet, dem Einfluss von Wind und Regen zu trotzen. Doch nachdem die «Operai» sich für Filippos Modell entschieden hatten, fügten sie ihren Bestimmungen eine bedeutsame Klausel hinzu und verlangten von Filippo, «alle Verbitterung beiseite zu schieben, die noch in ihm ist» (offensichtlich kannten sie ihn gut), und baten sich aus, dass er mehrere Veränderungen seines Entwurfs akzeptierte, wie unbedeutend sie auch erscheinen mochten. Der Grund für diese seltsame Bitte war der, dass Antonio die «Operai» gebeten hatte, ihm den Bau eines weiteren Laternenmodells zu erlauben. Offensichtlich beeindruckt von Antonio, erklärten die Herren sich einverstanden.

Wieder machte der Zimmermann sich an die Arbeit und fertigte diesmal ein Modell an, das ein *noch* dreisteres Plagiat von Filippos Entwurf darstellte. Trotzdem wurde es von den

«Operai» zurückgewiesen, worauf Filippo ihnen angeblich erklärte: «*Fategliene fare un altro e farà il mio*», was so viel bedeutet wie: «Lasst ihn noch einen Entwurf machen, und er wird euch den meinen zeigen.» Dass die Beziehung zwischen Filippo und Antonio daraufhin in die Brüche ging, wird wohl niemanden verwundern; ihr Verhältnis wurde feindselig und gipfelte (wie so oft bei Filippos privaten Schlachten) in einem Austausch beleidigender Sonette. In seinem Zorn vergaß der Baumeister, dass er gerade erst geschworen hatte, persönliche Verletzungen zu verzeihen und allen Hass abzulegen. Leider sind die Sonette, zu denen dieser Streit ihn inspiriert hat, verloren gegangen; bestimmt waren es geistreiche und spöttische Zeilen, die von Gift und Galle sprühten. Und es ist eine traurige Ironie des Schicksals, dass Filippo mit seinem Laternenentwurf zwar den Sieg davontrug, Antonio aber als Letzter lachte: 1452 wurde er zum *capomaestro* der Santa Maria del Fiore ernannt und führte die Aufsicht beim Bau der Laterne, die dabei eine Reihe von Änderungen erfuhr, für die Antonio verantwortlich zeichnete.

Die achteckige Laterne steht auf einer Plattform aus Marmor, die wiederum vom Schlussring getragen wird. Die acht Strebepfeiler bilden harmonische Verlängerungen der acht weißen Marmorrippen der *cupola* und stützen die fast zehn Meter hohen Pilaster mit korinthischen Kapitellen. Zwischen den Pilastern befinden sich acht Fenster, von denen jedes ebenfalls knapp zehn Meter hoch ist. Das Innere bildet eine kleine Kuppel, über welcher sich der sieben Meter hohe Turm erhebt, der von einer bronzenen Kugel und einem Kreuz gekrönt wird. In einem der Strebepfeiler (die allesamt hohl sind, um das Gewicht der Laterne zu verringern) führt eine Treppe zu mehreren Leitern, die durch den Turm bis hinauf in die bronzene Kugel führen. Diese gewaltige Kugel besitzt ein kleines Klappfenster, das in 105 Metern Höhe das erhabenste Panorama von Florenz bietet.

Insgesamt mussten mehr als 500 Tonnen Baumaterial bis

zur Spitze der *cupola* gehoben werden. Da die Kathedrale nun für Gottesdienste benutzt wurde, war es unmöglich, eine große Hebevorrichtung auf Bodenniveau zu bauen. Dies bedeutete, dass ein Lastenaufzug oder Kran dort errichtet werden musste, wohin die Lasten transportiert wurden: auf der Spitze der Kuppel. Ein solches Gerät konnte aber naturgemäß nur mit Menschenkraft bedient werden, und es musste möglichst klein sein, um den Arbeitern auf dem ohnehin beengten Kuppeldach ausreichend Bewegungsfreiheit zu lassen. Andererseits sollte das Gerät Marmorblöcke von bis zu zwei Tonnen Gewicht zur Spitze der Kuppel heben.

Also schrieb die Domopera nur wenige Tage nach der Einsegnung der Kuppel einen weiteren Wettbewerb aus, bei dem Modelle für Apparaturen entworfen werden sollten, die «Lasten auf die große *cupola* heben» konnten. Wie immer, nahm Filippo diese Herausforderung an. Nachdem er sein Modell für einen neuen Lastenaufzug vorgestellt hatte, erhielt er umgehend den Auftrag sowie einen Preis in Höhe von 100 Florinen – die gleiche Summe, die ihm viele Jahre zuvor für seinen Entwurf des mit Ochsenkraft betriebenen Materialaufzugs gewährt worden war. Im Sommer 1442 begann Filippo mit der Arbeit an dem neuen Gerät, die er im Jahr darauf beendete.

Dieser neue Materialaufzug wurde später von Lorenzo Ghibertis Enkel Buonaccorso gezeichnet (Abb. 22). Die Maschine ist nicht ganz so kompliziert wie der mit Ochsenkraft betriebene «große» Materialaufzug, aber nichtsdestoweniger ist sie eine geniale Apparatur, die aus einem System von Flaschenzügen, einem Kontergewicht und einem Bremssystem besteht. Auf Buonaccorsos Skizze ist überdies ein verschlüsselter Text zu sehen, wenngleich der Code ziemlich primitiv ist. Bei diesem Code (der als «Cäsar-Alphabet» bekannt ist, weil er angeblich von Julius Cäsar erdacht wurde) wird jeder Buchstabe des Alphabets durch den vorherigen ersetzt: B durch A, D durch C, und so weiter. Der entschlüsselte Text Buo-

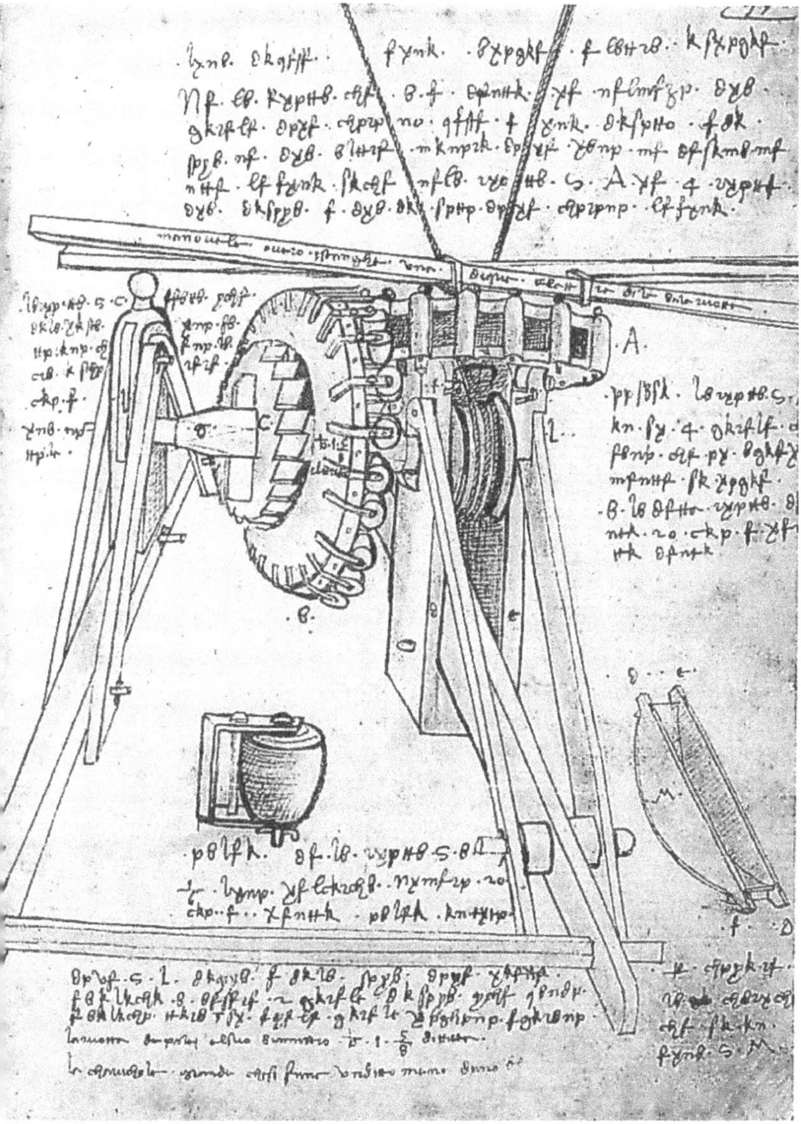

22. Buonaccorso Ghibertis Zeichnung von Brunelleschis Laternen-Kran

naccorsos beschreibt die Funktionsweise verschiedener Teile von Filippos Lastenaufzug. Seinem Naturell entsprechend, hat auch Filippo wahrscheinlich versucht, die Geheimnisse dieser Apparatur zu wahren, besonders nach seiner bitteren Erfahrung mit dem Zimmermann Antonio di Ciaccheri.

Der interessanteste Teil des Aufzugs war sein Bremssystem. Da die Männer, die den Lastenaufzug bedienten, auch mit vereinten Kräften natürlich nicht annähernd die Ausdauer und Kraft eines der Ochsen besaßen, die Filippo bei seinem «großen» Materialaufzug aus dem Jahre 1421 einsetzen konnte, musste er ein System erfinden, das es möglich machte, die Last und das Kontergewicht während des Hebevorgangs für einige Zeit zum Stillstand zu bringen, damit die Männer ausruhen konnten. Deshalb wurde der Rotor – die vertikale Antriebswelle – mit einem Sperrrad und einem Sperrhaken versehen, die von der Bedienungsmannschaft eingerastet werden konnten, so dass die Last in einer bestimmten Höhe zum Stillstand gebracht werden konnte. Außerdem waren die Antriebswellen und Zahnräder viel kleiner als bei dem «großen» Materialaufzug; der Hebevorgang nahm also entsprechend mehr Zeit in Anspruch.

Doch die Arbeit an der Laterne verzögerte sich aufgrund eines altbekannten Problems: Es war nicht möglich, ausreichende Mengen *bianchi marmi* zu beschaffen. Im nahen Campiglia und in Carrara wurden die Steinbrüche in Augenschein genommen. Campiglia schied aus, denn die Stadt konnte Filippos Männern keine Arbeitsmöglichkeiten beschaffen. Schließlich musste man bis zum Sommer 1443 warten, ehe der Marmor für die Laterne endlich aus Carrara angeliefert wurde; er wurde auf dem Seeweg, dem Landweg und auf dem Arno nach Florenz gebracht. Fünfzehn Jahre nach der Havarie von *Il Badalone* wollte der inzwischen sechsundsechzigjährige Filippo mit diesem Thema offenbar nichts mehr zu tun haben; er überließ es Antonio di Ciaccheri, einen speziellen Karren zu bauen, auf dem der Marmor von Signa nach Florenz transportiert wurde. Doch der Baumeister sorgte immerhin dafür, dass die Marmorblöcke, nachdem sie an der Baustelle eingetroffen waren, durch besondere Holzabdeckungen vor Kratzern und Schlägen geschützt wurden, bevor sie mit dem neuen Lastenaufzug zur Kuppelspitze gehoben wurden.

Während der nächsten Jahre häuften sich so viele Marmorblöcke auf der Piazza del Duomo – von denen einige mehr als zweieinhalb Tonnen wogen –, dass die Einwohner von Florenz es mit der Angst bekamen. Sollten diese Berge aus Marmor wirklich auf das Kuppeldach gehoben werden? Forderte man nicht das Schicksal heraus, wenn man die *cupola* mit einem solch gewaltigen Gewicht belastete? Doch Filippo zerstreute diese Ängste mit der Behauptung, die *lanterna* würde die Kuppel nur stabiler machen, indem sie die Eck- und Zwischenpfeiler als Schlussstein verkeilte.

Waren die Marmorblöcke erst einmal auf das Kuppeldach gehoben, mussten sie an der jeweils für sie vorgesehenen Stelle platziert werden – ein Vorgang, der den Einsatz eines weiteren Geräts erforderlich machte. Deshalb war 1445 mit dem Bau eines Krans begonnen worden, der sich auf einen weiteren Entwurf Brunelleschis stützte; allerdings dauerte es noch zwei Jahre, bis dieser Kran einsatzbereit war. Ungefähr sechs Meter hoch und ebenso breit, war er ein wenig zu groß, als dass man ihn mit dem neuen Lastenaufzug auf die *cupola* heben und durch den Oculus – der gut fünfeinhalb Meter im Durchmesser maß – hätte hindurchziehen können; daher musste der Kran in Einzelteilen hinaufgezogen werden. Diese Einzelteile – Walnussholzstämme, Balken aus Fichte, Bolzen aus Bronze und vieles andere – wurden auf das Dach der *cupola* gehoben und dort zusammengebaut. Wenngleich die Montage unter der Leitung von Antonio di Ciaccheri vorgenommen wurde, der sich für die Domopera immer unentbehrlicher machte, war auch dieser Kran – wie sämtliche anderen Maschinen und Geräte, die beim Bau der Kuppel benutzt wurden – ein Produkt von Filippos Erfindungsgabe.

Als die Laterne Gestalt annahm, wurde deutlich, dass sie ein ästhetischer Triumph war. Sie wurde ein Vorbild für spätere Modelle – darunter die Lichtquelle auf der Kuppel des Petersdomes in Rom –, die sich stilistisch eng an das Florentiner Vorbild lehnten. Doch Filippos Laterne hinterließ ein weiteres, unerwartetes Erbe.

Architektonische Wunder wie Filippos *cupola* werden häufig zu Stätten wissenschaftlicher Forschung, weil ihre einzigartigen Strukturen und Dimensionen als Prüffeld für neue Theorien und Technologien dienen können. 1590 ließ Galilei Kanonenkugeln vom Schiefen Turm in Pisa fallen, um den sichtbaren Beweis zu liefern, dass die Fallgeschwindigkeit bei sämtlichen Körpern gleich ist, unabhängig von Masse und Größe. Drei Jahrhunderte später wurde ein nicht minder berühmtes Bauwerk zum Schauplatz einer Reihe anderer Experimente: Gustave Eiffel führte auf der Spitze des von ihm konstruierten Turmes (wo ständig Windgeschwindigkeiten von über 160 Stundenkilometern herrschen) Experimente auf dem Gebiet der Aerodynamik durch und erbrachte den Beweis, dass die «Saugwirkung» der Luft an der Oberseite einer Tragfläche für die Flugfähigkeit wichtiger ist als der Druck, der sich unter der Tragfläche bildet. Auf ähnliche Weise diente die Kuppel der Santa Maria del Fiore wissenschaftlichen Studien, nur dass im Fall der *cupola* die Erkenntnisse, die dabei gewonnen wurden, dem Schiffsbau zugute kamen, nicht dem Flugzeugbau.

Paolo Toscanelli zählte zu den bedeutendsten Mathematikern und Astronomen des fünfzehnten Jahrhunderts. Vermutlich hat er Filippo um das Jahr 1425 kennen gelernt; später bezeichnete er die Freundschaft mit dem *capomaestro* als die «großartigste Verbindung» seines Lebens. Wie Filippo war auch Toscanelli ein Mann von unansehnlichem Äußeren und blieb sein Leben lang Junggeselle; er hatte wulstige Lippen, eine Hakennase und ein fliehendes Kinn. Wenngleich er ein wohlhabender Mann war, verzichtete Toscanelli auf sämtlichen Luxus und lebte wie ein Mönch; er schlief auf einem Brett neben seinem Schreibpult und ernährte sich kärglich und rein vegetarisch. Er hatte in Padua Medizin studiert, verbrachte den größten Teil seiner Zeit jedoch mit Himmelsbeobachtungen und komplexen mathematischen Berechnungen. Toscanelli lehrte Filippo die euklidische Geometrie – eine Gefälligkeit, für die der *capomaestro* sich später (wenngleich unwissentlich) revanchierte, indem er Toscanelli bei dessen Himmelsbeobachtungen half. Denn im Jahre 1475 stieg Toscanelli, von der gewaltigen Höhe der Kuppel verlockt, bis zur Spitze hinauf, wo er mit Genehmigung der Opera del Duomo am Fuß der Laterne eine bronzene Platte anbrachte, die so konstruiert war, dass die Sonnenstrahlen durch eine Öffnung im Zentrum dieser Platte fielen und 90 Meter tiefer auf ein speziell konstruiertes Eichmaß im Oktogon trafen – einen Messstein, der in den Fußboden der Kreuzkapelle eingelassen war. Auf diese Weise verwandelte Toscanelli die Santa Maria del Fiore in eine riesige Sonnenuhr.

Diese Vorrichtung wurde zu einem Meilenstein in der Geschichte der Astronomie. Die Höhe und Stabilität der Kuppel erlaubten es Toscanelli, neue Erkenntnisse über die Bewegungen der Sonne zu gewinnen (genauer gesagt, über die Umläufe der Erde um die Sonne). Daher konnte er mit sehr viel größerer Genauigkeit als jeder Mathematiker und Astronom vor ihm den genauen Zeitpunkt der Sommersonnenwende und des Frühlingsäquinoktiums berechnen. Diese Berechnungen dienten auch religiösen Zwecken, denn sie erlaubten eine sorgfältigere Datierung kirchlicher Feiertage wie beispielsweise des Osterfestes.

Doch die Auswirkungen waren noch viel weitreichender. Zu Toscanellis Zeiten wurden nicht nur der Himmel, sondern auch die Meere eingehend erforscht. Nachdem von Prinz Heinrich dem Seefahrer im Jahre 1419 in Sagres an der Algarve die Seefahrerschule gegründet worden war, hatten die Portugiesen mehrere Entdeckungsfahrten in den östlichen Atlantik unternommen, wobei sie einen neuen Schiffstyp benutzten, die Karavelle – ein leichtes und schnelles Schiff, das besonders gut geeignet war, gegen den Wind zu segeln. Diese Entdeckungsfahrten trugen reichlich Früchte: Portugiesische Seefahrer, deren Reisen von Prinz Heinrich finanziert wurden, hatten die beiden entferntesten Inseln der Azoren (die 1427 entdeckt worden waren) erforscht und waren einen großen Teil der westafrikanischen Küste entlanggesegelt. 1456 wurden die kapverdischen Inseln entdeckt, und fünfzehn Jahre später segelten portugiesische Seefahrer als Erste über den Äquator. Doch hinter dem Horizont warteten ungleich größere Entdeckungen. «Inseln» wie Brasilien, Antillia und Zacton gab es zwar in der Legende, aber noch nie hatte jemand sie zu Gesicht bekommen.

Diese Reisen auf dem Atlantik hätten ohne die Hilfe der Astronomie nicht unternommen werden können; erst die Navigation nach den Gestirnen erlaubte es den Seefahrern, bislang noch nicht kartographierte Meeresgebiete zu durchfahren, um dann auf der Grundlage ihrer Entdeckungen neue Karten anzufertigen. Bei Fahrten auf dem vergleichsweise kleinen Mittelmeer zum Beispiel orientierte man sich anhand von Seekarten, auf denen Entfernungsmaßstäbe sowie ein Muster aus zwölf Loxodromen eingetragen waren (die später auf sechzehn Loxodrome erweitert wurden), die strahlenförmig von einem zentralen Punkt ausgingen, der Windrose. Der Seefahrer zog lediglich eine Linie zwischen zwei Punkten, suchte die entsprechende Loxodrome – beispielsweise die in Nordnordostrichtung – und setzte seinen Kurs dann mit Hilfe eines Magnetkompass. Die Längen- und Breitengrade konnten dabei außer Acht gelassen werden. Doch als portugiesische Seefahrer nach Süden in die unbekannten Meeresgegenden an der westafrikanischen Küste segelten, erkannten sie, dass diese simple Methode der Kurs- und Ortsbestimmung nicht mehr ausreichte. Das große Zeitalter der Navigation nach den Gestirnen nahm seinen Anfang.

Von entscheidender Bedeutung war dabei das Astrolabium, ein Instrument, das von Astronomen benutzt wurde, um die Stellung von Sonne und Sternen im Verhältnis zum Horizont zu bestimmen. Mitte des fünfzehnten Jahrhunderts wurde das Astrolabium auch von Seefahrern benutzt, um die Position ihrer Schiffe auf den Meeren zu ermitteln. Da astronomische Bestimmungen der geographischen Länge ungenau und unzuverlässig waren, kam den Messungen der Nord-Süd-Entfernungen – also der Bestimmung der geographischen Breite – besondere Bedeutung zu, sowohl für die Navigation als auch für das Zeichnen neuer Seekarten. Die Seefahrer bestimmten die geographische Breite, indem sie mit Hilfe des Astrolabiums den Winkel zwischen dem Polarstern und dem Horizont maßen. Doch je weiter sie nach Süden zum Äquator segelten, desto tiefer sank der Polarstern am Himmel, und diese Methode der Navigation wurde unbrauchbar. Stattdessen wurde die Sonne als Orientierungspunkt benutzt, wobei mit Hilfe des Astrolabiums zur Mittagszeit der Winkel zwischen Sonne und Horizont gemessen wurde.

Diese Messung war sehr einfach; allerdings blieb das Problem bestehen, dass die Position der Sonne – wie die des Polarsterns – nicht mit dem Himmelspol übereinstimmte. Mit anderen Worten: Weder der Polarstern, noch die Sonne, noch sonst einer der Leitsterne bei der Navigation nach den Gestirnen befindet sich unmittelbar an der gedachten verlängerten Linie der Erdachse vom Nordpol aus. Deshalb war es erforderlich, die gemessenen Winkel zwischen dem Horizont und den angepeilten Himmelskörpern zu korrigieren, um den Breitengrad eines bestimmten Gebiets ermitteln zu können. Zu diesem Zweck wurden bereits seit längerer Zeit so genannte Deklinationstafeln benutzt, die von Astronomen erstellt worden waren; die bekanntesten waren die Alfonsinischen Planetentafeln, die jüdische Astronomen im Jahre 1252 in Spanien im Auftrag von Alfons X. erstellt hatten. Diese Tafeln ermöglichten es den Astronomen und Seeleuten, die Position der

Sonne und des Polarsterns zu den verschiedenen Jahreszeiten zu ermitteln, Mond- und Sonnenfinsternisse zu berechnen und die Koordinaten eines jeden Planeten für jeden beliebigen Zeitpunkt zu bestimmen. Doch zwei Jahrhunderte, nachdem diese Tafeln erstellt worden waren, enthielten sie noch immer eine Reihe von Ungenauigkeiten, die bereinigt werden mussten. Toscanellis Beobachtungen der (scheinbaren) Bewegungen der Sonne – jene Beobachtungen also, die er mit Hilfe der Kupferplatte an der Laterne auf der *cupola* der Santa Maria del Fiore angestellt hatte – ermöglichten es ihm, die Alfonsinischen Planetentafeln zu korrigieren und zu verbessern und den Seefahrern und Kartographen ein präziseres Werkzeug zur Bestimmung geographischer Positionen in die Hand zu geben.

Toscanelli selbst hatte ein besonderes Interesse an der Kartographie. Im Jahre 1459 befragte er eine Reihe portugiesischer Seefahrer, die mit Indien und der afrikanischen Westküste vertraut waren; auf der Grundlage dieser Informationen zeichnete Toscanelli eine neue und genauere Weltkarte. Diese Karte wiederum scheint seinen scharfen Verstand zu einer ganz neuen, phantastischen Idee angeregt zu haben. Fünfzehn Jahre später – Toscanelli war mittlerweile siebenundsiebzig – schrieb er einem Freund in Lissabon, Fernão Martinez, einem Ordensgeistlichen am Hofe von König Alfonso V. von Portugal. Toscanelli drängte Martinez, dem König die Suche nach einem Seeweg nach Indien schmackhaft zu machen, und versicherte ihm, der Weg über den Atlantik sei die kürzeste Route zu den Gewürzländern des Orients – kürzer als der Weg über Land, der üblicherweise von den Kaufleuten benutzt wurde. Eine neue Route war inzwischen auch deshalb notwendig geworden, weil bestimmte Abschnitte des gewohnten Überlandweges den Europäern verschlossen waren, nachdem die Türken im Jahre 1453 Konstantinopel erobert hatten. Toscanelli scheint also der Erste gewesen zu sein, der die Idee hatte, nach Westen zu segeln, um Indien zu erreichen.

Doch König Alfonso V. von Portugal war nicht zu bewegen, Toscanellis Plan zu übernehmen. Obwohl er der Neffe Heinrichs des Seefahrers war, schien Alfonso ein größeres Interesse daran zu haben, Mohren abzuschlachten, als inmitten des Ozeans nach neuen Inseln zu suchen. Doch sieben Jahre später setzte sich ein Verwandter von Fernão Martinez mit Toscanelli in Verbindung: ein ehrgeiziger und kämpferischer Genueser Schiffskapitän namens Christoph Kolumbus. Als erfahrener Navigator hatte Kolumbus die ganze bislang bekannte Welt besegelt, von Griechenland nach Island bis hin zur afrikanischen Goldküste. Auf seiner Reise nach Afrika hatte Kolumbus Treibgut auf dem Meer entdeckt, das offenbar von einer Strömung aus dem Westen herangetrieben worden war – Fichtenstämme, Äste und andere Holzteile. Diese Entdeckung hatte ihn davon überzeugt, dass im Westen unbekannte Länder ihrer Entdeckung harrten. Nach seiner Rückkehr nach Portugal hatte Kolumbus den Brief Toscanellis an Martinez zu sehen bekommen; dieser Brief beflügelte ihn so sehr, dass er ihn auf dem Vorsatzblatt eines seiner Bücher kopierte, einer Abhandlung über Geographie, die ihn später auf jeder seiner vier Reisen in die Neue Welt begleitete.

Toscanelli schrieb Kolumbus zurück und bekräftigte seine Überzeugung, was den Seeweg nach Indien betraf. Er schickte Kolumbus sogar eine Karte, auf der die Entfernung bis nach China optimistisch mit nur rund 10 000 Kilometern veranschlagt wurde – natürlich eine viel zu niedrige Schätzung, die jedoch bewirkte, dass Kolumbus' Hoffnungen wuchsen. Brief und Karte waren bei ihm auf fruchtbaren Boden gefallen. Doch Kolumbus gelang es ebenso wenig wie Toscanelli, die Portugiesen zu einer Forschungsreise zu bewegen; deshalb bat er im Jahre 1486 um eine Audienz bei Vertretern von König Ferdinand II. und Königin Isabella von Spanien. Der Rest ist Geschichte. Sechs Jahre später, am 3. August 1492, nachdem man die erforderlichen Gelder aufgetrieben und Kolumbus die Zusage erhalten hatte, im Erfolgsfall verschiedene

Ehrentitel und Ämter zu bekommen, stach seine winzige Flotte aus drei Schiffen von Kap Palos aus in See, unweit der Stadt Cartagena. Wenngleich Kolumbus später mit der für ihn typischen Überheblichkeit behauptete, weder Karten noch Mathematiker hätten irgendeinen Nutzen für ihn gehabt, muss man sich dennoch fragen, ob die Europäer ohne die Karten und Tabellen von Paolo Toscanelli, die dieser wiederum seinen Beobachtungen auf der Kuppel der Santa Maria del Fiore verdankte, nicht erst später in Amerika gelandet wären.

18. KAPITEL

Ingenii Viri Filippi Brunelleschi

Der erste Stein der Laterne wurde im März 1446 von Sankt Antoninus eingesegnet, dem neuen Erzbischof von Florenz. Filippo lebte noch lange genug, um Zeuge dieser Zeremonie zu sein. Einen Monat später, am 15. April, starb er nach offenbar kurzer Krankheit in dem Haus, in dem er fast sein ganzes Leben verbracht hatte. Buggiano, sein Adoptivsohn und Erbe, wachte am Totenbett. Filippo wurde neunundsechzig Jahre alt und hatte länger als ein Vierteljahrhundert auf der Baustelle der Santa Maria del Fiore gearbeitet.

Er starb als Erster der drei *capomaestri* dieser großen Epoche. Battista d'Antonio überlebte Filippo um fünf Jahre. Inzwischen hatte auch er es zu Ansehen und Wohlstand gebracht und konnte es sich leisten, seine Frau mit kostbaren Juwelen, seine Tochter mit einer Mitgift und sich selbst mit einem Haus auf dem Lande zu beglücken. Er starb Ende 1451 im Alter von siebenundsechzig Jahren, nachdem er sein gesamtes Erwachsenenleben an der Baustelle der Santa Maria del Fiore verbracht hatte. Lorenzo Ghiberti erreichte das hohe Alter von siebenundsiebzig Jahren. 1447, ein Jahr nach Filippos Tod, vollendete er die zehn Bildtafeln seines größten Meisterwerks, die «Pforten des Paradieses», wenngleich die Feinarbeiten an diesen beiden Türen selbst sowie das Feilen, Einpassen und Vergolden der bronzenen Bildtafeln noch weitere fünf Jahre in Anspruch nahmen. Lorenzo war ein wohlhabender Mann geworden, dem viel Grundbesitz und mehrere Häuser gehörten, darunter eine große Villa auf dem Lande; in seiner Gießerei waren nicht weniger als fünfundzwanzig Lehrlinge beschäftigt. Als er im Dezember 1455 starb, war er der einflussreichste Bildhauer seiner Zeit, und es ist durchaus nicht übertrieben, wenn er sich in seiner Autobiographie damit brüstet, dass es in Florenz nur wenige bedeutende Kunstwerke gebe, an denen er nicht auf die eine oder andere Weise beteiligt gewesen sei.

Wie Vasari berichtet, versetzte der plötzliche Tod Filippos die Einwohner von Florenz in tiefe Trauer; im Tod verehrten sie den großen Baumeister mehr als im Leben. Doch im Unterschied zu Michelangelo, der noch vor der Vollendung der Kuppel des Petersdomes starb, lebte Filippo lange genug, um zu erleben, wie «seine» *cupola* (mit Ausnahme der Laterne) fertig gestellt wurde.

Die Beisetzungsfeierlichkeiten fanden in der Santa Maria del Fiore statt. Umgeben von Kerzen und in ein Totengewand aus weißem Musselin gekleidet, wurde Filippo unter dem gewaltigen Gewölbe aufgebahrt, das ein Jahrzehnt zuvor vollendet worden war. Tausende von Trauernden zogen am Sarg vorüber, darunter die «Operai», die Konsuln der Zunft der Wollweber und die Maurer und Steinmetzen, die an der *cupola* gearbeitet hatten. Schließlich wurden die Kerzen gelöscht und der Leichnam in den Campanile hinübergetragen, wo er einen Monat verblieb, weil ein Streit darüber entbrannt war, wo der *capomaestro* seine letzte Ruhestätte finden sollte. Doch *so* heftig, dass sogar Filippos Feinde um ihn trauerten, wie Vasari auf übertriebene Weise behauptet, scheint dieser Streit nicht geführt worden zu sein. Die Verzögerung bis zur endgültigen Beisetzung Brunelleschis kam vermutlich deshalb zustande, weil seine Gegner eine prunkvolle Beerdigung verhindern wollten; wahrscheinlich waren es dieselben Männer, die zehn Jahre zuvor für die Verhaftung Filippos gesorgt hatten. Noch im Tod war Filippo Gegenstand heftiger Auseinandersetzungen.[81]

Die Brunelleschi-Freunde trugen letztendlich den Sieg davon. Filippo wurde nicht in der Gruft seiner Familie beigesetzt, die sich in der kurz zuvor neu errichteten Kirche San Marco befand und in der auch seine Eltern ruhten; stattdessen verfügte die Signoria, ihm solle die Ehre zuteil werden, in der Santa Maria del Fiore seine letzte Ruhestätte zu finden, so wie ein Pharao im Inneren einer Pyramide, an der er sein Leben lang bauen ließ. Am 15. Mai 1446 fanden die Beisetzungsfeierlichkeiten statt. Es ist eine leise Ironie des Schicksals, dass Filippo einst den Vorschlag gemacht hatte, den Dom mit einem Ring aus Kapellen zu umgeben, in denen die wohlhabendsten Bürger der Stadt ihre letzte Ruhe finden sollten; nun war es ihm allein vorbehalten, in der Santa Maria del Fiore beigesetzt zu werden – in der Tat eine große Ehre. Die einzige andere Person, die im Dom ruhte, war der heilige Zenobius, der wundertätige Bischof von Florenz und Schutzheilige der Kathedrale. Seine sterblichen Überreste waren wenige Jahre zuvor in einer Nische beigesetzt worden, die Filippo speziell zu diesem Zweck hatte erbauen lassen.

Der *capomaestro* wurde jedoch nicht in einer besonderen Kapelle zur letzten Ruhe gebettet, sondern in einer Gruft im südlichen Seitenschiff – dort, wo einst Neri di Fioravantis legendäres Kuppelmodell viele Jahre lang wie ein Heiligtum gestanden hatte. Filippos Gruft hingegen war so bescheiden (vermutlich auf Betreiben seiner Feinde), dass sie erst 1972 bei archäologischen Grabungen im Dom wiederentdeckt wurde. Es gibt kein Monument für den *capomaestro*, lediglich eine schlichte Grabplatte aus Marmor, die seine Gruft bedeckt – eine Standard-Marmorplatte, wie die Handwerker sie aus den Lagerbeständen für den Einbau in die *cupola* zurechtgemeißelt hatten, wann immer der Marmor knapp gewesen war. Filippos Grabplatte trägt die Inschrift:

CORPUS MAGNI INGENII VIRI
PHILIPPI BRUNELLESCHI FIORENTINI

(«[Hier liegt der] Körper des Mannes von großem Erfindergeist, Filippo Brunelleschi aus Florenz»)

Filippo wird hier nicht direkt als Architekt gepriesen, sondern als Genie auf technischem Gebiet. Der Wortlaut der Grabinschrift bezieht sich offensichtlich auf die Maschinen, die Filippo erfunden hatte, um die Kuppel erbauen zu können.[82] Sein Genie als Erfinder wird auch in einer Inschrift hervorgehoben, die von Carlo Marsuppini stammt, Kanzler der Republik Florenz und ein bekannter Dichter; diese Inschrift befindet sich auf einer Tafel unter einem Grabbildnis, das von Filippos Adoptivsohn Buggiano geschaffen wurde. Marsuppini bezeichnet Filippo als überragend in den «Künsten des Dädalos» und rühmt ihn, viele geniale Maschinen erfunden zu haben, um die Kuppel errichten zu können. Kurz nach Filippos Tod wurde erwogen, seine Gruft mit marmornen Tafeln zu schmücken, auf denen einige dieser Maschinen abgebildet werden sollten – was uns mehr über ihren Entwurf verraten hätte. Leider wurde dieser Plan nie verwirklicht.

1972 wurden Filippos Gebeine aus der Gruft exhumiert, in der sie mehr als fünfhundert Jahre lang unter der schlichten Marmorplatte geruht hatten. Das Skelett war beinahe schon zu Staub zerfallen, aber noch zu erkennen, was einen ergreifenden Kontrast zu der gewaltigen Kuppel bildete, die über den sterblichen Überresten ihres Erbauers aufragte. Forensische Untersuchungen ergaben, dass Filippo tatsächlich – wie aus zeitgenössischen Quellen hervorgeht – von kleinem Wuchs gewesen ist, selbst nach den Maßstäben des fünfzehnten Jahrhunderts: Er war höchstens 1,65 Meter groß. Doch er besaß eine überdurchschnittliche Schädelgröße. Wir kennen sogar sein Aussehen, denn kurz nach Filippos Tod erteilte die Domopera Buggiano den Auftrag, seinem Adoptivvater eine Totenmaske abzunehmen. Diese Totenmaske aus Gips, die das Gesicht und die Schultern zeigt (die Augen sind geschlossen, die Mundpartie leicht verzerrt), befindet sich heute im Museo dell'Opera del Duomo, wo Besucher dem *capomaestro* von Angesicht zu Angesicht gegenübertreten können. Die Opera gab außerdem eine Marmorbüste in Auftrag – wieder bei Buggiano, der Filippo in der Kleidung eines antiken Römers porträtierte.

Diese Büste wurde rechts neben den Eingangstüren im Dom aufgestellt, in der Nähe einer weiteren Büste, die Arnolfo di Cambio zeigt, mit dem das große Abenteuer der Kathedrale genau anderthalb Jahrhunderte zuvor seinen Anfang genommen hatte.

Die Anerkennungen Filippos von offizieller Seite mögen uns heute ein wenig bescheiden vorkommen, wenn man die gewaltigen Leistungen bedenkt, die er vollbracht hat. Wir können jedoch mit Sicherheit davon ausgehen, dass zuvor kein anderer europäischer Architekt oder Ingenieur bereits zu Lebzeiten oder in den ersten Jahren nach seinem Tod ein solches Ansehen genossen hat. Heutzutage sind wir so sehr daran gewöhnt, das Genie von Baumeistern wie beispielsweise Michelangelo, Andrea Palladio oder Sir Christopher Wren zu feiern, dass man sich kaum mehr eine Zeit vorstellen kann, als die Architekten und die Architektur kaum Wertschätzung besaßen. Viele große Architekten des Mittelalters sind anonym geblieben. Der Name des Meisters, der die Abtei von St. Denis entwarf – das erste Bauwerk in gotischem Stil –, ist nirgends verzeichnet, und die drei Baumeister, die für die Errichtung der Kathedrale von Beauvais verantwortlich waren (die ein so unglückliches Schicksal erlitt), treten uns in den Urkunden nur als der Erste, der Zweite und der Dritte Meister entgegen. Über Arnolfo di Cambio und Neri di Fioravanti weiß man zwar ein bisschen mehr, doch weder ihre Geburts- noch ihre Sterbedaten sind überliefert, und es gibt keine Informationen, was für Menschen sie gewesen sind und welche Ziele sie verfolgten.

Einer der Gründe für diese Anonymität war ein Vorurteil

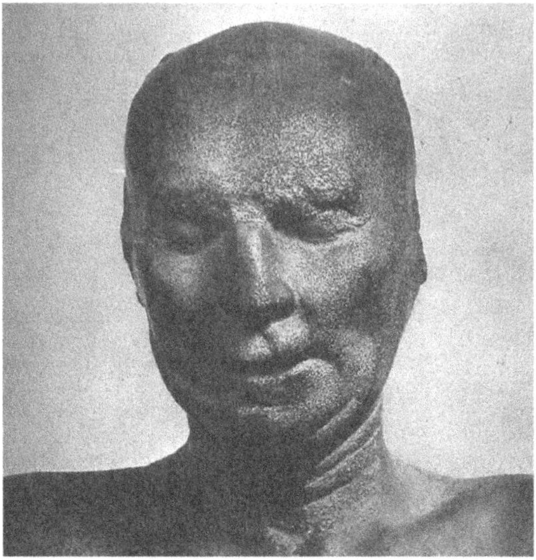

23. Brunelleschis Totenmaske

gegenüber der «Handarbeit» seitens antiker und mittelalterlicher Autoren, die der Architektur in der Rangfolge der menschlichen Errungenschaften einen Platz weit hinten gaben und sie als Beschäftigung betrachteten, die eines gebildeten Mannes unwürdig sei. Cicero behauptete, die Architektur sei ein Handwerk, das auf derselben Stufe stünde wie der Ackerbau oder das Schneiderhandwerk, während Seneca in seinen *Briefen über die Moral* die Architektur als die unterste der vier Kategorien der Kunst einstufte – er klassifizierte sie als *volgares et sordidae* («gemein und niedrig»). Solche Künste seien bloß Handarbeit, behauptete er, und hätten keinen Anspruch auf Schönheit oder Ehre. So gesehen, stünde die Architektur sogar noch niedriger als die «Kunst der Unterhaltung», zu der solche Dinge gehörten wie die Konstruktion mechanischer Apparaturen für Bühnenkulissen.[83]

Filippos Arbeit an der Santa Maria del Fiore verlieh der Architektur einen anderen Stellenwert und verschaffte den Baumeistern gesellschaftliche Wertschätzung. Vor allem dank seiner Leistung wandelte sich das Bild der Architektur in der Renaissance von der bloßen «Mechanik» in das einer künstlerischen Tätigkeit; von einer «gemeinen und niedrigen» Profession in eine edle Kunst im Herzen des menschlichen Kulturschaffens. Im Unterschied zu den Baumeistern früherer Zeiten blieb Filippo alles andere als unbekannt, und seine Meisterleistung, die Kuppel ohne Lehrgerüst zu errichten, wurde allseits bewundert und besungen. Zu seinen Ehren wurden lateinische Gedichte verfasst; Bücher wurden ihm gewidmet, Biographien über ihn geschrieben, Büsten aus Stein gehauen, Porträts gemalt. Brunelleschi wurde zum Mythos.

Vor allem jedoch wurde er seines *ingegno* wegen gerühmt, seines «Genius» – ein Begriff, der zum ersten Mal von humanistischen italienischen Philosophen benutzt wurde, um die natürliche Begabung für eigenständige Erfindungen zu bezeichnen.[84] Vor Filippo war kein Architekt (auch kein Künstler oder Maler) mit dem Begriff des «Genius» bedacht worden.[85] Doch in Marsuppinis Grabinschrift heißt es, Filippo habe *divino ingenio* besessen, «göttlichen Schöpfergeist» – das erste überlieferte Beispiel, dass einem Architekten oder Bildhauer göttliche Inspiration zugeschrieben wird. Für Vasari war der *capomaestro* gar ein vom Himmel gesandtes Genie, das die im Sterben liegende Kunst der Architektur wiedererwecken sollte, beinahe schon eine Parallele zu Christus, der vom Himmel auf die Erde kam, um die Menschheit zu erretten. Doch Filippo Brunelleschi war weder ein Gott noch ein Engel; er war nur ein Mensch. In seiner unbestreitbaren Genialität fanden die Dichter der Renaissance jedoch den Beweis, dass der moderne Mensch genauso schöpferisch war wie der Mensch der Antike, dem er seine Inspirationen verdankte, ja, dass er den antiken Menschen sogar zu übertreffen vermochte.

19. KAPITEL

Ein Hort der Freuden

MORGEN FÜR MORGEN trafen die Handwerker, die an der Kuppel der Santa Maria del Fiore arbeiteten, im Halbdunkel auf der Baustelle ein. Nachdem die Männer ihre Namen auf die Kreidetafel geschrieben hatten, begann ihr Arbeitstag, indem sie zuerst mehrere hundert Steinstufen zu den Arbeitsplattformen hinaufstiegen. Ihre Schuhsohlen schabten über die Trittflächen aus Sandstein, wenn sie sich, das Werkzeug in der Hand, an diesen vertrauten, gleichwohl anstrengenden Aufstieg machten, wobei die Taschenflaschen mit dem Wein sowie die Lederbeutel mit dem Mittagessen an ihren Gürteln baumelten. Der Aufstieg im Inneren des Bauwerks wurde durch ein Beleuchtungssystem erhellt, das Filippo – stets auf die Sicherheit der Arbeiter bedacht – entworfen hatte, um zu verhindern, dass die Männer in den dunklen Treppenschächten stolperten oder stürzten.[86]

Insgesamt gibt es vier Treppensysteme. Diese Treppen führen durch das Innere jedes der vier gewaltigen Pfeiler, auf denen die Kuppel ruht, bis hinauf zum Tambour; dann durch diesen hindurch und zwischen den beiden Kuppelschalen hinauf bis zur Laterne auf der Spitze der *cupola.* Während der Bauphase wurden zwei der vier Treppen für den Aufstieg, die beiden anderen für den Abstieg benutzt; auf diese Weise wurde vermieden, dass sich Maurer und andere Handwerker, die Material und Werkzeug mit sich trugen, auf den Treppen begegneten und sich in den beengten Schächten aneinander vorbeidrücken mussten. Eine gute körperliche Verfassung war unabdingbar für die Handwerker, denn seit 1430 hatten sie jeden Morgen einen Höhenunterschied zu überwinden, der dem eines vierzigstöckigen Gebäudes entsprach, bevor sie ihre Arbeit aufnehmen konnten. Kein Wunder, dass einige Männer versuchten, sich vom Materialaufzug nach oben ziehen zu lassen, wenn der Aufzug Lasten in die Höhe beförderte. Aber das wurde bald als zu gefährlich untersagt.

Anfangs hatte es Befürchtungen gegeben, die vier Säulen könnten durch die Treppensysteme in ihrem Inneren strukturell geschwächt werden, was katastrophale Folgen gezeitigt hätte, wenn man bedenkt, dass sie die gewaltige Masse der Kuppel tragen mussten, deren Gesamtgewicht auf 37 000 Tonnen geschätzt wurde.[87] Aus diesem Grund hatte eine Gruppe von Maurermeistern um 1380 empfohlen, die Treppenschächte zuzumauern und nach einer anderen Möglichkeit zu suchen, wie die Maurer und Steinmetzen hinauf zu ihren Arbeitsstellen gelangen konnten. Doch die Befürchtungen, die Pfeiler könnten instabil sein, erwiesen sich als unbegründet, und glücklicherweise wurden sie nie zugemauert. So können wir heute noch dem Weg der Arbeiter folgen, die damals die Höhen der Kuppel erklommen.

Bis zum höchsten Punkt sind es 463 Stufen. Touristen beginnen den Aufstieg im südwestlichen Pfeiler; sie kommen zuerst durch die Porta dei Canonici und dann durch eine viel kleinere Tür, die ein *agnus dei* trägt, das Wappen der Zunft der Wollweber. Die ersten 150 Stufen führen bis in die Spitze des Pfeilers; die Treppen verlaufen im Gegenuhrzeigersinn spiralförmig und erlauben einen Abstieg im Uhrzeigersinn. Übrigens waren es diese 150 Stufen, die den alten *capomaestro* Giovanni d'Ambrogio (mit dem wohl jeder keuchende Tourist Mitleid hat) im Jahre 1418 «geschafft» haben: Giovanni wurde entlassen, weil er nicht mehr den Pfeiler hinaufsteigen und die Arbeiten inspizieren konnte.

Die Stufen im Inneren des Südwestpfeilers führen auf die Galerie, die um die Basis der Kuppel herum verläuft. In dieser Höhe nahmen die Maurer im Sommer 1420 ihr denkwürdiges Frühstück ein – Brot, Melonen und Wein aus Trebbiano –, bevor sie die Arbeit an der *cupola* begannen. Von diesem Aussichtspunkt muss ihnen deutlich geworden sein, welch gewaltige Aufgabe vor ihnen lag, denn nirgendwo sonst ist die Spanne der Kuppel größer als hier, wo man über den riesigen, gähnenden Abgrund hinwegschauen kann. Der gigantische leere Raum der Kuppel, die über dem Betrachter aufragt, ist mit einem der größten Fresken der Welt verziert, Vasaris *Das Jüngste Gericht,* mit seinen gestikulierenden Skeletten und riesigen, Heugabeln schwingenden Dämonen.[88] Filippo rechnete mit der Ausführung eines solchen Freskos; deshalb sind eiserne Ringe an der Innenseite der inneren Kuppelschale befestigt, an die Arbeitsgerüste gehängt werden konnten. Außerdem befinden sich in der Schale eine Vielzahl kleiner Fenster, durch die ein Maler auf die angehängten Gerüste und Arbeitsplattformen klettern und sich mit seinen Pinseln ans Werk machen konnte.

Von der inneren Galerie aus führt eine kleine Tür in die Kuppel selbst, genauer gesagt, in den sich immer mehr verengenden Raum zwischen der inneren und äußeren Kuppelschale, zwischen denen sich weitere Treppen nach oben winden; diese Treppen wurden gleichzeitig mit der Kuppel erbaut und bestehen aus Sandsteinbalken, die aus dem Steinbruch in Trassinaia stammen. Wenngleich die Treppen seit mehr als fünf Jahrhunderten in Gebrauch sind, zeigen sie erstaunlich wenig Abnutzungsspuren. Rechts von der Treppe ist die verputzte, sanft nach innen geneigte Außenfläche der inneren Kuppelschale zu sehen, während die äußere Schale sich in einem parallelen Bogen über dem Kopf des Betrachters wölbt. Zwischen den beiden Kuppelwänden befindet sich ein verwirrendes Labyrinth niedriger Türen, schmaler Durchgänge und unregelmäßig ansteigender, sinnverwirrender Treppen, so dass der Aufstieg den Eindruck erweckt, man würde sich in einem Gebilde voranbewegen, wie sie auf den Lithographien

Eschers zu sehen sind. Es erscheint einem wie eine Ironie, dass dieses erste Bauwerk im «Renaissance-Stil» – die *cupola*, die von außen so harmonisch und anmutig erscheint – im Inneren ein solch kompliziertes Labyrinth verstaubter Gänge ist.

Doch in diesem verwirrenden und beengten Raum zwischen den beiden Kuppelschalen kann man endlich ganz aus der Nähe jene Techniken studieren, die Filippo und seine Maurer benutzten. An den Stellen, wo der Verputz sich vom Mauerwerk gelöst hat, ist das Fischgrätmuster der Ziegel zu sehen; die Oberfläche ist von Tausenden von Händen, die im Laufe vieler Jahre darüber rieben, so glatt wie Glas geworden. An anderen Stellen erkennt man die Sandstein-Querbalken der steinernen Ketten; wie dicke Träger ragen sie aus der Kuppelwand hervor. Auch Balken der hölzernen Kette sind zu sehen; sie befinden sich in so geringer Höhe, dass der heutige Besucher sie berühren kann. Die ursprünglichen Balken aus Kastanienholz mussten im achtzehnten Jahrhundert ausgetauscht werden, weil das Holz zu verrotten begann.

Zu den erstaunlichsten baulichen Besonderheiten, die man im Verlauf des Aufstiegs zu sehen bekommt, zählt die Reihe kleiner runder Fenster, die sich wie Bullaugen an der Außenschale der Kuppel befinden.[89] Diese Öffnungen lassen Licht und Luft in die langen Gänge aus feuchtem Stein; außerdem gewähren sie flüchtige Blicke auf das Wirrwarr der Dächer von Florenz, die kleiner und kleiner werden. Diese Fenster – insgesamt gibt es zweiundsiebzig – sind Teil des Systems, das Filippo erdacht hat, um dafür zu sorgen, dass die Kuppel belüftet und windsicherer wird; denn die Fenster schützen das Bauwerk auf die gleiche Weise vor Höhenwinden, wie bei modernen Gebäuden die Gefahr von Orkanschäden zumindest verringert werden kann, indem man die Fenster und Türen öffnet. An stürmischen Tagen kann man hören, wie der Wind durch diese Fensteröffnungen der *cupola* heult.

Eine letzte Treppe schließlich führt auf die achteckige Aussichtsplattform, zur Laterne. Nachdem man sich zuvor durch halb dunkle, verwinkelte, hallende Gänge emporgearbeitet hat, ist es ein ziemlicher Schock, so plötzlich im Freien zu stehen, in der Sonne und dem Wind, hoch über den Dächern von Florenz, ein Schwindel erregendes Panorama der Stadt und der umliegenden Hügellandschaft um sich herum. Die Strebepfeiler der Laterne ragen wie Baumstämme aus Marmor über dem Betrachter auf; erst jetzt, aus der Nähe, wird ihm die erstaunliche Größe der mehr als zwei Tonnen schweren Blöcke bewusst, wie auch die Präzision, mit welcher die Marmorteile behauen und zusammengefügt wurden. Tritt man näher an den Rand der Plattform, kann man die ziegelgedeckten Flanken der *cupola* sehen, die atemberaubend steil in die Tiefe abfallen. Und von diesem Aussichtspunkt wird neben der ästhetischen Schönheit ein weiterer Vorteil des *quinto-acuto*-Profils erfahrbar: Die Steilheit der Kuppel gestattet einen direkten, beinahe senkrechten Blick auf die Piazza tief unten; umgekehrt erlaubt es das steile Profil, dass der größte Teil der Kuppel, sogar die Laterne vom Domplatz aus zu sehen sind, in nächster Nähe der Kirche.

Heutzutage verweilen die Touristen zehn, fünfzehn Minuten auf der Plattform, bevor sie sich an den Abstieg machen (manche von ihnen tragen die kuppelförmigen Schirme, die an den Marktständen von Florenz verkauft werden). Die Leute verbringen die Zeit mit Fotografieren, sie betrachten die Sehenswürdigkeiten der Stadt oder ritzen ihre Namen in die Strebepfeiler der Laterne, die inzwischen über und über mit Graffiti bedeckt sind. Für die meisten dieser Leute ist der Aufstieg bloß ein Mittel zum Zweck, eine Tortur, die man nun einmal auf sich nehmen muss, möchte man einen Rundblick über die Stadt genießen. Doch vor etwa viereinhalb Jahrhunderten unternahm eine Gruppe von Menschen diesen Aufstieg aus ernsthafteren Absichten.

In den späten vierziger Jahren des 16. Jahrhunderts wurde dem leitenden Baumeister der Peterskirche in Rom, Michelangelo, der mittlerweile ein alter Mann war, und zwei seiner

Assistenten die Erlaubnis erteilt, in die *cupola* hinaufzusteigen, um Brunelleschis Konstruktionsmethoden zu studieren, bevor sie mit dem Bau des Tambours und der Kuppel des Petersdomes begannen. Der stolze Michelangelo erklärte, er könne eine Kuppel bauen, die der Filippos zwar gleichkommen, sie aber nicht übertreffen könne. Die Kuppel von St. Peter übertraf die der Santa Maria del Fiore tatsächlich nicht, ja, sie kam ihr nicht einmal gleich, denn die 1590 in Rom vollendete Kuppel hat einen fast drei Meter geringeren Durchmesser als die *cupola* und ist weniger anmutig und beeindruckend.

Was den Durchmesser und die Höhe betrifft, wurde die *cupola* der Santa Maria del Fiore niemals übertroffen; sie ist noch heute die größte *gemauerte* Kuppel der Welt. Die von Sir Christopher Wren für die St. Paul's Cathedral in London entworfene Kuppel beispielsweise ist mit ihrem Durchmesser von 34 Metern etwa zehn Meter kleiner als die der Santa Maria del Fiore, und auch die Kuppel des Kapitols in Washington hat «nur» einen Durchmesser von etwa 29 Metern, ist also weniger als zwei Drittel so groß wie die *cupola.* Erst im zwanzigsten Jahrhundert wurden Kuppeln mit größerem Durchmesser gebaut, allerdings ausschließlich unter Verwendung moderner Materialien wie Plastik, Flussstahl und Aluminium, die den Bau riesiger Gewölbe und Kuppeln erlaubten wie beispielsweise das Astrodome in Houston oder die leichten, geodätischen, vorgefertigten Kuppeln des Erfinders und Architekten Buckminster Fuller.

Es ist kein Zufall, dass Pier Luigi Nervi, der Meister gewaltiger, in Beton gegossener Gewölbe des zwanzigsten Jahrhunderts, in den dreißiger Jahren – wie einst Michelangelo – bauliche Untersuchungen an der *cupola* der Santa Maria del Fiore vornahm, bevor er jene Gewölbetechniken entwickelte, die er bei Bauwerken wie dem Audienzsaal des Vatikans und dem Palazzo dello Sport in Rom mit seiner Betonkuppel von sechzig Metern Durchmesser anwendete. Es ist nur recht und billig, dass die *cupola,* das Meisterwerk Brunelleschis – des

«Schatzjägers», der einst die Ruinen des antiken Rom vermaß –, zum Studienobjekt für spätere Architekten wurde.

Alberti hatte die optische Wirkung der Kuppel wortgewandt in *Della tranquillità dell'animo* beschrieben, seinem Dialog über die Seelenruhe. Wie erwähnt, lässt Alberti in diesem Werk den desillusionierten Politiker Agnolo Pandolfini – den Mann, dessen aufgewühlter Geist in Träumen von riesigen Lastenaufzügen und Kränen Ruhe findet – einen Vergleich zwischen dem Zustand geistiger Ruhe und dem friedlichen Inneren der Santa Maria del Fiore anstellen, durch die Agnolo mit seinem Begleiter Nicola de' Medici schlendert, dem bankrotten Bankier. Für Agnolo ist der Dom ein Beispiel dafür, auch in der Bedrängnis Anmut zu wahren; für die Fähigkeit, Schicksalsschlägen standzuhalten, die er am Beispiel unterschiedlichster Wettereinflüsse verdeutlicht: Hitze und Kälte, Wind und Regen, die gegen die Mauern der Kathedrale anstürmen, wobei das Innere jedoch heiter und friedlich bleibt:

Im Inneren atmet man die ewige Frische des Frühlings. Mag draußen Frost herrschen, Nebel oder Sturm – an diesem stillen Ort, vor jedem Wind geschützt, ist die Luft mild und ruhig. Welch angenehme Zufluchtsstätte vor dem heißen Hauch des Sommers und Herbstes hier doch ist! Und falls es zutrifft, dass die Freuden dort zu Hause sind, wo des Menschen Sinne all das erhalten, was sie von der Natur verlangen können, wie könnte man da zögern, dieses Gotteshaus einen Hort der Freuden zu nennen?

Doch trotz ihrer Pracht waren der Dom und die Kuppel nicht so unempfindlich gegenüber den Naturgewalten, wie man nach Agnolos Worten glauben könnte. Vasari behauptete, die Himmel seien neidisch auf die Kuppel, die Tag für Tag von Blitzen getroffen würde und ihnen trotze, aber tatsächlich haben die Blitzeinschläge über die Jahre hinweg erhebliche Schäden im Mauerwerk der Santa Maria del Fiore angerichtet. Zur damaligen Zeit kannte man noch keine technischen Mittel, Blitzeinschlägen entgegenzuwirken; erst in der zweiten Hälfte des neunzehnten Jahrhunderts wurde an der Kathedrale ein System aus Blitzableitern installiert, nachdem nach schweren Unwetterschäden mehrmals größere Reparaturen an der Laterne vorgenommen werden mussten.[90] Der dramatischste Vorfall dieser Art ereignete sich am 5. April 1492, als ein Blitz mehrere Tonnen Marmor aus der Laterne sprengte, die an der Nordseite der *cupola* in die Tiefe stürzten, in der Richtung, in der die Villa Careggi auf einem der Hügel in der Umgebung von Florenz steht. Diese Villa war der Landsitz von Lorenzo de' Medici, dem Enkel Cosimo de' Medicis und wie dieser der Herrscher von Florenz und ein großzügiger Förderer der Künste. Für Lorenzo, der in der Villa Careggi mit Fieber im Bett lag, war die Bedeutung dieses Vernichtungsschlages klar: «Ich bin ein toter Mann!», rief er aus, als man ihm sagte, in welche Richtung die Marmortrümmer gefallen waren. Lorenzos Ärzte versuchten, dieses Schicksal abzuwenden; sie flößten ihm Tränke ein, die pulverisierte Perlen und Diamanten enthielten, und sie rieten ihm dringend, die Luft bei Sonnenuntergang zu meiden, die für einen Kranken in Lorenzos Zustand todbringend sei. Doch die Bemühungen der Ärzte waren vergebens, und wie er es selbst prophezeit hatte, starb Lorenzo drei Tage später, am Passionssonntag 1492.

Im Jahre 1639 erschienen auf der Innenseite der inneren Kuppelschale mehrere Risse, ähnlich denen, die fast zur gleichen Zeit an der Kuppel der Peterskirche auftraten. Diese Risse verlaufen vertikal vom Oculus zum Tambour, ziehen sich durch Vasaris Fresko hindurch und folgen an vielen Stellen dem Verlauf des Fischgrätverbundes. Die Ursachen für diese Risse sind seit der Zeit ihres Auftretens so umstritten wie die Maßnahmen, ihnen entgegenzuwirken. Man bohrte mehrere Löcher in die innere Kuppelschale und brachte komplizierte thermische Messvorrichtungen darin an, um die Risse zu überwachen. 1970 stellte Rowland Mainstone die These auf, die

24. und 25. 1601 wurde die Laterne von einem Blitz getroffen – rechts das Gerüst, das errichtet wurde, um sie zu reparieren.

Risse könnten aufgrund einer Ausdehnung der eisernen Klammern an den Sandsteinketten entstanden sein. Dass diese Klammern sich dehnten, erklärte Mainstone, sei zum einen auf die Temperaturveränderungen, zum anderen auf Feuchtigkeit zurückzuführen, die das Mauerwerk durchdrungen habe, so dass die Klammern gerostet seien. Jedenfalls seien die Risse nicht auf statische oder bauliche Fehler zurückzuführen – wie die Risse in der Kuppel des Petersdomes –, denn die benutzten Materialien könnten dem Seitendruck durchaus standhalten.[91] Ein anderer Grund für die Entstehung der Risse, so Mainstone, könnte das erschreckend schwache Fundament der Kathedrale sein: In der Tat entdeckte in den siebziger Jahren ein Hydrologe, dass unter der Südwestecke des Oktogons ein unterirdischer Strom fließt, genau unterhalb des Hauptpfeilers, in dem sich die Treppe befindet, auf der die Touristen in der heutigen Zeit ihren Aufstieg zur *cupola* beginnen. Mit anderen Worten: Das Oktogon und die Kuppel wurden auf einem unterirdischen Fluss erbaut.

Kurz nachdem Mainstone seine Theorien aufgestellt hatte, machte eine 1976 von der italienischen Regierung einberufene Kommission die alarmierende Entdeckung, dass die Risse in der Kuppel länger und breiter wurden. Diese Feststellung war bereits ein paar Monate zuvor auf dramatische Weise verdeutlicht worden, als ein großes Stück von Vasaris Fresko von der Decke gestürzt war. Den Grund für diese Entwicklung sah man in einer physikalischen Beanspruchung, die Filippo bei all seinem Genie unmöglich hatte voraussehen können: den dichten Verkehr. Umgehend wurden Pkws und Busse aus der näheren Umgebung des Domes verbannt, und auch heute noch ist es nur den Lastwagen der Müllabfuhr gestattet, ihre frühmorgendlichen Runden über die Piazza del Duomo zu drehen. Filippos Kuppel, die so lange Zeit den Launen des Wetters getrotzt hat, ist nun auch vor den Gefahren durch den Massenverkehr geschützt.

Mittlerweile beherrscht das steinerne Gebirge des Domes und der Kuppel seit mehr als fünfhundert Jahren das Stadtbild von Florenz. Die Santa Maria del Fiore ragt über den schmalen Straßen empor, wenn man sie entlangschlendert, oder taucht unerwartet vor einem auf, wenn man um eine Straßenecke biegt oder eine *piazza* betritt. Sie kann von den Eingangstreppen anderer Kirchen aus betrachtet werden, wie der San Miniato al Monte, oder man kann sie vom Balkon eines Hotels aus beobachten, wie Lucy Honeychurch in E. M. Forsters *Zimmer mit Aussicht*. Auch von den Terrassen vieler Cafés aus kann man sie bewundern. An klaren Tagen ist die Kuppel sogar von Pistoia aus zu sehen, 25 Kilometer im Westen, wo die Einwohner im fünfzehnten Jahrhundert eine der Straßen in Via dell'Apparenza umgetauft haben, die «Straße der Erscheinung», als wäre die Kuppel nicht bloß ein Gebilde aus Ziegeln, Sandstein und Marmor und das Ergebnis einer einzigartigen Leistung auf dem Gebiet der Architektur, sondern eine wundersame Erscheinung übernatürlicher Art: ein Werk, das Gott selbst oder seine Engel schufen und das gleichsam über

Nacht in der Ferne, über dem Tal des Arno, Gestalt angenommen hat wie das Fresko im Kloster Santissima Annunziata, von dem die Florentiner glaubten, es sei von einem Engel gemalt worden. Und tatsächlich hat der Anblick der Kuppel etwas Überirdisches, egal aus welcher Richtung man sie betrachtet, ob von nah oder fern. Dass die *cupola* von Menschen erbaut wurde – inmitten von Kriegen und Intrigen und mit nur beschränktem Wissen über die Kräfte der Natur –, macht sie zu einem umso größeren Wunder.

Danksagungen

Mein Dank geht an alle, die mir beim Schreiben dieses Buches und bei den Recherchen geholfen haben. Bei Alta Macadam, die das Manuskript gelesen hat und ihr enzyklopädisches Wissen über Florenz mit mir teilte, stehe ich genauso in der Schuld wie bei Sir Jack Zunz, der mir mit seinem Fachwissen über die Bautechnik ebenso geholfen hat wie mit seinem Wissen über die Feinheiten der technologischen Errungenschaften Brunelleschis. Eine Reihe weiterer Personen haben das unfertige Manuskript durchgesehen und mir wertvolle Ratschläge erteilt: Mark Asquith, Ronald Jonkers, Sophie Oxenham, Anne-Marie Rigard und Amir Daneshvari. Für ihre Hilfe bei den Übersetzungen geht mein Dank an Cristiana Papi und an meine Schwester Maureen King. Bei Maureen möchte ich mich außerdem dafür bedanken, dass sie eine Reihe wichtiger Artikel in Fachzeitschriften ausfindig gemacht hat, die mir anderenfalls nicht zugänglich gewesen wären. Sarah Challis hat die Schaubilder für den Text gezeichnet, während Margaret Duffy und Richard Mabey mich bei meinen Nachforschungen mit Informationen versorgten. Im Zuge dieser Recherchen wurde mir überdies bei zahlreichen Gelegenheiten von den Mitarbeitern der British Library, der Bodleian Library, der London Library und der Oxford University Engineering Science Library geholfen.

Des weiteren geht mein Dank an meine Lektorin Rebecca Carter und meinen Lektor Roger Cazalet sowie an meinen Agenten Christopher Sinclair-Stevenson, dessen standhafte Unterstützung dieses Projekts zu jedem Zeitpunkt unverzichtbar für mich war, und an meinen deutschen Lektor, Karl-Heinz Bittel, dessen Unterstützung ebenfalls dazu beigetragen hat, dass ich beim Schreiben nicht ins Stocken kam. Schließlich möchte ich mich herzlich bei den beiden Personen bedanken, denen dieses Buch gewidmet ist, Mark Asquith und Anne-Marie Rigard. Ich werde ihnen für ihre Gastfreundschaft in London und ihre Begleitung in Florenz, vor allem aber für ihre unverbrüchliche Freundschaft stets dankbar sein.

Anmerkungen

1 Ein schöneres und ehrwürdigeres Gotteshaus

1 Die Opera del Duomo oder Domopera war der Zusammenschluss sämtlicher Bevollmächtigter der Zünfte und aller Künstler, Baumeister und Handwerker, die an der Errichtung der Kathedrale beteiligt waren. Die Opera der Santa Maria del Fiore, gegründet um das Jahr 1300, gibt es noch heute; eine Dombauhütte, die ihre Hauptaufgabe in der Instandhaltung der Kathedrale sieht.

2 Das alte Rathaus war der Bargello, der ungefähr fünfzig Jahre zuvor, um 1250, als Sitz der *podestà* errichtet wurde, des Stadtoberhaupts.

3 Verkleidungen von Boden- und Wandflächen mit polierten Steinplatten, meist Marmor, die häufig ein dekoratives Muster bilden.

4 Siehe Franklin K. B. Toker, ‹Florence Cathedral: The Design Stage›, *Art Bulletin* 60 (1978), S. 226f.

5 Obwohl keine genaueren Einzelheiten über Neris Rolle beim Entwurf der Kuppel bekannt sind, tritt er uns in den Dokumenten stets als Leiter dieses Künstlerkomitees entgegen. Das Dommodell von 1367 wird bezeichnet als *facto per Nerium Fioravantis et alios magistros et pictores* («hergestellt von Neri di Fioravanti und anderen Meistern und Malern»). Zu den anderen Mitgliedern dieses Künstlerkomitees zählten Taddeo Gaddi, einer der ehemaligen Gehilfen Giottos; Andrea Orcagna, Schüler des Andrea Pisano und nach dem Tod Giottos einer der herausragendsten Künstler in Florenz, sowie Orcagnas Bruder, Beni di Cione.

6 Später sollte der spanische Architekt Antonio Gaudí (1852–1926) die Strebepfeiler und -bögen der gotischen Kathedralen als unglückselige «Krücken» bezeichnen und entwickelte architektonische Techniken, die den Seitenschub (die seitlich nach außen wirkende Kraft) auf direkterem Weg in den Boden leiteten. Siehe Jack

Zunz, ‹Working on The Edge: The Engineer's Dilemma› in: R. J. W. Milne (Hrsg.), *Structural Engineering: History and Development*, E. & F. N. Spon, London 1997, S. 62.

7 In diesem Fall ist im Unterschied zur Kuppel eine gekrümmte Decke über einem Längsraum gemeint.

8 Es ist schwierig zu bestimmen, wann genau die Errichtung des Tambours beschlossen wurde und wer ihn ursprünglich entworfen hat. Giorgio Vasari – eine nicht immer verläßliche Quelle – bezeichnet Brunelleschi als den Konstrukteur; siehe *Lives of the Artists (dt.: Lebensläufe der besten Architekten, Maler und Bildhauer*, erschienen 1550), zwei Bände, übersetzt und herausgegeben von George Buel, Penguin, Harmondsworth, Middlesex 1987, Bd. 1, S. 141. Diese Ansicht wird ebenfalls vertreten von Carlo Guasti, *La cupola di Santa Maria del Fiore*, Florenz 1857, S. 189f., sowie von Frank D. Prager und Gustina Scaglia, *Brunelleschi: Studies of his Technology and Inventions*, MIT Press, Cambridge, Mass. 1971, S. 18–22. Andere Wissenschaftler datieren die Pläne für das Tambour-Projekt in eine wesentlich frühere Zeit und schreiben sie Arnolfo di Cambio, Giovanni di Lapo Ghini oder Andrea Orcagna zu. Siehe A. Nardini-Despotti-Mospignotti, *Filippo Brunelleschi e la cupola*, Florenz 1885, S. 97; E. von Stegmann und H. von Geymüller, *Die Architektur der Renaissance in der Toskana*, München 1885–1893, S. 38ff; sowie Howard Saalman, *Filippo Brunelleschi: The Cupola of Santa Maria del Fiore*, A. Zwemmer, London 1980, S. 48.

9 Die Kuppel von San Vitale in Ravenna aus dem sechsten nachchristlichen Jahrhundert wurde ebenfalls in der Doppelschalen-Bauweise errichtet. Auch das Baptisterium San Giovanni in Florenz ist technisch gesehen eine zweischalige Kuppel: Es handelt sich um ein achteckiges Gewölbe, das von einem pyramidenförmigen Dach aus Marmorplatten überdeckt wird. Vielfach wird sogar angenommen, dass das Baptisterium als Vorbild für die Kuppel von Santa Maria del Fiore diente, was aber höchst unwahrscheinlich ist. Nachdem die *cupola* der Santa Maria del Fiore errichtet worden war, wurde sie zum Vorbild für andere Kuppelbauten in Europa, darunter der Kuppel von St. Peter in Rom. Der Entwurf von Sir Christopher Wren für die St. Paul's Cathedral in London sah sogar eine Dreischalen-Bauweise vor.

2 Der Goldschmied von San Giovanni

10 Zu Brunelleschis Tätigkeit als Uhrmacher siehe Frank D. Prager, ‹Brunelleschi's Clock?›, *Physis* 10 (1963), S. 203–216.

11 Diesen Hinweis gibt Frederick Hartt in ‹Art and Freedom in Quattrocento Florence›, in: *Essays in Memory of Karl Lehmann*, Lucy Freeman Sandler (Hrsg.), Institute of Fine Arts, New York 1964, S. 124.

12 Der Vierpass ist eine Maßwerkfigur der Gotik: zur Mitte hin geöffnete, kreuzförmig angeordnete Dreiviertelkreise innerhalb eines größeren Kreises.

13 Siehe Richard Krautheimer, *Lorenzo Ghiberti*, Princeton University Press, Princeton 1956, S. 3.

3 Die Schatzjäger

14 Die noch immer grundlegenden Darlegungen zu dieser Frage finden sich bei Hans Baron, *The Crisis of the Early Italian Renaissance: Civic Humanism and Republican Liberty in an Age of Classicism and Tyranny*, Princeton University Press, Princeton 1955.

15 In der Geschichte der Wissenschaften gab es viele solcher Codes. Der englische Erfinder und Forscher Robert Hooke hielt seine Entdeckung, das Gesetz der Elastizität, mittels eines Anagramms geheim – CEIIINOSSSTVV –, das sich entschlüsselt VT TENSIO SIC VIS liest («So groß die Verlängerung ist, so groß ist die Kraft»). Natürlich gab es Fallstricke bei dieser Methode der Verschlüsselung. Galileo benutzte einen ähnlichen Geheimcode, um Johannes Kepler von seiner Entdeckung der Saturnringe zu berichten, ein Anagramm, das entschlüsselt hätte lauten müssen: ALTISSIMVM PLANETAM TERGEMINVM OBSERVAVI («Ich habe beobachtet, dass der höchste Planet dreigestaltig ist»). Kepler jedoch entschlüsselte die Mitteilung als: SALVE VMBISTINEVM GEMINATVM MARTIA PROLES («Heil, Zwillingsbegleiter, Kinder des Mars»), worauf sich die Irrmeinung gründete – die sich lange Zeit hielt –, der Saturn besäße zwei Monde.

[16] In diesem Erlass waren die Florentiner Kaufleute angewiesen worden, anstelle der arabischen Zahlen die umständlicheren römischen Ziffern zu benutzen; die arabischen Zahlen besaßen noch keine einheitliche Form und waren deshalb der Anlass für mögliche Verwirrungen und Irrtümer. Widerstände gegen das arabische Zahlensystem waren in Europa im gesamten Mittelalter zu beobachten. Siehe David M. Burton, *Burton's History of Mathematics*, William C. Brown, Dubuque, Iowa 1995, S. 255.

[17] Ob Filippos Ruf als Wiederbeleber der antiken römischen Architektur berechtigt ist – ein Ruf, den Manetti und Vasari begründet haben –, wurde in jüngster Zeit von mehreren Wissenschaftlern in Frage gestellt. Diese Forscher argumentieren, dass Filippo sich sein architektonisches Vokabular – «Gesimse», «halbkreisförmige Bögen», «kannelierte (mit senkrechten Riffelungen versehene) Pilaster», «korinthische Kapitelle» u. a. – auch in der Heimat und anhand von Gebäuden jüngeren Datums angeeignet haben könnte. Siehe z. B. Howard Saalman, ‹Filippo Brunelleschi: Capital Studies›, *Art Bulletin* 40, 1959, S. 115ff; Howard Burns, ‹Quattrocento Architecture and the Antique: Some Problems›, in R. R. Bolgar (Hrsg.): *Classical Influences on European Culture*, Cambridge University Press, Cambridge 1971, S. 269–287; und John Onians, *Bearer of Meaning: The Classical Order in Antiquity, the Middle Ages, and the Renaissance*, Cambridge University Press, Cambridge 1988, S. 130–136. Onians führt beispielsweise an, Filippo habe sich an der «toskanischen Renaissance» beteiligt, der Onians die «römische Renaissance» gegenüberstellt. Nach Onians' Meinung sah Filippo seine Aufgabe vor allem darin, «die primitive toskanische Architektur, wie sie sich am besten am Baptisterium darstellt, zu reinigen und Ordnung in sie hineinzubringen» (S. 136). Onians bestreitet sogar Filippos Reise nach Rom und bezeichnet sie als Erfindung Manettis. In diesem Zusammenhang soll hier jedoch auf die Darlegungen von Diane Finiello Zervas hingewiesen werden: ‹Filippo Brunelleschi's Political Career›, *Burlington Magazine* 121, Oktober 1979, S. 633. Der Nachweis, dass Filippo sich mit den Ruinen des antiken Rom beschäftigt hat – insbesondere mit deren bautechnischen Details –, wird auch von Rowland Mainstone geliefert. Siehe ‹Brunelleschi's Dome of S. Maria del Fiore and some Related Structures›, *Transactions to the Newcomen Society* 42 (1969–70), S. 123;

und ‹Brunelleschi's Dome›, *Architectural Review*, September 1977, S. 164–166.

4 Ein Narr und Schwätzer

18 Siehe Martin Kemp, ‹Science, Non-science and Nonsense: The Interpretation of Brunelleschi's Perspective›, *Art History*, Juni 1978, S. 143–145; und Jehane R. Kuhn, ‹Measured Appearances: Documentation and Design in Early Perspective Drawing›, *Journal of the Warburg and Courtauld Institutes* 53, 1990, S. 114–132.

19 Trompe l'oeil (frz.: ‹Augentäuschung›) ist eine perspektivische Maltechnik, durch deren optische Effekte sich Räume scheinbar vergrößern; in der Renaissance und im Barock wurde diese Technik vor allem auch zur Fassadenschmückung benutzt.

20 Ein Diorama ist ein perspektivisch bzw. plastisch wirkendes Schaubild, bei dem dreidimensionale Objekte vor einem gemalten oder fotografierten Hintergrund aufgestellt werden.

21 Die Katoptrik ist die Wissenschaft von der Reflexion des Lichts; im Mittelalter wurden die Kenntnisse auf diesem Gebiet u. a. zur Konstruktion von Apparaturen benutzt, die optische Täuschungen hervorriefen.

22 Manche Autoren erwähnen zwei solche Bildtafeln Filippos, von denen die eine das Baptisterium und dessen Umgebung, die andere die Piazza della Signoria mit dem Palazzo Vecchio zeigte; beide Tafeln sind verloren.

23 Anderen Quellen zufolge war Paolo di Dono (gen. Uccello) der Erfinder der perspektivischen Malerei; allerdings stammen die Bilder, die als Beispiele dafür angeführt werden, erst aus den 1450er Jahren. Auch Masaccio wird als der Maler genannt, der zum ersten Mal die Prinzipien der Zentralperspektive anwendete. Für manche Autoren gilt sein Fresko *Trinität* (um 1427) als erstes Beispiel für ein perspektivisches Gemälde, doch wird hier vielfach ein starker Einfluss Brunelleschis gesehen, der eng mit Masaccio befreundet war.

24 Rowland Mainstone, ‹Brunelleschi's Dome›, S. 159.

25 Siehe z. B. J. Durm, ‹Die Domkuppel in Florenz und die Kuppel der Peterskirche in Rom›, in *Zeitschrift für Bauwesen*, Berlin 1887,

S. 353–374; Stegmann und Geymüller, *Die Architektur der Renaissance in der Toskana*, München 1885–1893; und Paolo Sanpolesi, *La cupola di Santa Maria del Fiore*, Real Instituto d'Archaeologia e Storia dell'Arte, Rom 1941.

5 Die Rivalen

26 Verschiedentlich wurde die Meinung geäußert, dass Lorenzo Ghiberti, wie auch Filippo, den Bau einer Kuppel *ohne* Lehrgerüst vorgeschlagen habe. Siehe Paolo Sanpolesi, ‹Il concorso del 1418–20 per la cupola di Santa Maria del Fiore›, *Rivista d'arte*, 1936, S. 330. Doch für diese Behauptung gibt es keinen Beweis. Siehe Krautheimer, *Lorenzo Ghiberti*, S. 254.

27 In den Jahren 1409 bis 1415 sogar durch drei Päpste: Gregor VII., Benedikt XIII. und Alexander V.

28 Ein polygonaler oder runder Aufbau an der Spitze einer Kuppel bzw. über einer Kuppel- oder Gewölbeöffnung.

29 Die Barbadori-Kapelle war von Bartolomeo Barbadori gestiftet worden, einem wohlhabenden Wollhändler, der im Jahre 1400 an der Pest starb. Sein Sohn Thomaso gehörte 1418 der Domopera an. Die Ridolfi-Kapelle war eine Stiftung von Schiatta Ridolfi, der im Jahre 1418 einer der Konsuln der Zunft der Wollweber gewesen ist.

30 Einige Kunsthistoriker vertreten die Theorie, dass Filippo beim Bau der Kuppel der Ridolfi-Kapelle erfolgreich zu beweisen versuchte, dass eine Kuppel ohne Standgerüst erbaut werden könne.

31 Marvin Trachtenberg, ‹Review of Howard Saalman, *Filippo Brunelleschi*›, *Journal of the Society of Architectural Historians* 42, 1983, S. 292.

32 Auf der Grundlage dieser Art der Kommunikation entwickelten Jahrhunderte später die Freimaurer – eine Geheimgesellschaft, die mit der Architektur nichts zu tun hatte – ihre Rituale. Viele der geheimen Zeichen des Erkennens zum Beispiel wurden von den Freimaurern dem System aus Wörtern, Berührungen und Zeichen entnommen, das Hiram, König von Tyrus, der bedeutende Baumeister, der Salomos Tempel in Jerusalem errichtet hat, angeblich

benutzte, um sich mit dem riesigen Arbeiterheer zu verständigen, das unter seiner Leitung tätig war. (Siehe ‹Das zweite Buch der Chronik›, 1,18–2,17.)

33 Die Argumente, die dafür sprechen, dass Filippo der Verfasser war, finden sich bei Saalman, *Filippo Brunelleschi*, S. 77–79.

6 Männer ohne Namen und Familie

34 Sanpolesi, *La cupola di Santa Maria del Fiore*, S. 21.

35 Vincent Cronin, *The Florentine Renaissance*, Collins, London 1967, S. 96.

36 Selbstverständlich gab es Arbeitsbühnen zum Ablegen der Baumaterialien sowie Arbeitsgerüste, die aber mit einem stützenden Lehrgerüst nichts zu tun hatten.

37 Dieses Prinzip ist Architekten und Ingenieuren wohl bekannt. Vitruv schildert das Problem in einer Anekdote über einen Erfinder namens Callias, der das Modell eines Drehkrans entworfen hatte, der auf den Mauern von Rhodos aufgestellt worden war und dazu dienen sollte, feindliche Belagerungsmaschinen zu greifen. Das Modell funktionierte hervorragend, der fertige Kran jedoch nicht, so dass die Bewohner des antiken Rhodos sich gezwungen sahen, auf ein altmodisches Modell zurückzugreifen, das Geröll und Exkremente über den Belagerern auskippte. Die Schwierigkeiten mit vergrößerten Modellen beschränkten sich aber nicht nur auf die Antike und das Mittelalter. In den späten 1980er Jahren sah man sich im Pentagon ebenfalls mit diesem Problem konfrontiert, nachdem man das Modell der Trident, eines ballistischen U-Boot-Marschflugkörpers, erfolgreich gebaut hatte, um dann zu erleben, dass das Endprodukt, die Trident 2, den Fehler hatte, vier Sekunden nach Durchstoßen der Wasseroberfläche den Selbstzerstörungsmechanismus zu aktivieren.

38 William Barclay Parsons, *Engineers and Engineering in the Renaissance*, Williams & Wilkins, Baltimore 1939, S. 589.

7 Eine ganz neue Maschine

39 Diese Berechnungen finden sich bei Frank D. Prager, ‹Brunelleschi's Inventions and the Renewal of Roman Masonry Work›, *Osiris* 9, 1950, S. 517.

40 Prager, ‹Brunelleschi's Inventions›, S. 524.

41 Prager, ‹Brunelleschi's Inventions›, S. 517.

42 Prager und Scaglia, *Brunelleschi: Studies of his Technology and Inventions*, S. 80.

43 Siehe Paul Lawrence Rose, *The Italian Renaissance of Mathematics: Studies in Humanists and Mathematicians from Petrarch to Galileo*, Libraire Droz, Genf 1975.

44 Dass Filippo allenfalls sehr unvollkommen Latein lesen konnte, wird schon daraus ersichtlich, dass Alberti im Jahre 1436 seine Schrift über die Perspektive, *De Pictura (Drei Bücher über die Malerei)*, ins Italienische übersetzte, damit sein Meister sie lesen konnte.

45 Was den möglichen Entwurf der Uhr Filippos angeht, siehe Prager, ‹Brunelleschi's Clock?›, S. 203–216.

8 Die Kette aus Stein

46 Hugh Plommer (Hrsg.), *Vitruvius and Later Roman Building Manuals*, Cambridge University Press, Cambridge 1973.

47 John Fitchen führt an, dass nicht nur die Hagia Sophia, sondern viele byzantinische Kirchen über hölzerne Ringsysteme verfügen, um die Gewalt der Erschütterungen bei einem Erdbeben zu verringern. Siehe *The Construction of Gothic Cathedrals: A Study of Medieval Vault Erection*, Oxford University Press, Oxford 1961, S. 278.

48 Mainstone, ‹Brunelleschi's Dome of Santa Maria del Fiore›, S. 116.

9 Die Geschichte vom dicken Tischler

49 Diese Geschichte ist abgedruckt bei Thomas Roscoe (Hrsg.), *The Italian Novelists*, 4 Bde., London 1827, Bd. 3, S. 305–324.

10 Das spitze Fünftel

50 Die einzige Quelle für diese Geschichte – die weder von Manetti noch von Vasari zitiert wird, Filippos bedeutendsten Biographen – ist der Bericht von Giovanni Battista Gelli in *Brevi vite di artisti fiorentini*, der im sechzehnten Jahrhundert veröffentlicht wurde.

51 Maurice Dumas (Hrsg.), *A History of Technology and Invention*, John Murray, London 1980, S. 397.

52 Eugenio Battisti, *Brunelleschi: The Complete Work*, übersetzt v. Robert Erich Wolf, Thames & Hudson, London 1981, S. 361. Einige Wissenschaftler haben eine andere Theorie vorgeschlagen, was die Kontrolle der Wandkrümmung betrifft; sie basiert auf dem sogenannten *gualandrino con tre corde*, der im geänderten und verbesserten Bauprogramm für die Kuppel aus dem Jahre 1426 erscheint. Diese Messmethode erforderte eine Reihe komplizierter Triangulierungen, die man mit drei Seilen vornahm, die durch die *cupola* gespannt wurden. Zum Versuch der Rekonstruktion dieser Methode siehe Mainstone, ‹Brunelleschi's Dome›, S. 164, und Saalman, *Filippo Brunelleschi*, S. 162–164. Tatsächlich war der *gualandrino*, der in Filippos revidiertem Bauprogramm von 1426 erscheint, kein System zur Messung der Mauerkrümmung, sondern ein Sicherheitsgurt, der von den Maurern getragen wurde. Siehe hierzu Battisti, S. 361.

53 Siehe Howard Saalman, ‹Giovanni di Gherardo da Prato's Design concerning the cupola of Santa Maria del Fiore in Florence›, *Journal of the Society of Architectural Historians* 18, 1950, S. 18.

54 Die Informationen über die Ziegelherstellung verdanke ich Richard A. Goldthwaite: *The Building of Renaissance Florence: An Economic and Social History*, John Hopkins University Press, Baltimore 1980, S. 171–212.

54a «Das Mörtelmischen ist von Anfang an ein wichtiger Bestandteil des Baubetriebs und findet sich häufig auf entsprechenden Abbildungen. Schon in dem 1175/81 illustrierten Hortus Deliciarum der Herrad von Landsberg wird bei der Illustration des Turmbaus zu Babel neben Steinmetz, Maurer und Hilfsarbeiter, die Mörtel und Stein zutragen, auch ein Knecht dargestellt, der mit der Mörtelhacke den Mörtel in einem längsrechteckigen Holzkasten mischt. Zumeist wird statt des Holzkastens nur ein Brett, z. T. von Pflöcken gestützt, als vorderer Abschluss des Mörtelhaufens verwendet. Häufig steht daneben ein kleiner Wasserbottich.» (Günter Binding: Baubetrieb im Mittelalter Darmstadt 1993 [Wissenschaftliche Buchgesellschaft], S. 314)

55 Saalman, *Filippo Brunelleschi*, S. 199.

56 Siehe Mainstone, ‹Brunelleschi's Dome of Santa Maria del Fiore and some Related Structures›, S. 114. Nach Mainstones Einschätzung «genügte diese Baugeschwindigkeit, dass jede Ziegelschicht selbsttragend wurde, bevor die nächste Lage aufgemauert wurde». (S. 114f)

57 Samuel Kline Cohn, Jr., *The Labouring Classes in Renaissance Florence*, Academic Press, New York 1980, S. 205.

58 Vasari, *Lives of the Artists*, Bd. 1, S. 156. [dt: *Lebensgeschichten der hervorragendsten Architekten, Maler und Bildhauer von Cimabue bis in unsere Zeit*]

59 Mainstone, ‹Brunelleschi's Dome of S. Maria del Fiore›, S. 113.

60 Siehe Robert Field, *Geometrical Patterns from Tiles and Brickwork*, Diss., Norfolk, Tarquin 1996, S. 14 u. 40; sowie Andrew Plumbridge und Wim Meulenkamp, *Brickwork: Architecture and Design*, Studio Vista, London 1993, S. 146f.

61 Siehe Iris Origo, ‹The Domestic Enemy: The Eastern Slaves in Tuscany in the Fourteenth and Fifteenth Centuries›, *Speculum: A Journal of Mediaeval Studies* 30, Juli 1955, S. 321–356.

12 Kreis um Kreis

61a Die Zikkurate sind stufenförmige Türme altorientalischer Baukunst, meist mit einem Tempel auf der obersten Plattform, und ein Kennzeichen aller größeren assyrischen bzw. babylonischen Städte.

62 Siehe Christine Smith, *Architecture in the Culture of Early Humanism: Ethics, Aesthetics and Eloquence, 1400–1470*, Oxford University Press, Oxford 1992, S. 40–53.

63 Dieser Hinweis findet sich bei Smith, *Architecture in the Culture of Early Humanism*, S. 45.

64 Mainstone, ‹Brunelleschi's Dome›, S. 163.

65 Diese Zwischenpfeiler dienen laut revidiertem Bauprogramm von 1426 vor allem dazu, die innere Kuppelschale mit der äußeren zu verbinden; zugleich tragen sie insbesondere deshalb zur Stabilität des gesamten Rippengewölbes bei, weil sie jeden der acht Eckpfeiler mit den flankierenden Zwischenpfeilern verbinden.

66 Mainstone, ‹Brunelleschi's Dome›, S. 164.

67 Siehe Karl Lehmann, ‹The Dome of Heaven›, *Art Bulletin*, S. 1–27, und Abbas Daneshvari, *Medieval Tomb Towers of Iran: An Iconographical Study*, Mazdâ Publishers, Lexington, Kentucky, 1986, S. 14–16.

13 Das Ungeheuer vom Arno

68 Siehe M. E. Mallett, *Florentine Galleys of the Fifteenth Century*, Clarendon Press, Oxford 1967, S. 16.

69 Siehe Maximilian Frumkin, ‹Early History of Patents for Invention›, *Transactions of the Newcomen Society* 26, 1947–1949, S. 48.

70 Zitiert bei Prager und Scaglia, *Brunelleschi*, S. 111.

71 Zitiert bei Prager und Scaglia, *Brunelleschi*, S. 129.

72 Letztlich war dieses Patent lediglich ein «Alleinverkaufsrecht» bzw. wirtschaftliches Monopol, bei dem bestimmte Interessen geschützt werden sollten: «Ne sui ingenii et virtutis fructus ab alio percipatur sine sua voluntate et consensu», heißt es in Filippos Patentschrift.

14 Das Debakel von Lucca

73 Vgl. Prager und Scaglia, *Brunelleschi*, S. 131.
74 Zitiert bei Prager und Scaglia, *Brunelleschi*.
75 Eine weniger offizielle Methode zur ‹Enttarnung› Homosexueller bestand darin, dass die Mutter den Geldbeutel ihrer Söhne schüttelte. Falls die Münzen darin ein Geräusch von sich gaben, das wie «Feuer, Feuer, Feuer» klang, war das Geld angeblich das Geschenk eines Homosexuellen.

15 Der Tiefpunkt

76 Siehe Goldthwaite, *The Building of Renaissance Florence*, S. 257.
77 Siehe Zervas, ‹Filippo Brunelleschi's Political Career›, S. 630–639.
78 Die Goldschmiede gehörten der angesehenen Seidenweberzunft an (Arte della Seta).
79 Vgl. Battisti, *Filippo Brunelleschi*, S. 42.

16 Die Einsegnung

80 Eine Reliquie von noch größerer Kostbarkeit war den Florentinern bis dahin entgangen: der Schädel Johannes des Täufers. Im Jahre 1411 hatte die Commune Verkaufsverhandlungen mit Papst Johannes XXIII. geführt. Doch man kam zu keiner Einigung, so dass etwa dreißig Jahre später der Architekt Filarete, der als Handelsagent für die Commune auftrat, den Schädel zu stehlen und nach Florenz zu schmuggeln versuchte. Er wurde auf frischer Tat ertappt und in den Kerker geworfen.

18 Ingenii Viri Filippi Brunelleschi

81 Die Besorgnis darüber, wo die sterblichen Überreste eines hervorragenden Bürgers der Stadt Florenz zur letzten Ruhe gebettet werden sollten, spiegelte sich auch in einem Vorfall wider, der sich mehr als ein Jahrhundert später ereignete, als der Leichnam Michelangelos in einem Wollballen zurück in seine toskanische Heimat «geschmuggelt» wurde, nachdem der große Maler, Bildhauer und Baumeister in Rom gestorben war. Die an Heiligenverehrung grenzende Bewunderung für Michelangelo zeigt sich auch bei seinem Freund Vasari, der von dem «Wunder» berichtet, dass der Leichnam nach fünfundzwanzig Jahren, als er in der Kirche Santa Croce beigesetzt wurde, keinerlei Verwesungsspuren aufwies.

82 Die Wörter «Genius», «Ingenieur» usw. stammen von Begriffen ab, die das «Bauen von Maschinen» bezeichneten. Im mittelalterlichen Latein war das Wort für Maschine *ingenia*, und ein *ingeniator* war jemand, der solche Maschinen baute, die in der Regel für militärische Zwecke gedacht waren.

83 *Ad Lucilium Epistulae Morales*, 3 Bde., übersetzt v. Richard M. Gummere, Heinemann, London 1920, Bd. 2, S. 363.

84 Siehe Christine Smith, *Architecture in the Culture of Early Humanism*, S. 30, und Martin Kemp, ‹From *Mimesis* to *Fantasia*: The Quattrocento Vocabulary of Creation, Inspiration and Genius in the Visual Arts›, *Viator* 8, 1977, S. 394.

85 Zur Vertiefung dieses Themas siehe Kemp, ‹From *Mimesis* to *Fantasia*›, S. 347–398.

19 Ein Hort der Freuden

86 Einzelheiten über dieses Beleuchtungssystem sind leider nicht überliefert; wir sind daher auf Vermutungen angewiesen. Die Alchimisten der Renaissance ließen sich von Geschichten aus der römischen Antike anregen, denen zufolge im Tempel der Vesta in Rom eine ewige Flamme brannte, und beschäftigten sich unter anderem mit Feuern, die niemals erlöschen sollten; beispielsweise wurde dem

Lampenöl oft Salz hinzugefügt, damit es langsamer verbrannte. Bei anderen, ebenso erfolglosen Experimenten wurden Dochte aus «nicht brennbarem» Stein benutzt. Weitere Informationen über diese Versuche finden sich bei Giovanni Battista della Porta, *Natural Magick in XX Books*, London 1658, S. 303.

87 Vgl. Galluzzi, *Mechanical Marvels*, S. 20.

88 Das Fresko wurde von Giorgio Vasari 1572 begonnen und nach seinem Tod von Federico Zuccaro (1540–1609) vollendet. In den Jahren 1981–1994 wurde das Werk restauriert.

89 Sogar für die Gestaltung dieser Fenster wurde von der Domopera ein Wettbewerb ausgeschrieben, den Brunelleschi für sich entscheiden konnte.

90 Die antiken Römer hatten eine zweifelhafte Methode, ihre Gebäude vor Blitzschlag zu schützen: Sie glaubten, dass Adler und Seehunde niemals vom Blitz getroffen würden, und mauerten die Kadaver dieser Tiere deshalb in den Wänden ein, in der Hoffnung, auf diese Weise die Gefahr eines Blitzschlags abzuwenden.

91 Siehe Mainstone, ‹Brunelleschi's Dome of S. Maria del Fiore and Some Related Structures›, S. 121 f. Im Jahre 1743 mussten drei eiserne Ringe in der Kuppel von St. Peter in Rom angebracht werden, um zu verhindern, dass die Risse im Mauerwerk zum Einsturz des gesamten Bauwerks führten. Die Montage dieser Ketten ist ein Meilenstein in der Geschichte der Bautechnik. Drei französische Mathematiker – Boskovtich, le Seur und Jacquier – berechneten den Seitendruck der Kuppel wie auch die Zugfestigkeit von Eisen und die Stabilität der Wand des Tambours, womit zum ersten Mal die Statik und Baumechanik zugleich – und erfolgreich – zur Lösung eines solchen Problems angewendet wurden. Zur Vertiefung dieses Themas siehe Hans Straub, *A History of Civil Engineering*, übersetzt v. E. Rockwell, L. Hill, London 1952, S. 112–116, sowie Edoardo Benvenuto, *An Introduction to the History of Structural Mechanics*, 2 Bde., Springer-Verlag, New York 1991, Bd. 2, S. 352.

Auswahlbibliographie

Alberti, Leon Battista, *Ten Books on Architecture*, London, A. Tivanti 1965 [dt: Zehn Bücher über die Baukunst, Darmstadt 1975]

Battisti, Eugenio, *Brunelleschi, The Complete Work*, London 1981

Binding, Günther, *Baubetrieb im Mittelalter*, Darmstadt 1993

Durm, J., *Die Domkuppel in Florenz und die Kuppel der Peterskirche*, Zeitschrift für Bauwesen (Berlin, 1887) S. 353–74

Gärtner, Peter, *Brunelleschi*, Köln 1998

Galluzzi, Paolo, *Mechanical Marvels: Inventions in the Age of Leonardo*, Florenz 1996

Goldthwaite, R. A., *The Building of Renaissance Florence*, Baltimore 1980

Guasti, Carlo, *La cupola di Santa Maria del Fiore*, Florenz 1857

Kemp, Martin, *Science, Non-science and Nonsens, Brunelleschi's Art Perspective*, Art History (June 1978) S. 143ff.

Krautheimer, Richard, *Lorenzo Ghiberti*, Princeton 1956

Mainstone, Rowland J., «Brunelleschi's Dome of S. Maria del Fiore and some Related Structures», *Transactions of the Newcomen Society* 42, 1969–1979, S. 107–126

Mainstone, Rowland J., *Developments in Structural Form*, Cambridge, Mass. 1975

Mallett, M. E., *Florentine Gallerys of the 15th Century*, Oxford 1967

Manetti, Antonio di Tucci, *The Life of Brunelleschi*, übersetzt von Catherine Enggass, University Park 1970

Milne, R. J. W., *Structural Engineering, History and Development*, London 1997

Onians, John, *Bearers of Meaning: The Classical Orders in Antiquity, the Middle Ages and the Renaissance*, Cambridge 1988

Prager, Frank D., «Brunelleschi's Inventions and the ‹Renewal of Roman Masonry Work›», *Osiris* 9, 1950, S. 457–554

Prager, Frank D. und Gustina Scaglia, *Brunelleschi: Studies of his Technology and Inventions*, Cambridge, Mass. 1970

Rose, Paul Lawrence, *The Italian Renaissance of Mathematics*, Genf 1975

Saalman, Howard, *Filippo Brunelleschi: The Cupola of Santa Maria del Fiore*, London 1980

Sanpaolesi, Paolo, *La cupola di Santa Maria del Fiore*, Rom 1941

Scaglia, Gustina, *Brunelleschi, Studies of his Technology*, Cambridge, Mass. 1971

Stegman, E. van, Geymüller, H. von: *The Cupola of Santa Maria del Fiore*, London 1980

Smith, Christine, *Architecture in the Culture of Early Humanism 1400–70*, Oxford 1992

Toker, Franklin K. B., «Florence Cathedral: The Design of Stage», *Art Bulletin* 60, 1978, S. 214–230

Trachtenberg, Marvin: *Review of Howard Saalman, Filippo Brunelleschi*, Journal of the Society of Architectural Historians 42 (1983), S. 292

Vasari, Giorgio, *Lives of the Artists*, 2 Bde., übersetzt und hrsg. von George Buel, Harmondsworth, Middlesex, 1987 [dt: *Leben der ausgezeichnetsten Maler, Bildhauer und Baumeister*, hg. von L. Schorn und E. Förster, Worms 1988]

Warnke, Martin, *Bau und Überbau. Soziologie der mittelalterlichen Architektur nach den Schriftquellen*. Frankfurt 1976

Zervas, Diane Finiello, *Filippo Brunelleschis Political Career*, Burlington Magazine 121 (October 1979), S. 630ff.

Zunz, Jack, *Working on the Edge: The Engineers Dilemma*, in: R.W.L. Milne, *Structural Engineering*, London 1997, S. 60ff.

Verzeichnis der Abbildungen

Zeichnung eines Blitzeinschlags in der Kuppel. (© Howard Saalman) (S. 230).
Gherardo Mechini: *Gerüst der Laterne von S. M. del Fiore,* Gabinetto Disegni e Stampe degli Uffizi (S. 230).
Domansicht (AKG Berlin) (S. 232).

Alle übrigen Abbildungen sind Diagramme von Sarah Challis und Eugenio Battisti, denen der Autor herzlich dankt.

Vorsatz: Italian School: *«Carta della Catena», Panorama von Florenz, 1490,* Museo di Firenze Com'era. (Bridgeman Art Library)

Register